STUDIENBÜCHER BIOLOGIE

Wolfgang Altenkirch

Ökologie

VERLAG MORITZ DIESTERWEG
OTTO SALLE VERLAG
Frankfurt am Main · Berlin · München

VERLAG SAUERLÄNDER
Aarau · Frankfurt am Main · Salzburg

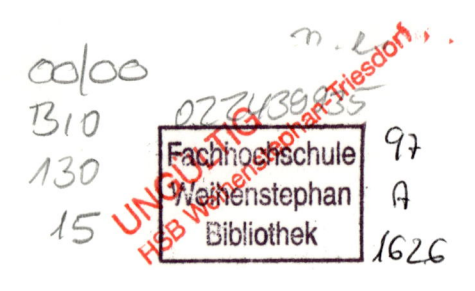

Wolfgang Altenkirch
Ökologie
Studienbuch Biologie

Illustrationen: Annemarie Schelbert

Bestellnummer
Diesterweg/Salle · Sauerländer 5343

ISBN 3-425-05343-4 (Diesterweg)
ISBN 3-7941-1316-0 (Sauerländer)

© 1977 Verlag Moritz Diesterweg GmbH & Co., Otto Salle Verlag GmbH & Co., Frankfurt am Main, und Verlag Sauerländer AG, Aarau

Alle Rechte vorbehalten. Die Vervielfältigung, Aufnahme, Speicherung und Wiedergabe durch irgendwelche Datenträger (EDV, Mikrofilm usw.) auch einzelner Teile, Texte oder Bilder – mit Ausnahme der in §§ 53, 54 URG ausdrücklich genannten Sonderfälle – gestattet das Urheberrecht nur, wenn sie mit dem Verlag vereinbart wurden.

Gesamtherstellung: Sauerländer AG, Aarau

INHALTSVERZEICHNIS

1	Ökologie – eine alte biologische Wissenschaft von großer Aktualität	1
1.1	*Ausgangsmodell «Mensch und Umweltkrise»*	1
1.2	*Stellt das Ausgangsmodell ein «ökologisches System» dar?*	7
1.3	*Ökologie: Die Entwicklung einer biologischen Wissenschaft*	12
1.4	*Ökologie: Die Einbeziehung des Menschen*	15
2	**Strukturelle Betrachtung ökologischer Systeme**	
2.1	*Organismen, Organismenkollektive*	21
2.1.1	Kategorien	21
2.1.1.1	Das Individuum (der Einzelorganismus)	23
2.1.1.2	Die Population	23
2.1.1.3	Die Art (Spezies)	24
2.1.1.4	Kategorien unterhalb der Art	25
2.1.1.5	Gemeinschaften	26
2.1.2	Die Veränderlichkeit	26
2.1.3	Anpassung	30
2.1.3.1	Anpassungspotential	31
2.1.3.2	Anpassungsformen	34
2.1.3.3	Zwang zur Anpassung	39
2.1.3.4	Wechselseitige Anpassung	42
2.1.4	Heterotypische Organismenkollektive	43
2.2	*Umwelt*	47
2.2.1	Die Umwelt des einzelnen Organismus	48
2.2.2	«Umweltfaktoren»	53
2.2.2.1	Allgemeines zur Wirkungsweise von Umweltfaktoren	53
2.2.2.2	Quantitative Beschreibung der Wirkung von Umweltfaktoren	56
2.2.2.3	Faktorenkomplexe	59
2.2.2.4	Minimumfaktor	61
2.2.3	Minimalumwelt – Ökologische Nische	62
2.2.3.1	Konsequenzen aus dem Nischen-Konzept: Größe und Zahl ökologischer Nischen	64
2.2.3.2	Identität und Trennung von Nischen: Konkurrenz-Ausschluß	65
2.2.3.3	Konsequenzen aus dem Nischen-Konzept: Planstellen, Stellenpläne	69
2.2.3.4	Die ökologische Nische des Menschen	70
2.2.4	Gegenüberstellung von «Organismus» und «Umwelt»?	72
2.3	*Wechselwirkungen zwischen Organismus und Umwelt*	73
2.3.1	Wechselwirkungen: Organismus/unbelebte Umwelt	73
2.3.1	Wechselwirkungen: Organismus/belebte Umwelt	75
2.3.2.1	Innerartliche Beziehungen mit positiver Wirkung	76
2.3.2.2	Zwischenartliche Beziehungen mit positiver Wirkung	79
2.3.2.3	Zwischenartliche Beziehungen mit negativer Wirkung	82

2.3.2.4	Innerartliche Beziehungen mit negativer Wirkung	85
2.3.3	Wechselwirkungen: Mensch/Umwelt	85
2.4	*Abgrenzungen*	86
2.4.1	Räumliche Beziehungen	87
2.4.1.1	Biotop, Habitat, Ökologische Zone	87
2.4.1.2	Die Verbreitung von Organismen	89
2.4.1.3	Biotopbindung	90
2.4.1.4	Einwirkungen des Menschen	92
2.4.2	Koinzidenz	93
3	**Funktionelle Betrachtung ökologischer Systeme**	**96**
3.1	*Veränderlichkeit*	100
3.1.1	Veränderlichkeit homotypischer Kollektive	100
3.1.1.1	Unbegrenztes Bevölkerungswachstum	101
3.1.1.2	Vermehrung und Verminderung	106
3.1.1.3	Endliches Wachstum	116
3.1.1.4	Bevölkerungsschwankungen	121
3.1.2	Veränderlichkeit heterotypischer Kollektive	127
3.1.2.1	Funktionelle Gruppen	127
3.1.2.2	Entstehung und Entwicklung von Ökosystemen	131
3.2	*Stoff- und Energiewechsel in ökologischen Systemen*	135
3.2.1	Nahrungsbeziehungen	136
3.2.2	Stoffkreislauf	142
3.2.3	Energiedurchfluß	145
3.2.3.1	Energiefluß im Ökosystem	147
3.2.3.2	Produktionsökologie	153
3.2.4	Information, Ordnung, Organisationshöhe	157
3.3	*Gleichgewicht*	160
3.3.1	Antagonismus	162
3.3.1.1	Feindwirkung (Opponenz)	163
3.3.1.2	Konkurrenz	172
3.3.2	Ökologisches Gleichgewicht	175
3.3.2.1	Gleichgewicht im homotypischen Kollektiv	178
3.3.2.2	Gleichgewicht in einfachen Antagonisten-Systemen	184
3.3.2.3	Gleichgewicht im multispezifischen System	188
3.3.3.	Ungleichgewicht	200
4	**Zur Methodik ökologischer Freilandarbeit**	**206**
4.1	*Literatur*	206
4.2	*Untersuchungsmethoden*	208
4.2.1	Abiotische Außenbedingungen	208
4.2.2	Untersuchung von Organismenkollektiven	208
4.2.2.1	Materialgewinnung	209
4.2.2.2	Materialbearbeitung	211
4.2.2.3	Materialauswertung: Quantitative Aussagen	217
Literatur		226
Stichwortverzeichnis		230

VORWORT

Wie kaum jemals ein anderes Teilgebiet der biologischen Wissenschaften ist die Ökologie heute in das Blickfeld einer breiten Öffentlichkeit geraten. Worte wie «ökologisch» und «Ökosystem» gehören fast zur Umgangssprache; der Begriff «Umwelt» wird stark strapaziert, vor allem in Verbindungen wie «Umweltschutz», «Umweltbelastung», «Umweltkrise» usw.; vom «biologischen» oder «ökologischen Gleichgewicht» ist die Rede, besonders von seiner Störung oder Wiederherstellung. Zwangsläufig kommt es dabei zur Abnutzung und zur Verwischung von Begriffs-Inhalten. Wer von uns allen, die wir diese Worte täglich hören, lesen oder selbst im Munde führen, macht sich schon klar, daß sie an sich der Fachsprache einer biologischen Wissenschaft entstammen und dort ihre ganz bestimmte Bedeutung haben!

Im folgenden soll versucht werden, die Grundbegriffe der Ökologie – als einer biologischen Wissenschaft – darzustellen. Der Autor greift dabei auf seine langjährigen Bemühungen zurück, solche Grundkenntnisse Studienanfängern an Hochschulen und Fachhochschulen zu vermitteln. Dabei mangelte es zunächst an Begleitmaterial für diese Lehrveranstaltungen, d.h. an einer kurzen und möglichst einfachen Darstellung des Gebietes in deutscher Sprache. So entstand der Plan, mit der vorliegenden Einführung in die Ökologie diesem Mangel abzuhelfen. Schon während der Arbeit am Manuskript zeigte sich allerdings, daß die Bedarfslücke auch anderswo erkannt worden war: in der Zwischenzeit erschien eine Reihe von Veröffentlichungen, teils als Übersetzungen aus dem Englischen, teils als Originalpublikationen, die dem angegebenen Zweck dienen können[*].

Im Lehrplan der Schulen, vor allem im Rahmen eines reformierten Oberstufen-Unterrichts, hat die Aktualisierung der Ökologie diesem Fach speziell als «Umweltbiologie des Menschen» zu einer besonderen Beachtung verholfen (vgl. Rahmenpläne Sekundarstufe II im Fach Biologie). Der Autor ist weder in der Lage, noch sieht er den Sinn der vorliegenden Darstellung darin, einen Überblick über die Rolle der Ökologie im Biologie-Unterricht an Schulen und Hochschulen und die Möglichkeiten und Probleme ihrer Didaktik zu geben. Hierzu

---

[*] z.B.: *Dylla/Krätzner* (1972), *Osche* (1973), *E.Schmidt* (1974), *Knodel/Kull* (1974); Übersetzungen aus dem Englischen: *Odum* (1967), *Mac Arthur/Connell* (1970), *Wilson/Bossert* (1973), *Ehrlich/Ehrlich/Holdren* (1975) u.a. (s. Literaturverzeichnis).

muß auf die vorhandene einschlägige Literatur verwiesen werden (z. B. *Lambert* 1967, *Falkenhan* 1973).

Ziel der vorliegenden Darstellung soll sein, einen Zugang zur Ökologie zu eröffnen: biologische Systeme, die über das Individuum, über den einzelnen Organismus hinausgehen, zu zeigen und den Blick auf die größeren und häufig nicht unmittelbar überschaubaren Zusammenhänge zu lenken, die zwischen den Organismen und ihrer Umwelt bestehen.

Gerade der Rahmen größerer Zusammenhänge und die aktuellen Bezüge fördern die Motivation des Lernenden. Das Problem liegt im Tatsachenwissen im einzelnen, ohne das die Diskussion größerer Zusammenhänge zur reinen Spekulation wird. Die Beschaffung des Tatsachenmaterials ist an sich nur in Teamarbeit zu bewältigen. Es fördert damit andererseits die Möglichkeit fachübergreifenden Arbeitens.

Als Beispiel für die angedeuteten Zusammenhänge bietet sich etwa die Frage der Formenkenntnis an. Formenkenntnis ist Voraussetzung ökologischen Arbeitens: Nur wenn der Bearbeiter die biologischen Objekte, mit denen er es zu tun hat, gut kennt und einwandfrei zu unterscheiden vermag, kann er daran denken, größere Zusammenhänge zu untersuchen. Die ökologische Fragestellung ergibt andererseits zweifellos eine Motivation zur Beschaffung von Formenkenntnis, wie sie erfahrungsgemäß etwa den herkömmlichen Bestimmungsübungen botanischer oder zoologischer Objekte für Studienanfänger häufig fehlt.

In einer Darstellung wie der vorliegenden muß auf die Fülle der Tatsachen verzichtet werden. Der Versuch, ein derart umfangreiches und vielschichtiges Gebiet in der gebotenen Kürze zu beschreiben, ist immer ein Wagnis.

Er muß notwendig zu Vereinfachungen und Kürzungen führen, mit einer Auswahl von Themen und von Beispielen verbunden sein. Diese Auswahl wiederum ist subjektiv, beeinflußt durch die Arbeitsrichtung des Autors. «Die» Ökologie kann ja sehr verschiedene Gesichter haben, je nachdem sie etwa vom Standpunkt eines Pflanzensoziologen, eines Entomologen oder eines Hydrobiologen, eines Produktionsbiologen oder eines Forstmannes betrachtet wird.

Auf allzu viele – lernbare oder nachschlagbare – Einzelheiten wird im folgenden verzichtet werden müssen. Wichtig ist das Gesamtkonzept.

Göttingen, Frühjahr 1977 **W. Altenkirch**

1 ÖKOLOGIE – EINE ALTE BIOLOGISCHE WISSENSCHAFT VON GROSSER AKTUALITÄT

Die gegenwärtige Diskussion ökologischer Fragen in der Öffentlichkeit geht im wesentlichen um den **Menschen** und seine Beziehungen zur Umwelt.
Dabei ist die Einbeziehung des Menschen – die nur allzu leicht zu einer ausschließlichen Betrachtung rein menschlicher Belange führt – noch relativ neu für eine Wissenschaft, die als Teilgebiet der Biologie immerhin eine mehr als hundertjährige Tradition hat (s. 1.3). Dennoch soll uns ein aktuelles Modell mit dem Menschen als Mittelpunkt als Ausgangsmodell (1.1) für die Frage dienen: Was eigentlich ist ein «ökologisches System» (1.2)?

Ein Modell einer menschlichen Bevölkerung ist hier so gut wie das irgendeiner anderen Organismenart.
Allerdings führt es uns sogleich die einmalige Doppelrolle des Menschen und die damit verbundene Problematik vor Augen:
– Einerseits hat er die technischen Fähigkeiten erworben, in radikaler Weise seine Umwelt zu beeinflussen und zu verändern, wie dies sonst keine Organismenart vermag;
– andererseits aber ist er als eine Organismenart dieser Erde unausweichlich Bestandteil ihrer biologischen Systeme und unterliegt den ökologischen Gesetzmäßigkeiten wie jede Tier- und Pflanzenart.

Die Situation der Ökologie heute soll durch einen kurzen Abriß ihrer Entwicklung als Wissenschaft (1.3) und einige Bemerkungen zur Einbeziehung des Menschen (1.4) verdeutlicht werden.

1.1 Ausgangsmodell «Mensch und Umweltkrise»

Unser Ausgangsmodell entspricht einem Teil des von *Meadows* und Mitarbeitern entwickelten «Weltmodells» *(Meadows* 1973), aus dem alle Größen ohne direkte biologische Bezüge, d.h. die vielfältigen Dimensionen der menschlichen Umweltbeziehungen, die darüber hinausgehen (vgl. 1.4), fortgelassen wurden.

Folgende Größen und ihre – einfachen – Zusammenhänge sind in Abb. 1.1 dargestellt:

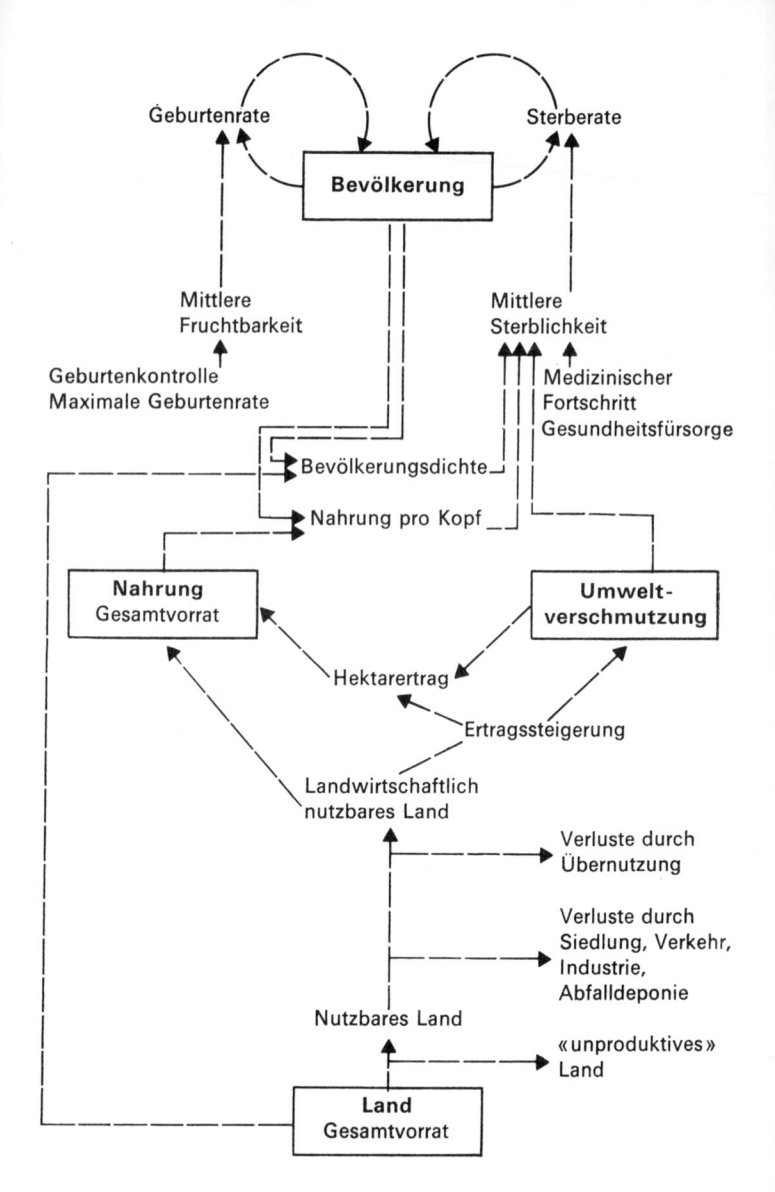

Abb. 1.1. Modell «Mensch und Umweltkrise»
Nach *Meadows* et al. (1972), verändert

2   *1 Ökologie – eine alte biologische Wissenschaft von großer Aktualität*

(1) eine menschliche **Bevölkerung** (eines bestimmten Raumes als Teilbevölkerung oder der ganzen Erde als Gesamtbevölkerung),
(2) der von ihr besetzte **Raum** (Land),
(3) die von ihr beanspruchte **Nahrung** und
(4) die von ihr verursachte **Umweltverschmutzung**.

Die einzelnen Beziehungen sollen durch einige aktuelle Daten illustriert werden, die sich unschwer aus der Literatur [1] ergänzen lassen.

(1) Eine jede **Bevölkerung** einer Organismenart – hier des Menschen – unterliegt einem dauernden Wechsel: ständig kommen Individuen hinzu (werden geboren oder wandern auch zu), ständig gehen Individuen verloren (sterben oder wandern fort). Diese Veränderungen sind in Abb. 1.1 als kreisförmige Pfeile dargestellt. Sie sollen aussagen, daß die Bevölkerungszahl auf dem Wege über die Geburten und Todesfälle ihrer Individuen auf sich selbst zurückwirkt: je mehr Individuen vorhanden sind, um so mehr können sich fortpflanzen oder sterben. Es handelt sich hier um *Regelkreise,* mit denen eine Größe – die Bevölkerungszahl – positiv oder negativ beeinflußt wird, entsprechend dem aus der Technik stammenden Prinzip der (positiven oder negativen) Rückkopplung.

Auf die *Zugänge und Abgänge* von Individuen wirkt nicht nur die Bevölkerungszahl selbst ein, es kommen Einwirkungen von außen hinzu. Angedeutet ist hier einerseits die Möglichkeit, die Geburtenzahl zu beeinflussen (z. B. durch eine Geburtenkontrolle). Andererseits ist auf einige Einflüsse hingewiesen, denen die Sterblichkeit der Bevölkerung unterliegt, und zwar vor allem auf jene Einflüsse, die von den anderen Grundgrößen des Gesamtsystems der Abb. 1.1 – Raum, Nahrung, Umweltverschmutzung – ausgehen. Auch hier sind sogleich Rückwirkungen, also Regelkreise, erkennbar, die allerdings u. U. über eine längere Folge von Stationen führen.

Die menschliche Gesamtbevölkerung ist in einer fortgesetzten Zunahme begriffen. Sie hat zur Zeit eine Wachstumsrate (s. 3.1.1.1) von 1,9 %. Das bedeutet, daß die Zahl der Menschen auf der Erde

– sich innerhalb von 37 Jahren verdoppelt,
– jährlich um rund 69 Millionen Individuen,
– täglich um rund 190 000 Individuen wächst.

Die Wachstumskurve der Menschheit in ihrer überschaubaren Geschichte ist in Abb. 1.2 dargestellt.

Diese Zahlen sind global zu verstehen. Sie sind im einzelnen – in den Erdteilen, Ländern usw. – sehr unterschiedlich.

---

[1] z. B.: *Ehrlich/Ehrlich* (1972), *Coenen* u. a. (1972), *Engelhardt* (1973), *Meadows* (1973), *Ehrlich/Ehrlich/Holdren* (1975) u. a.; s. Literaturverzeichnis.

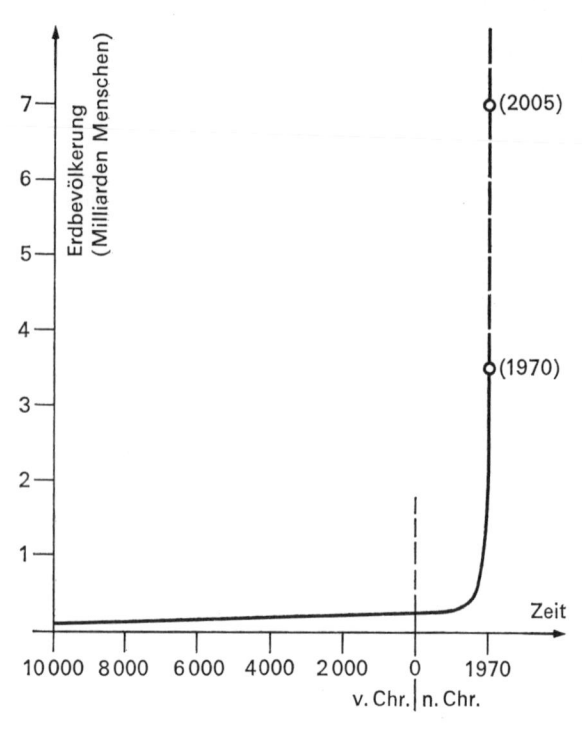

Abb. 1.2. Die **Bevölkerungsentwicklung** der Menschheit in 12 000 Jahren

(2) Der einer Bevölkerung zur Verfügung stehende **Raum** ist naturgemäß begrenzt. Vom Gesamtvorrat an Land auf der Erde ist nur ein Teil durch den Menschen nutzbar. Der größte Teil ist überhaupt unbewohnbar (Polargebiete, Wüsten, Hochgebirge usw.) oder zumindest nicht oder nur mit hohem Aufwand zur landwirtschaftlichen Nutzung zu verwenden. Immerhin sind in diesem landwirtschaftlich unproduktiven Land auch die Reserven enthalten, die für den Naturschutz einerseits, für Erholungsbedürfnisse des Menschen andererseits benötigt werden (z. B. Moore, Nichtwirtschaftswälder usw.).

Vom «nutzbaren» Land kann nur ein Teil der Produktion von Nahrung dienen. Ein anderer Teil, der sich täglich vergrößert, wird anderen menschlichen Bedürfnissen geopfert: der Siedlung, dem Verkehr, der Industrie, der Abfalldeponie usw. Die der landwirtschaftlichen Produktion verbleibende Fläche Landes endlich verringert sich um die Verluste, die durch Übernutzung eintreten, z. B. durch Überweidung oder rücksichtslose Ausbeutung von Wäldern mit nachfolgender Bodenabtragung (Erosion).

29% der Erdoberfläche, d.s. 149 Mio. km², bestehen aus festem Land. 21,5% dieser Landfläche, d.s. 32 Mio. km², sind «produktiv», landwirtschaftlich nutzbar. Davon wird zur Zeit etwa die Hälfte tatsächlich genutzt, die Erschließung der anderen Hälfte ist mit hohem Kostenaufwand verbunden. Diese Aussage ist ebenfalls global zu verstehen: In den verschiedenen Teilen der Erde ist der Anteil genutzter und noch nutzbar zu machender Flächen unterschiedlich; entsprechend verhält es sich mit den zu erwartenden Kosten.
Die Fläche der Bundesrepublik Deutschland, d.s. rd. 248 000 km², war 1970 wie folgt aufgeteilt:

– Landwirtschaftliche Nutzfläche 55%
– Wald 29%
– Gewässer, Moore, Brachen, Öd- und Unland 6%
– Industrie, Verkehr, Siedlung, einschließlich Grünanlagen 10%

Das Verhältnis verschiebt sich ständig durch Industrie-, Verkehrs- und Siedlungsbauten und den Raumbedarf für die Deponie von Abfällen zuungunsten der land- und forstwirtschaftlichen Nutzflächen. Täglich gehen in der Bundesrepublik Deutschland auf diese Weise rund 60 ha produktives Land verloren, d.s. jährlich mehr als 200 km².

Wird die Bevölkerungszahl auf einen bestimmten Raum bzw. eine Flächengröße bezogen, so ergibt sich die *Bevölkerungsdichte:* für die Bundesrepublik Deutschland z.B. eine Dichte von 252 Einwohnern je km². Dies ist allerdings ein Mittelwert, der nur für die Gesamtfläche gilt. Kleinräumig schwankt die Dichte stark (z.B. in Ballungsräumen: Städten, Industriegebieten).

Die Bevölkerungsdichte im Ruhrgebiet ist mit rd. 1240 Einwohnern je km² etwa fünfmal so groß wie im Durchschnitt der Bundesrepublik.

Zuweilen ist es sogar sinnvoll, die Einwohnerzahl auf die tatsächlich bewohnbare Fläche zu beziehen, wenn nämlich der Anteil unbewohnbarer Fläche besonders groß ist (z.B. in der Schweiz: fast 25% unbewohnbares Gebirge und Gewässer).
Die zunehmende *Einengung* des Menschen wird noch deutlicher erkennbar, wenn man die Fläche berechnet, die – durchschnittlich – dem einzelnen Individuum zur Verfügung steht.

Bei einer Dichte von 252 Einwohnern je km² steht durchschnittlich jedem Einwohner eine Fläche von etwa 4000 m² zur Verfügung. Demnach ist die *Enge* in der Bundesrepublik etwa zehnmal so groß wie für den Durchschnitt der Weltbevölkerung (rd. 41 000 m² je Einwohner) und etwa dreitausendmal so groß wie vor 9000 Jahren (7000 v. Chr.: 15 km² je Mensch).

(3) Die Gesamtmenge produzierter **Nahrung** wirkt über die jedem einzelnen Individuum zur Verfügung stehende Nahrungsmenge auf die Bevölkerungszahl ein. Sie hängt zunächst von der Fläche *produktiven Landes* ab. Der *Flächenertrag* (Hektarertrag) läßt sich jedoch, wenn auch nur in gewissen Grenzen, steigern: durch Kulturmaßnahmen (wie Be- und Entwässerung, Bodenbearbeitung usw.), durch Düngung, durch Schädlingsbekämpfung usw.

Die Hektarerträge in der Landwirtschaft wurden in der Bundesrepublik Deutschland in den letzten Jahrzehnten (1939 bis 1970) erheblich gesteigert, z. B. bei

– Roggen um 67,2 %,
– Weizen um 71,6 %,
– Spätkartoffeln um 49,6 %.

Immerhin stößt die Ertragssteigerung nicht nur auf biologische, sondern auch auf ökonomische Grenzen: weitere Ertragssteigerungen sind mit erheblich wachsenden Kosten verbunden (Kosten von Maschinen, von chemischen Dünge- und Pflanzenschutzmitteln, vor allem aber auch durch zusätzlichen Wasserverbrauch).

(4) Maßnahmen der landwirtschaftlichen Ertragssteigerung tragen – z. B. durch Dünge- und Pflanzenschutzmittel – zur **Umweltverschmutzung** bei.

Umweltverschmutzung im Industrie-, Siedlungs- und Verkehrsbereich ist in unserem Modell nicht berücksichtigt.

Damit kann die Gesundheit der Bevölkerung unmittelbar – negativ – beeinflußt werden. Indirekt können aber auch die Vorteile der Ertragssteigerung durch Belastung von Boden und Gewässern vermindert oder ganz aufgehoben werden. Es ist sogar denkbar, daß am Ende der Hektarertrag sinkt und die Bevölkerung damit von Nahrungsmangel betroffen wird.

Der Verbrauch von *Mineraldünger* lag in der Bundesrepublik Deutschland 1969

– bei rd. 1 Mio. t Stickstoffdünger (d. s. rd. 80 kg je ha landwirtschaftlicher Nutzfläche) und
– bei rd. 0,8 Mio. t Phosphatdünger (d. s. rd. 70 kg je ha landwirtschaftlicher Nutzfläche).

Diese Zahlen werden in anderen Ländern noch weit übertroffen.

Im Mittel gehen davon 3 bis 5 % durch oberflächliches Abschwemmen, durch Auswaschen und Auswehen für die Produktion *verloren*. Diese

Düngermengen belasten vor allem die Gewässer: Nitrate werden in gesundheitsgefährdende Nitrite umgewandelt, Phosphate tragen zu einer unerwünschten Düngewirkung (Eutrophierung) bei.
Beispiel für eine globale *Belastung* durch ein Pflanzenschutzmittel ist das DDT. Etwa seit Ende des Zweiten Weltkrieges wurde es erfolgreich vor allem gegen Gesundheitsschädlinge des Menschen (z. B. malariaübertragende Mücken), aber auch als Pflanzenschutzmittel eingesetzt. Die Notwendigkeit, überhaupt Pflanzenschutzmittel zu verwenden, ergibt sich aus den mittleren jährlichen Ernteverlusten durch Schädlinge in Höhe von rd. 20% der Ernte (in Deutschland rd.15%, in Entwicklungsländern bis zu 50%).
Bisher wurden allein in westlichen Industrieländern rd. 1,8 Mio. t DDT-Wirkstoff produziert. Da DDT auf biologischem Wege so gut wie nicht abzubauen ist und sich auf dem Wege von Nahrungsketten (s. 3.2.1) anzureichern vermag, kommt es heute vor allem im Körperfett von Organismen aller Art weltweit verbreitet und fernab vom Anwendungsort vor: bei Eskimos in der Arktis ebenso wie bei Pinguinen in der Antarktis.

1.2 Stellt das Ausgangsmodell ein «ökologisches System» dar?

Im Mittelpunkt des in Abb.1.1 dargestellten Modells steht eine *Bevölkerung*, also eine Gruppe von Individuen einer Organismenart – hier des Menschen.

Diese Bevölkerung ist eingebettet in mehr oder weniger umfangreiche Komplexe von *Außenbedingungen*, ihre «Umwelt» – hier vertreten durch die drei Teilbereiche «Raum», «Nahrung» und «Umweltverschmutzung».

Zwischen den Bestandteilen gibt es zahlreiche, u. U. vielfältige und komplizierte *Beziehungen:* mehr oder weniger lange Ketten von Ursachen und Wirkungen, vielfach auch Wechselwirkungen und Rückwirkungen.

In Abb.1.3 sind charakteristische Beziehungen dieser Art im Modell 1.1 hervorgehoben:
(1) *Lange Ursachen-Wirkungs-Ketten:* Raum → Nahrung → Bevölkerungszahl; wichtig ist hier vor allem die zeitliche Dimension, oft sind Verzögerungen eingebaut (z. B. in Form der Zeit, die die Nahrung oder auch die Bevölkerung zu ihrem Wachstum braucht).
(2) *Verzweigungen:* gegenläufige Wirkungen von – positiven – Maßnahmen der Ertragssteigerung und – negativen – Folgen der dadurch erzeugten Umweltverschmutzung (durch Pflanzenschutz-, Düngemittel usw.).

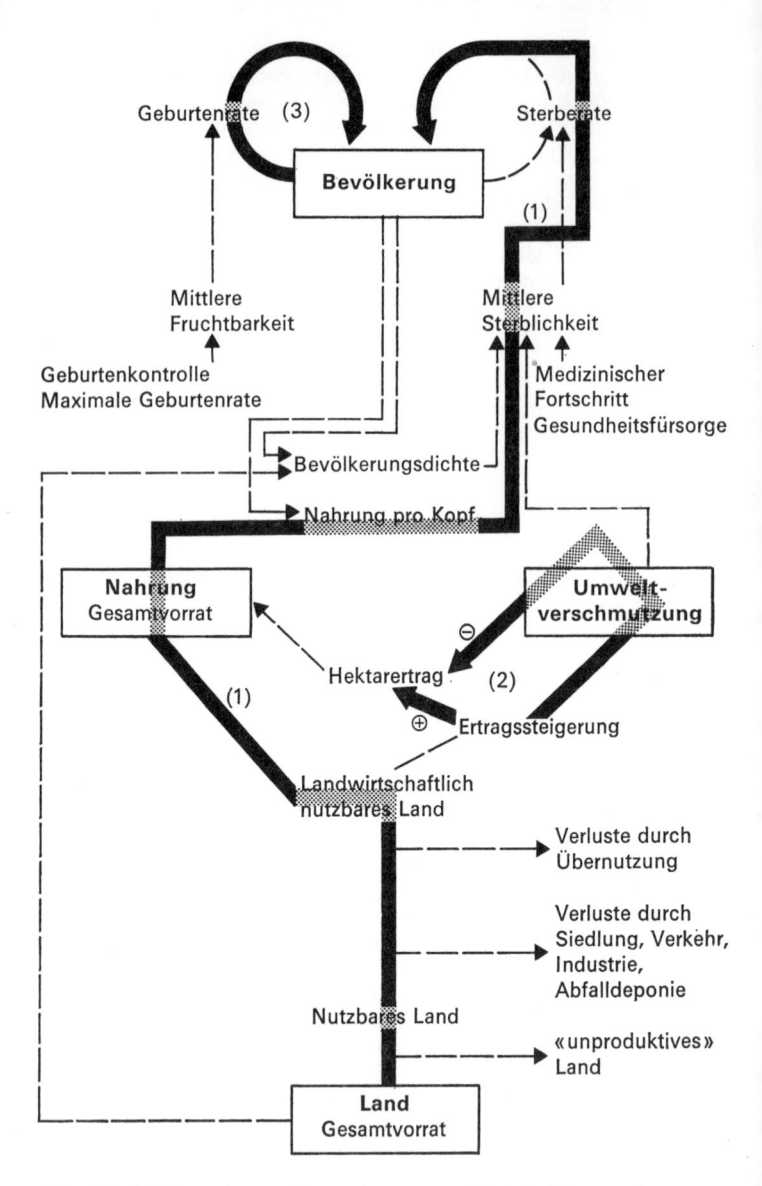

Abb. 1.3. Wirkungsketten, Verzweigungen und Rückwirkungen im Modell 1.1

8   1 Ökologie – eine alte biologische Wissenschaft von großer Aktualität

(3) *Rückwirkungen:* Einwirkung der Bevölkerungszahl auf die Zahl der Geburten (oder Todesfälle) und damit auf sich selbst. Derartige Rückwirkungen, die technisch als Regelkreise aufzufassen sind, kommen nicht selten vor.

Schließlich spielt sich das Ganze in einem mehr oder weniger engen *räumlichen Zusammenhang* ab: im Modell ist keine enge räumliche Zuordnung angegeben, es wird vielmehr eine nicht genau beschriebene Bevölkerung (global) betrachtet. Selbstverständlich kann man sich auch auf Bevölkerungen irgendeiner Organismenart beschränken, die genau umschrieben sind, z. B. Wasserflöhe einer bestimmten Art in einem kleinen Tümpel.

Zusammenfassend kann man auch sagen: in unserem Modell sind *Beziehungen* zwischen *Organismen* und ihrer *Umwelt* beschrieben. Das entspricht fast genau der Definition, mit der 1866 der Zoologe *Ernst Haeckel* eine neue biologische Wissenschaft beschrieb: «*Ökologie* ist die Wissenschaft von den Beziehungen des Organismus zur umgebenden Außenwelt.»
Die vier in der Haeckelschen Definition enthaltenen Merkmale sind in Abb. 1.4 in ihrem Zusammenhang dargestellt.

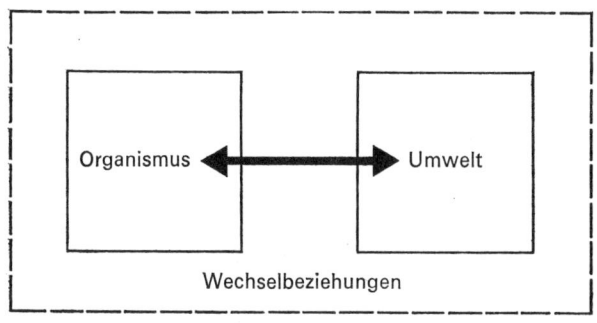

Abb. 1.4. **Ökologisches System** nach der Definition von *E. Haeckel* (1866)

In dieser Skizze kommt – wie in der Definition selbst – ein Gegeneinander des Begriffspaares «Organismus» und «Umwelt» zum Ausdruck, wie es von späteren Autoren als unglücklich bezeichnet wurde. Auch wir werden später (2.2.4) zu einer Abänderung dieses Schemas kommen, werden es aber zunächst für eine übersichtliche Gliederung des Kapitels 2 benutzen.

Das Modellsystem ist also zweifellos als «*ökologisch*» zu bezeichnen.

Was also ist ein «ökologisches System»?

Zunächst trifft die Bezeichnung **System** für das gezeigte Modell zu: es handelt sich um eine *Gesamtheit von Teilen,*

von denen ein Teil die menschliche Bevölkerung ist,
drei Teile der Umwelt dieser Bevölkerung zuzurechnen sind,

die in bestimmter *Beziehung* zueinander stehen,
voneinander *abhängig* sind
und als *Ganzes* betrachtet werden.

Sodann ist es ein **biologisches** *System:* es umfaßt lebende Bestandteile.

Ein **ökologisches** *System* schließlich ist ein biologisches System, dessen lebende Bestandteile komplette *Organismen,* also *Individuen* oder *Gruppen* von Individuen, sind.

Dies entspricht der Definition von *Friederichs* (1957): Ökologie ist die Wissenschaft von den überindividuellen Gefügen (= Systemen).

Die verschiedenen Ebenen, auf denen biologische Systeme möglich sind, sind in Abb. 1.5 (in Anlehnung an *Odum* 1967) dargestellt: als ökologisch werden die Systeme im Bereiche makroskopischer Betrachtung *(Odum)* bezeichnet.

Im Mittelpunkt der Betrachtung stehen kann

(1) der *einzelne Organismus* einer bestimmten Art:
konkret als Individuum oder abstrahiert als Vertreter seiner Art,

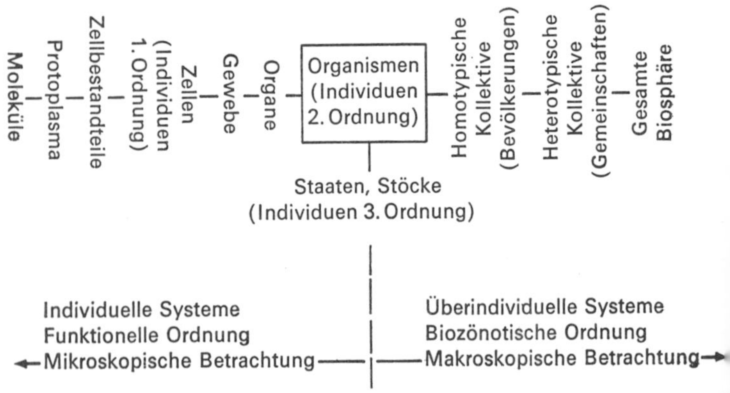

Moleküle — Protoplasma — Zellbestandteile — Zellen (Individuen 1. Ordnung) — Gewebe — Organe — Organismen (Individuen 2. Ordnung) — Homotypische Kollektive (Bevölkerungen) — Heterotypische Kollektive (Gemeinschaften) — Gesamte Biosphäre

Staaten, Stöcke
(Individuen 3. Ordnung)

Individuelle Systeme | Überindividuelle Systeme
Funktionelle Ordnung | Biozönotische Ordnung
←Mikroskopische Betrachtung——|——Makroskopische Betrachtung→

Abb. 1.5. **Stufenfolge biologischer Systeme**
(nach *Odum* 1967, verändert)

(2) eine *Gruppe* von Individuen *einer* Organismenart (homotypisches Kollektiv):
konkret als Bevölkerung (Population) bzw. Teilbevölkerung oder abstrahiert als Repräsentanten der Art,

(3) eine *Gruppe* von Individuen *verschiedener* Arten (heterotypisches Kollektiv).

Grob entsprechen diese drei Betrachtungsweisen der herkömmlichen Einteilung der Wissenschaft in Autökologie (1), Populationsökologie [= konkreter Fall von (2)] und Synökologie (3).

Strukturell sind individuelle und überindividuelle Systeme vergleichbar.
Die wesentliche Unterscheidung liegt darin, wie individuelle und überindividuelle Systeme *funktionieren*.

Remane (1971) beschrieb charakteristische Unterschiede zwischen der «funktionellen Ordnung» des individuellen Systems und der «biozönotischen Ordnung» des überindividuellen Systems. Diese Unterschiede sind in der Entstehung, in der Erhaltung und in der Entwicklung (Evolution) der beiden Systemtypen zu erkennen. Sie werden ausführlich später (3, Abb. 3.1) geschildert. *Staaten* (speziell der sozialen Insekten) und *Stöcke* (z. B. der Staatsquallen) unterliegen einer «funktionellen Ordnung», sind demnach individuelle Systeme. In der von *Haeckel* (1924) eingeführten Dreistufigkeit der organischen Individualität stellen sie die Individuen höherer (dritter) Ordnung dar, wenn man nämlich die Zelle als Individuum erster Ordnung, den Einzelorganismus als Individuum zweiter Ordnung ansieht. − Eine andere Zuordnung hielt z. B. *Woltereck* (1932) für sinnvoll, der «Einzelgefüge» − die Einzelorganismen − und «Kollektivgefüge» − die Kolonien, Staaten und Gemeinschaften (Biozönosen) − unterschied.

Struktur und Funktion biologischer − also auch ökologischer − Systeme sind nicht voneinander zu trennen.

So lautet auch eine der Definitionen der Ökologie: «Wissenschaft von der Struktur und der Funktion der Natur» *(Odum* 1967).

Für die folgende Darstellung schien es zweckmäßig, die beiden Hauptabschnitte unter eine überwiegend strukturelle (2) bzw. funktionelle (3) Betrachtungsweise zu stellen, selbst wenn es dabei zu Überschneidungen kommen muß. Die grundsätzliche Einheit von Struktur und Funktion wird dadurch nicht berührt.

Zuvor soll noch versucht werden, in einem kurzen Exkurs einen Überblick über die Entwicklung der wissenschaftlichen Ökologie und ihre heutige Situation zu geben.

1.3 Ökologie: Die Entwicklung einer biologischen Wissenschaft

Der Begriff der Ökologie hat eine mehr als hundertjährige Geschichte hinter sich. Sein Inhalt hat sich in dieser Zeit selbstverständlich gewandelt. Hier soll ein Abriß dieser Entwicklung lediglich in groben Zügen und nur so weit geschildert werden, wie dies für das Verständnis der modernen Ökologie und ihrer Situation als Wissenschaft notwendig ist.

Als biologischer Wissenschaftszweig wurde die Ökologie von dem deutschen Naturforscher und Zoologen *Ernst Haeckel* begründet. Er beschrieb 1866 die von ihm so benannte **Oecologie** (gr. οἶκος: Haus, Wohnung, Wohnort) als die «**Wissenschaft von den Beziehungen des Organismus zur umgebenden Außenwelt**».

Etwas später (1879) gab *Haeckel* noch eine etwas andere Definition der Ökologie, nämlich als «Lehre vom Haushalt der Natur». Sie würde heute eher einen Teilaspekt der Gesamtökologie charakterisieren (Synökologie, Ökosystemforschung).

Die Ökologie ist also eine der klassischen Disziplinen der biologischen Wissenschaft. Entsprechend lange gibt es schon Lehrbücher der Ökologie, auch wenn sie noch nicht als solche bezeichnet wurden (z.B. der zweite Band des berühmten Werkes von *Hesse* und *Doflein* «Tierbau und Tierleben»: «Das Tier als Glied des Naturganzen», Berlin 1914). Anfangs war die Ökologie eine *qualitativ-beschreibende* Wissenschaft, die sich in erster Linie um das Sammeln und Registrieren von Phänomenen im Freiland bemühte. Über nennenswerte eigene *Methoden und Techniken* verfügte diese Wissenschaft nicht. Im Labor wurden Untersuchungen und Experimente mit den Methoden der Physiologie durchgeführt. Die Möglichkeiten des Freiland-Experiments wurden allgemein erst spät entdeckt.

Mit physiologischer Methodik wird, vor allem im Labor, bis auf den heutigen Tag in jenem Teilgebiet der Ökologie gearbeitet, das sich mit den Beziehungen einzelner Organismen zu ihrer Umwelt beschäftigt. Dieser Zweig der Ökologie – von *Schröter* 1896 als *Autökologie* beschrieben – wird daher heute auch als physiologische Ökologie oder Öko-Physiologie bezeichnet.
Die klassische Grundeinteilung der generellen Ökologie ist übrigens in Abb. 1.6 übersichtlich zusammengestellt.

Immer schon zeichnete sich jedoch die Ökologie durch ihre eigenen *Fragestellungen* aus, die notwendig in die Breite zielen und damit häufig das Mißfallen des Spezialisten herausfordern.

Abb. 1.6. **Klassische Großeinteilung der Generellen Ökologie**[1]

	Ausgangspunkt der Betrachtung	Methodik	Verknüpfung
(1) **Autökologie** *(Schröter 1896)*	das einzelne Lebewesen (Individuum)	Laboruntersuchung Überprüfung im Freiland	mit der Physiologie: physiologische Ökologie, Öko-Physiologie
(2) **Demökologie** *(Schwerdtfeger 1968)*	das Organismenkollektiv, die Bevölkerung einer Art an einem Ort (Population)	Freilanduntersuchungen Statistik mathematische Modelle	mit angewandter Wissenschaft (zunächst); mit Populationsgenetik: Populationsbiologie
(3) **Synökologie** *(Schröter 1902)*	das gesamte, komplexe System	zunächst methodisch nicht angreifbar (Vereinfachung, reine Beschreibung) modern: Systemanalyse	als System-Ökologie umfassendster Bereich mit zahlreichen Verknüpfungen vor allem in der Humanökologie

[1] Eine andere Einteilungsmöglichkeit wäre z. B. die in eine Ökologie der Pflanzen, der Tiere, des Menschen.

1.3 Ökologie: Die Entwicklung einer biologischen Wissenschaft

Sollen beispielsweise die Umweltbeziehungen etwa einer bestimmten Schmetterlingsart untersucht werden, so stellt sich dem Ökologen sogleich eine Fülle von Fragen, die in ganz verschiedene Bereiche der Physiologie führen: Fragen nach der Nahrungsmenge und -qualität der Raupen und ihrem Einfluß auf Größe von Puppe und Falter, auf Lebensdauer und Eizahl fallen z.B. in den Arbeitsbereich des Stoffwechselphysiologen, gleichermaßen wichtige und interessante Fragen nach der Orientierung der Raupen zur Fraßpflanze, der Falter zum Geschlechtspartner und zum Eiablageplatz gehören in das Gebiet der Sinnesphysiologie usw. Entsprechend ist eine Vielzahl von Techniken und Methoden zur Beantwortung ökologischer Fragen notwendig, wie sie an sich nur von einem Team von Spezialisten, kaum von einem einzelnen Bearbeiter beherrscht werden.

Ein eigenes Gesicht bekam die Ökologie durch die Zunahme *quantitativer* Aussagen. Anfänge gehen schon auf frühe Zeiten zurück (z.B. *Lotka* 1925, *Volterra* 1928), auffällig wurde die Entwicklung zu einer exakten Wissenschaft aber erst seit etwa zwanzig Jahren. Erkennbar wurde diese Entwicklung vor allem im Bereich pflanzlicher und tierischer Bevölkerungen (Populationen), die zunehmend mit mathematisch-statistischen Methoden untersucht wurden (s. *Greig-Smith* 1964, *Southwood* 1966 u.a.).

Die Ökologie der Populationen – von *Schwerdtfeger* 1968 *Demökologie* (gr. δῆμος: Volk, Bevölkerung) genannt – steht wesentlich unter dem Eindruck angewandter biologischer Wissenschaften. Vor allem dort, wo eine Schadwirkung von Organismen in der Regel mit ihrer Individuenmenge korreliert ist, z.B. bei den Insekten, spielt die quantitative Analyse seit je eine bedeutende Rolle.

In jüngster Zeit schließlich fanden Methoden der *Systemanalyse* Eingang in die Ökologie, mit deren Hilfe sich Möglichkeiten boten, komplexe ökologische Systeme in ihrer Gesamtheit zu untersuchen *(Watt* 1966*)*.

Auch die Untersuchung vielfältiger Lebensgemeinschaften in ihrer Umwelt ist an sich schon alt (z.B. *Moebius* 1877, der aus Beobachtungen an Austernbänken den Biozönose-Begriff [s. 2.1.4] ableitete). Der Begriff des *Systems* für biologische Beziehungsgefüge oberhalb des Individuums ist lange eingeführt *(Woltereck* 1932*)*. Die Betrachtungsweise der Ökologie, die vom Gesamtsystem ausgeht – seit *Schröter* (1902) als *Synökologie* bezeichnet –, wurde aber lange Zeit als die am wenigstens exakte, weil nicht quantitativ erfaßbare und damit großenteils auf Spekulationen angewiesene Richtung angesehen.

So vollzieht sich die Ablösung der herkömmlichen «weichen» Synökologie durch eine «harte» System-Ökologie *(Patten* 1971*)*, die sich uns als eine Mischung aus Biologie und einem guten Teil Ingenieurwissenschaften darstellt. Die verblüffende Folge ist, daß die biologischste der biologischen Disziplinen heute vielfach nur noch mit intensiven mathematischen und technischen Kenntnissen (Statistik, Maschinensprache, Computer-Technik, Regeltechnik) zu verstehen ist – eine Entwicklung, der z. B. im angelsächsischen Sprachraum bereits durch entsprechende Lehrpläne für den Ökologie-Unterricht an Hochschulen Rechnung getragen wird *(Watt* 1966).

Die moderne System-Ökologie hat sich entwickelt, indem eine der grundlegenden Betrachtungsweisen (Abb. 1.6) – die synökologische, die von der Gesamtheit des Systems ausgeht –, mehr und mehr in den Vordergrund getreten ist. In dieser System-Ökologie hat die Ökologie ihre generellen Wissenschaftstheorien, die den Fluß von Energie, Materie und Information innerhalb des Systems betreffen (s. 3.2). Die technischen Nachbarwissenschaften bezieht sie dabei ein.

Die anderen ökologischen Teilgebiete haben ihrerseits so engen Kontakt zu biologischen Nachbardisziplinen gewonnen, daß sie von diesen kaum noch zu trennen sind: die Autökologie zur Physiologie in der Form der *Öko-Physiologie* und die Populationsökologie (Demökologie) zur Populationsgenetik, mit der sie häufig als *Populationsbiologie* zusammengefaßt wird (z. B. *Mac Arthur/Connell* 1966, *Wilson/Bossert* 1971).

Als System-Ökologie entwickelt die Ökologie ihrerseits alle jene Teilbereiche, die die klassische Biologie im Bezug auf das Individuum, den Einzelorganismus, herkömmlicherweise kennt: die Lehre von *Bau* und *Funktion* von überindividuellen Systemen (entsprechend der Morphologie/Anatomie und der Physiologie im individuellen Bereich), die *Evolution* (Entwicklungsgeschichte) solcher Systeme und schließlich die *Öko-Pathologie,* die sich mit den Veränderungen beschäftigt, die durch die Einwirkung des Menschen entstehen.

1.4 Ökologie: Die Einbeziehung des Menschen

Parallel zur skizzierten Entwicklung der Ökologie als Wissenschaft vollzog sich die Einbeziehung des Menschen – und der durch menschliche Einflüsse veränderten Umwelt – in ihren Arbeitsbereich. Die klassische Ökologie befaßte sich lediglich mit dem Organismus in seiner natürlichen, ungestörten Umwelt. Der Mensch spielte die Rolle des unbeteiligten Zuschauers, des Betrachters intakter Systeme in einer heilen Welt.

Der Streit um die alten Begriffe «Biozönose» (Lebensgemeinschaft) und «Biotop» (Lebensraum) ging auch um die Abgrenzung der natürlichen gegenüber den menschlich beeinflußten Räumen und Gemeinschaften. Die Formulierung und der Gebrauch des Begriffs der «Anthropozönose», mit der eine solche menschlich beeinflußte Gemeinschaft eine Sonderstellung zugewiesen bekam, ist ein Beispiel dafür.

Die angewandt arbeitenden Wissenschaftler bezogen zwar frühzeitig zumindest die landwirtschaftlichen und forstwirtschaftlichen Bereiche in die Ökologie ein. Als Beispiele seien genannt die deutschen Zoologen *Friederichs,* der schon 1930 die «Pflanzenschutzforschung als Ökologie der Agrarräume» bezeichnete, und *Tischler,* der 1965 sein Lehrbuch der «Agrarökologie» veröffentlichte.

Eine deutliche Umkehr fand aber auch hier erst in neuester Zeit statt. Der Mensch begreift sich jetzt nicht mehr als Zuschauer, sondern als Akteur, der weiß, daß er die ökologischen Systeme zwar manipulieren kann, daß er aber selbst Bestandteil dieser Systeme ist und damit von seinen Eingriffen selbst betroffen wird. Der Schritt von der «weichen» zur «harten» Ökologie *(Patten* 1971) heißt hier: von der reinen Suche nach einem Verständnis der Zusammenhänge zu einer exakten *Vorhersagefähigkeit* zu kommen, die wiederum einen Ansatz zur *Manipulation* der Systeme bietet.

Heute ist selbstverständlich, durch menschliche Tätigkeit geschaffene oder aufrechterhaltene Systeme in den Arbeitsbereich der Ökologie einzubeziehen. Man gewöhnt sich beispielsweise daran, den Katalog der klassischen Umweltfaktoren (s. 2.2.2) durch jene modernen Einflüsse – Verunreinigungen, Lärm, Erschütterungen usw. – zu ergänzen, die zur Umwelt in unseren durch menschliche Technik geprägten Lebensräumen («Technotopen») gehören.

Wir befinden uns damit allerdings immer noch im Bereich einer allgemeinen Ökologie als einem biologischen Wissenschaftszweig. Eine Ökologie des Menschen oder *Humanökologie* muß dann aber notwendig die Grenzen überschreiten, die durch diese Definition gezogen sind. Humanökologie ist nicht die Ökologie einer Organismenart schlechthin: Systeme, die den Menschen einbeziehen, enthalten Bereiche, die allen anderen Organismen verschlossen bleiben, und sind darum in einem anderen, höheren Maße komplex als ökologische Systeme, in deren Mittelpunkt irgendeine Pflanzen- oder Tierart steht.

Welcher Art diese besonderen Bereiche sind, läßt sich hier nur in Stichworten andeuten. Der Mensch vermag seine Umwelt unabhängig von ihrer materiellen Zusammensetzung in einer geistigen Dimension, d. h. durch die Kraft seiner Gedanken, zu verändern und zu erweitern. Die Entwicklung menschlicher Kultur erschöpft sich nicht in den technischen

Möglichkeiten der Umgestaltung seiner Umgebung: in den Bereich solcher «Technotope» vermögen dem Menschen auch andere Organismen zu folgen («Kulturfolger»). Die Möglichkeit aber, die individuelle ökologische Nische (s. 2.2.3) durch wissenschaftliche, künstlerische, philosophische, Glaubens-Inhalte auszubauen und zu bereichern, ist dem Menschen ganz allein gegeben *(K. Günther* 1950).

Die Humanökologie ist demnach mehr als eine biologische, auch mehr als eine naturwissenschaftliche Disziplin: sie enthält schließlich sogar Dimensionen, die überhaupt nicht mehr im wissenschaftlichen Bereich liegen. Hier beginnt die Problematik dieser modernen Ökologie, beginnen die Mißverständnisse und Unklarheiten, beginnt endlich die Ausuferung.

Enzensberger (1973) etwa kritisiert die «heutige kontroverse Gestalt der Ökologie», d.h. der Humanökologie im weitesten Sinne (– er selbst spricht ja von einer «politischen Ökologie» –), die kaum irgendeine Begrenzung ihres Inhaltes erfährt: «Ökologe ist fortan im Grenzfall jedermann.»

Ein Wiener Autorenteam *(Freyler* u.a.1972) versuchte das Gesamtgebiet der Humanökologie abzustecken und zu gliedern, und kam dabei zur Einbeziehung einer sehr großen Zahl verschiedener Natur-, Geistes- und technischen Wissenschaften: Biologie und Anthropologie, Psychologie und Medizin, Gesellschafts- und Sozialwissenschaften, Pädagogik, Rechtswissenschaften, Ethik und Philosophie, Technologie, Informatik, Kommunikationstechnik und Energontik, Futurologie usw.

Ohne Frage sind alle diese Bereiche in einer Diskussion der Situation des Menschen in seiner Umwelt angesprochen. Es besteht auch keinerlei Zweifel daran, daß und in welchem Maße sich die verschiedenen Ansätze in der täglichen Praxis des menschlichen Lebens überlagern.

So hat *Meadows* in sein «Weltmodell» nicht-biologische Größen einbezogen, die aus unserem Modell (Abb.1.1) fortgelassen wurden, aber zweifellos analog zu behandeln sind. Es handelt sich vor allem um die meßbaren Größen «Kapital», «Rohstoffe» und «industrielle u.a. Umweltverschmutzung». Daneben aber nennt *Meadows* nicht-meßbare Größen, die in einem derartigen Modell nicht zu fassen sind, dennoch aber wesentliche Einflüsse darstellen können, z.B. soziale und politische Strukturen. Zwei Beispiele mögen diese Überlagerung verdeutlichen:

(a) In Abb.1.7 wird versucht, die Bereiche der Ökologie im engeren Sinne und der Humanökologie am Beispiel der Verschmutzung (Eutrophierung) eines Gewässers, ihrer Ursachen und Folgen abzustecken. Im Bereich der Ursachen wie der Folgen und ihrer Beseitigung spielen zahlreiche nicht-biologische Faktoren eine Rolle. Es sei nur etwa an Verwaltungswege, Zuständigkeiten und Rücksichtnahmen erinnert. Auf großräumige Zusammenhänge übertragen stellt sich das Beispiel als Verschmutzung der Weltmeere dar, die besonders aktuell und bedrohlich in abgegrenzten Meeresteilen, wie der Ostsee oder dem Mittelmeer, ist. Es ist – aus politischen Gründen – nahezu hoffnungslos, etwa die Mittelmeer-Anrainer an einen Konferenztisch zu bringen, um diese Verschmutzung zu stoppen.

(b) Die Sturmkatastrophe vom November 1972 hat in Nordwestdeutschland vor allem in Kiefernwäldern verheerende Zerstörungen hinterlassen. Diese Kiefernwälder sind zu mehr als 50% in Privatbesitz, und zwar zu 61% der Privatwaldfläche bäuerlicher Kleinwald von weniger als 50 ha je Besitzer. Zweifellos macht sich diese stark aufgesplitterte Besitzverteilung bei der Aufräumung und bei der Wiederaufforstung bemerkbar, beeinflußt also auch wesentlich die Wiederherstellung der Landschaft im nordwestdeutschen Tiefland.

Wesentlich ist nur, die Grenzüberschreitung und ihre Folgen zu erkennen: Schon Nachbarwissenschaften – wie etwa die Allgemeine Ökologie und die Soziologie – haben bei aller Parallelität jeweils eigene Denkansätze und Methoden, von der unterschiedlichen Sprache, der wissenschaftlichen Terminologie, ganz zu schweigen, die eine Verständigung untereinander oft erschwert. Je weiter entfernt die Spezialisten der einzelnen Wissenschaften ihren Standpunkt voneinander haben – und im Falle der Humanökologie sind sehr viele solcher Spezialisten beteiligt –, um so größer sind die Schwierigkeiten, eine gemeinsame Sprache oder überhaupt eine Verständigung zu finden.

Dabei lassen sich Analogien immer wieder finden, wenn z. B. der Energiefluß in einem ökologischen System im Prinzip mit dem in einem technischen System oder sogar in der menschlichen Gesellschaft verglichen wird (z. B. *Riedl* 1973).

Die Humanökologie überschreitet schließlich auch die Grenzen der Wissenschaft überhaupt, wenn sie z. B. Glaubensfragen oder politische Ideologien einbezieht. Auch hier steht die Berechtigung außer Frage. Problematisch ist nur, wenn dies auf dem Boden einer Naturwissenschaft, der Ökologie, geschieht. Werden naturwissenschaftliche Denkansätze, Methoden und Begriffe auf nicht-naturwissenschaftliche oder sogar nicht-wissenschaftliche Bereiche ausgedehnt und angewandt (und umgekehrt), kommt es zu der bekannten Verwirrung.

Damit soll keineswegs einer Beschränkung der Wissenschaft auf sich selbst das Wort geredet werden. Eine Wissenschaft, die derart eng mit dem Menschen verbunden ist und zu seiner gegenwärtigen und zukünftigen Situation Wesentliches auszusagen hat, muß ihr Wissen öffentlich zugänglich machen. Allerdings wird dieses Wissen dann an anderer Stelle, z. B. im gesellschaftspolitischen Bereich, angewandt

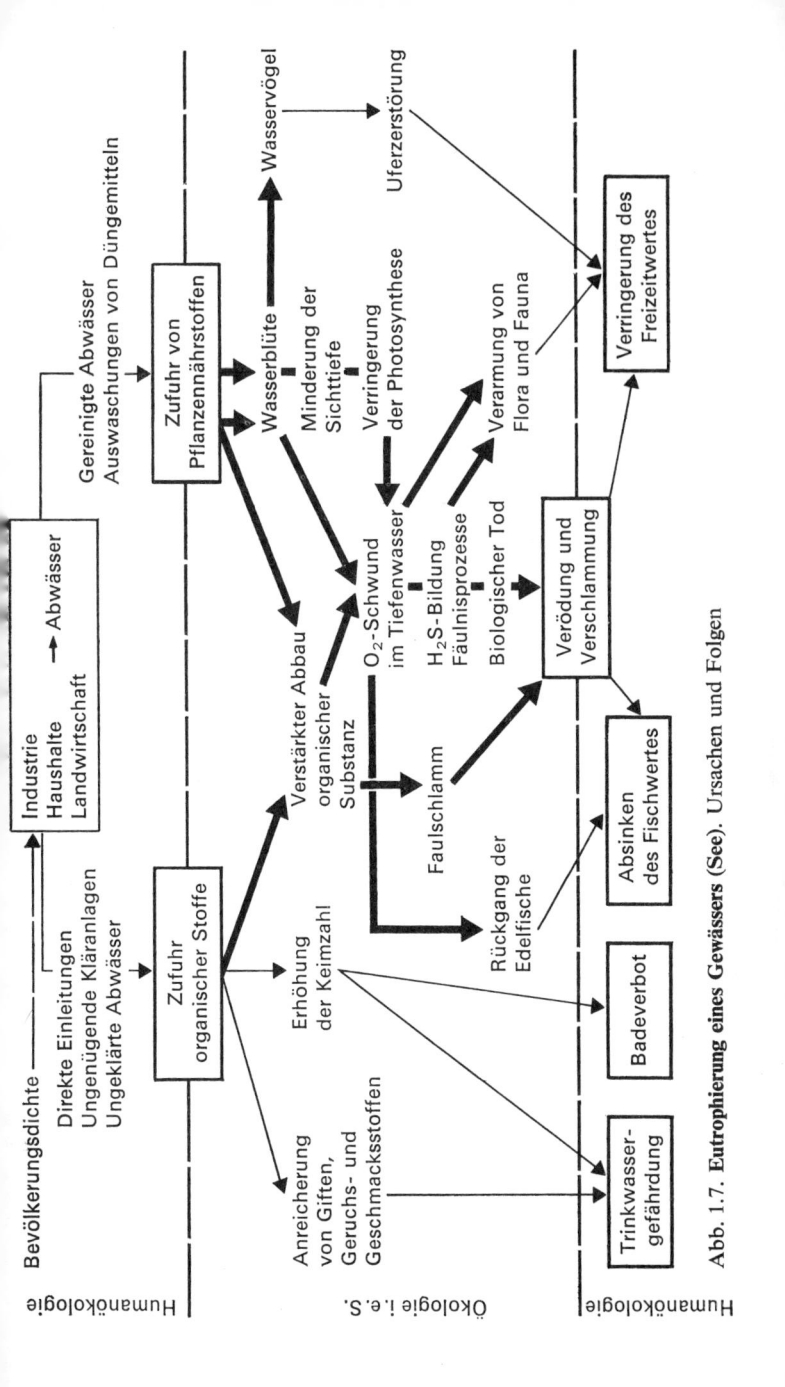

Abb. 1.7. **Eutrophierung eines Gewässers (See). Ursachen und Folgen**

und entzieht sich dort unter Umständen der naturwissenschaftlichen Argumentation.

«Die gesellschaftliche Neutralität, welche die ökologische Argumentation für sich in Anspruch nimmt, indem sie auf naturwissenschaftliche Beweisstrategie rekurriert, ist eine Fiktion» *(Enzensberger* 1973): d.h. ökologische Fakten mit gesellschaftspolitischer Relevanz verlieren außerhalb des naturwissenschaftlichen Bereiches die Neutralität ihrer Aussagen.

Absicht der vorliegenden Darstellung ist es, die Diskussion auf den naturwissenschaftlichen Bereich zu beschränken. Die Ökologie wird im hergebrachten Sinn als biologische Disziplin betrachtet: auch bei der bevorzugten Anwendung ökologischer Fakten auf den Menschen und seine Situation sollen die Grenzen der Naturwissenschaften nicht überschritten werden.

2 STRUKTURELLE BETRACHTUNG ÖKOLOGISCHER SYSTEME

Gehen wir von der durch Abb. 1.4 illustrierten Definition der Ökologie von *Haeckel* aus, so lassen sich danach grob die Grundbestandteile ökologischer Systeme beschreiben:
- ein Organismus oder eine Gruppe von Organismen (2.1),
- eine «Umwelt» (2.2),
- Wechselbeziehungen zwischen beiden (2.3) und
- eine Abgrenzung des ganzen Systems (2.4).

Die einzelnen Stichworte sollen in der angegebenen Reihenfolge erläutert werden.

2.1 Organismen, Organismenkollektive

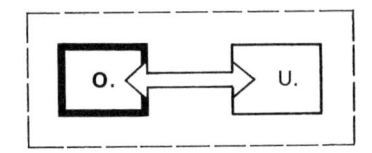

2.1.1 Kategorien

Im Mittelpunkt eines ökologischen Systems steht ein Lebewesen:
- der Einzelorganismus als (konkretes) **Individuum** oder (abstrakt) als Repräsentant einer Organismenart (Spezies),
- die Gruppe von – verwandten – Individuen als **Population** oder Teilpopulation bzw. (abstrakt) als Art-Repräsentanten,
- die Organismen-**Art**, die Gesamtheit aller Populationen artgleicher Individuen,
- **Gemeinschaften** unterschiedlicher Kompliziertheit, gebildet aus Populationen oder Teilpopulationen verschiedener Arten.

Alle diese Kategorien bilden eine Stufenfolge zunehmender Vielfalt, wobei jede höhere Stufe die unteren Stufen umschließt (enkaptisch hierarchisches System, Abb. 2.1).

Grundsätzlich gibt es bei allen diesen Kategorien *Abgrenzungsschwierigkeiten*. Das gilt für die Begriffe Individuum, Population, Art ebenso wie für die Kategorien unterhalb der Art: Rasse, Subspezies usw.

(2.1.1.4) oder für die Gemeinschaften und Vergesellschaftungsformen (2.1.4).

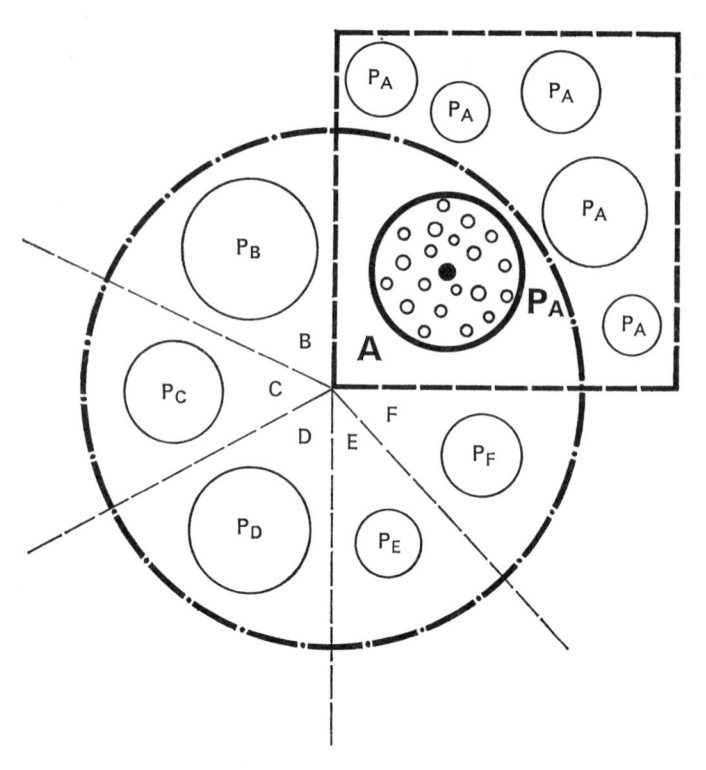

Abb. 2.1. Der **Einzelorganismus** ● in einer **Population** P_A der Organismenart A, die **Gemeinschaft** aus Populationen der **Arten A bis F** (P_A, P_B ... P_F)

Abgrenzungsschwierigkeiten beim *Individuum* werden erkennbar z. B. beim Übergang vom einzelligen zum vielzelligen Organismus (Zellaggregationen: Algenkolonien, Schwämme), bei Pflanzen mit vegetativer Vermehrung (Erdbeeren, Schilfrohr) oder bei Tierstöcken (Korallen, Staatsquallen).
Abgrenzungsschwierigkeiten bei der Population und bei der Art ergeben sich aus der Definition (s. unten).

2.1.1.1 Das Individuum (der Einzelorganismus)

Das Individuum ist Repräsentant einer Organismenart:
- es verkörpert die Merkmale dieser Art und gleicht in diesen Merkmalen allen übrigen Angehörigen der gleichen Art; diese Übereinstimmung beschränkt sich nicht auf gestaltliche Merkmale, sie umfaßt auch Verhaltensmerkmale, Merkmale der speziellen Lebensweise usw.;

und zugleich Träger individueller Merkmale:
- keine zwei Individuen sind einander völlig gleich, abgesehen von solchen, die durch vegetative Vermehrung (Klone) oder durch Parthenogenese entstanden sind.

Die individuellen Merkmale werden bestimmt durch das Zusammenwirken des **Erbgutes** (der genetischen Anlagen) und der **Umwelt:**
- Die genetische Ausrüstung des Individuums (sein Genotyp) ist ein *Ausschnitt* aus einer genetischen Gesamtheit (dem Gen-Pool der Population, s. 2.1.2).
- Dieser Ausschnitt wird – entsprechend der Lebensdauer des Individuums – zeitlich *begrenzt* realisiert.
- Auf ihn wirkt die *Umwelt* ein und bestimmt damit die Gesamterscheinung des Individuums (seinen Phänotyp).

Die Aussage, daß sowohl Erbanlagen als auch Umwelt fast jede Eigenschaft des Individuums beeinflussen, gilt ausdrücklich auch für den Menschen *(Mayr* 1967).

2.1.1.2 Die Population

Die Population ist die Gruppe artgleicher Individuen *(homotypisches Kollektiv)*. Ökologisch ist die Population damit definiert, daß ein solches Kollektiv im räumlichen Zusammenhang auftritt *(Schwerdtfeger* 1968).

Damit ist allerdings auch die *Unschärfe* der Abgrenzung gegeben: Ein räumlicher Zusammenhang ist nur ausnahmsweise eindeutig feststellbar, z.B. bei Bevölkerungen kleiner Inseln.

Umgangssprachlich wird der Begriff Population weiter unscharf, wenn er z.B. bezogen wird

- auf ein räumlich nicht definiertes Kollektiv (z.B. «menschliche Population») oder
- auf ein heterotypisches Kollektiv (Mischpopulationen verschiedener Pflanzen und Tiere: z.B. «Plankton-Population» oder «Meisen-Population»).

In diesen Fällen ist die Verwendung des Begriffs Population definitionsgemäß falsch.

In der *Genetik* ist die Population definiert als die – räumlich umschriebene – Grundeinheit, die eine gemeinsame Erbmasse, den Gen-Pool, verkörpert. Der Gen-Pool ist jederzeit verteilt auf die Angehörigen der Population, die Individuen. Ihr räumlicher Zusammenhang soll gewährleisten, daß sich alle Mitglieder der Population untereinander fortpflanzen können (Panmixie).

2.1.1.3 Die Art (Spezies)

Die Art ist die systematische Grundeinheit in der Biologie. Die Vielfalt der Organismen stellt sich nicht als unendliche Menge ineinander übergehender Formen und Gestalten dar, sondern ist in bestimmten *Typen* ausgeprägt: zu jedem Typus gehört eine mehr oder minder große Zahl von Individuen, die untereinander sehr ähnlich sind (d.h. die für die Art typischen Merkmale zeigen), gegen Individuen anderer Typen (Arten) aber mehr oder weniger deutlich abgegrenzt erscheinen.

Die Trennung von Arten ist nicht immer leicht. Z. B. können sich die arttypischen Merkmale der direkten Beobachtung entziehen: Gewisse kleine Insekten, etwa Kleinzikaden oder Wanzen, sehen sich äußerlich so ähnlich, daß sich nahe verwandte Arten kaum oder gar nicht unterscheiden lassen. In anderen Fällen, z.B. bei Schlupfwespen, streuen die äußeren Merkmale individuell so stark, daß sie für eine Typisierung nicht in Frage kommen. Wenn die Art durch morphologische Merkmale nur ungenügend gekennzeichnet ist, wird auch die Benennung und damit die Möglichkeit der Bestimmung (Determination) unsicher.

Die Definition der Art enthält ihre Beschreibung als *Fortpflanzungseinheit:*

dabei wird weniger die Fähigkeit der Artgenossen, sich untereinander fortzupflanzen, betont als vielmehr die **Abgrenzung (Isolation)** gegenüber anderen Fortpflanzungseinheiten,

und als *ökologische Einheit:*

dabei wird auf die **Anpassung** an bestimmte Umweltverhältnisse angespielt und auf die Fähigkeit, sich innerhalb eines bestimmten Umweltbereiches gegen konkurrierende Arten zu behaupten.

Beides, die Isolation wie die Anpassung, sind Mechanismen eines Entwicklungsvorganges: Tatsächlich ist die Art keine Dauereinrichtung, sondern unterliegt einem fortgesetzten Wandel. Diese Entwicklung, die **Evolution** (genauer: die Mikroevolution), spielt sich aber weder auf dem Niveau der Art im ganzen noch auf dem des einzelnen Individuums ab, sondern auf dem Niveau der *Population:* Ansatzpunkt der Evolution ist die Population, und zwar ihr Gen-Pool. Umwelteinflüsse auf den Gen-Pool aber können, wie wir sahen, allein über die zeitweilige Realisierung – das einzelne Individuum – einwirken.

Weiteres zum Mechanismus der Mikroevolution: s. 2.1.2.

2.1.1.4 Kategorien unterhalb der Art

Das Bemühen, Kategorien innerhalb der Art zu unterscheiden und zu benennen, folgt der Tatsache, daß sich häufig Gruppen von Artgenossen in bestimmten Merkmalen oder Eigenschaften von anderen Gruppen unterscheiden und daß diese unterscheidbaren Gruppen u. U. in ihrer Entwicklung auseinanderstreben.

Für die Benennung derartiger Kategorien innerhalb der Art gibt es gebräuchliche Bezeichnungen, die aber in der Regel unscharf sind und auch nicht einheitlich angewandt werden:

(a) Vielfach nennt man Populationen oder Gruppen von Populationen, die sich innerhalb der Art durch eigene Merkmale auszeichnen, *Unterarten* (Subspezies).

(b) Speziell in der Botanik bezeichnet man entsprechende Gruppen zuweilen als *Kleinarten,* die zusammen eine Sammelart oder Kollektivart bilden. Allerdings handelt es sich hier um Arten mit großem Formenreichtum, bei denen die Fortentwicklung, d.h. die Artbildung, lebhaft im Gange ist. Kleinarten (vom Gemeinen Löwenzahn kennt man etwa 80) sind meist schwer zu unterscheiden.

(c) Auch der Begriff der *Rasse* ist unscharf. Man benutzt ihn vor allem zur Kennzeichnung von Populationen, die sich (kontinuierlich oder diskontinuierlich) voneinander unterscheiden und dabei entweder auffällig an bestimmte Umweltgegebenheiten angepaßt sind (ökologische Rassen, Ökotypen) oder geographisch zu lokalisieren sind (geographische Rassen).

Beispiele:
Ökologische Rassen hat die Alpen-Kuhschelle ausgebildet mit einer kalkliebenden weißblühenden und einer kalkmeidenden gelbblühenden Form.
Geographische Rassen der gleichen Art sind die westeuropäische Rabenkrähe und die osteuropäische Nebelkrähe.
Formenreichtum innerhalb der Art führt häufig zu eigenen Rassen- oder Subspeziesnamen. In der wissenschaftlichen Schreibweise werden diese Namen an dritter Stelle dem Gattungs- und dem Artnamen angefügt (sog. trinäre Nomenklatur), z.B.

Pulsatilla alpina apiifolia (Gelbe Alpen-Kuhschelle) und
P. a. alpina (Weiße Alpen-Kuhschelle);
Corvus corone corone (Rabenkrähe) und
C. c. cornix (Nebelkrähe).

2.1.1.5 Gemeinschaften

Die Diskussion der Gemeinschaften von Organismen, speziell der Gemeinschaften, die von verschiedenen Arten gebildet werden, wird wegen der andersartigen Problematik hier zunächst zurückgestellt (s. 2.1.4).

2.1.2 Die Veränderlichkeit

Der Organismus ist – einzeln oder als Kollektiv, konkret oder abstrakt – schwer zu beschreiben: Allen besprochenen Kategorien ist, wie wir sahen, die Eigenschaft der Streuung ihrer Merkmale und der Veränderlichkeit gemein.

Diese Veränderlichkeit ist die Basis der Fortentwicklung der Organismen, der Evolution. Evolution bedeutet Veränderung der genetischen Zusammensetzung von Populationen.

Hier interessiert wesentlich die *ökologische Komponente* dieser Veränderlichkeit: der Einfluß von Gegebenheiten der Umwelt und die Reaktion des Organismus auf diese Einwirkung.

Die *genetische Komponente* – die Veränderlichkeit des Genotyps bzw. des Gen-Pools einer Population – kann hier lediglich gestreift werden. Sie liegt im Arbeitsgebiet einer Nachbarwissenschaft, der Populationsgenetik.

Die Populationsgenetik ist zunächst ein Teilgebiet der Genetik, wird aber heute schon vielfach mit dem angrenzenden Bereich der Ökologie in der *Populationsbiologie* zusammengefaßt (z. B. *Mac Arthur/Connell* 1966, *Mac Arthur/Wilson* 1967).

Der Populationsökologe hat vom Populationsgenetiker vor allem zu lernen, wie vielfältig und plastisch Populationen sind. Er hat dies zuweilen auch heute noch nicht richtig erkannt und verarbeitet; er geht nur allzu gern von der Annahme konstanter Kollektive aus *(Birch* 1970).

Auch eine ganze Reihe *praktisch* bedeutsamer Fragen liegen in diesem Grenzgebiet zwischen Genetik und Ökologie, die z. B. mit den Stichworten Züchtung, Resistenz, genetische Reserven (2.1.3.1), Koevolution von Opponenten (z. B. von Pflanzenfressern und ihren Wirtspflanzen oder von Parasiten und ihren Wirten; 2.1.3.4) zu beschreiben sind. Spezialfälle genetischer Mechanismen spielen auch bei der Dichteregulation von Populationen eine Rolle (s. 3.3.2.1).

Genetische Grundlagen:

Die Population verfügt in ihrem genetischen Material (Genbestand, Gen-Pool) über alle einzelnen Merkmale mit einer jeweils mehr oder weniger großen Streuung. Diese Streuung wird bestimmt durch den Bestand an Allelen, das sind alternative Zustandsformen der genetischen Merkmalsträger, der Gene. Je mehr Allele ein Gen hat, um so größer ist die Streubreite der von ihm getragenen Merkmale. Mit der Streubreite nimmt die Reaktionsmöglichkeit auf Außeneinflüsse zu. Die Population ist theoretisch erbkonstant, d. h. der Genbestand ändert sich bei freier Kombination in den Individuen im ganzen nicht. Diese Konstanz ist jedoch an Voraussetzungen gebunden, die in natürlichen Populationen praktisch nie erfüllt werden.

Diese Voraussetzungen sind als Bedingungen des sog. *Hardy-Weinberg*-Gesetzes der Populationsgenetik beschrieben. Sie fordern vor allem, daß in einer unendlich großen Population jedes einzelne Individuum mit genau gleicher Wahrscheinlichkeit mit jedem anderen Individuum in Fortpflanzung, d. h. in Austausch genetischen Materials treten kann.

Natürliche Populationen hingegen sind immer endlich groß, häufig sehr klein. Bei großer räumlicher Ausbreitung wird die Möglichkeit der Fortpflanzung zwischen extremen Teilen eingeschränkt oder unmöglich, außerdem kommt es immer zu Bevorzugungen oder Ablehnungen zwischen einzelnen Individuen bei der Gattenwahl usw. Schließlich ist die Population im ganzen nur selten isoliert, es kommt zum Austausch mit anderen Populationen oder Teilpopulationen, bei Tieren etwa durch aktive Wanderung, bei Pflanzen durch passiven Transport von Samen, Blütenstaub usw.

Wegen dieser Eigenschaften der realen Population unterliegt der Gen-Pool jeder natürlichen Population einer fortwährenden Veränderung. Sie bewirkt die Fortentwicklung, die Mikroevolution.

Die für die Evolution verantwortlichen Faktoren (Evolutionsfaktoren) sind demnach:
— neben den *Mutationen,* d. s. relativ seltene spontane Veränderungen des Erbgutes,
— vor allem Einwirkungen des *Zufalls* bei der Kombination von untereinander ungleichen Individuen, die in besonderem Maße wirksam werden bei kleinen Populationen (s. unten: Abb. 2.3) und bei reichem Genbestand,
— die Einschränkung der Panmixie *(Separation),* die zur ungleichmäßigen Vermischung und damit zur Bildung von Teilpopulationen führt, und
— schließlich Einflüsse von außen, aus der Umwelt *(Selektion).*

Die Veränderlichkeit geht zunächst **ungerichtet** vor sich: in immer neuen Individuen werden immer andere Ausschnitte aus dem Genbestand der Population realisiert. Dies müßte zu einer ständigen Zunahme von Mannigfaltigkeit führen, wenn dem nicht von außen Grenzen gesetzt würden. Einflüsse aus der Umwelt schränken die Mannigfaltigkeit ein. Bestimmte Phänotypen, die sich als ungeeignet unter den herrschenden Umweltbedingungen erweisen, werden eliminiert und mit ihnen die jeweiligen Genotypen, die Ausschnitte aus der Gesamterbmasse.

Dieser als **Selektion** beschriebene Umwelteinfluß geht also nicht mehr zufällig, sondern gezielt vor sich. Seine Folgen lassen sich auch als eine fortgesetzte **Anpassung** der Population an die Bedingungen ihrer Umwelt beschreiben.

Diese fortgesetzte Auseinandersetzung der Population, vertreten durch ihre Individuen, mit ihrer Umwelt entspricht dem, was *Ch.Darwin* als «Kampf ums Dasein» bezeichnete. Dabei handelt es sich allerdings nur ausnahmsweise um eine echte Auseinandersetzung zwischen Feinden, um einen Kampf, in den meisten Fällen hingegen um eine Konkurrenz zwischen Individuen oder Arten, so daß der Kampf ums Dasein tatsächlich um die Konkurrenzfähigkeit der Population geht, um ihre Erhaltung oder Wiedergewinnung.

Die **Selektion** kann in zwei grundsätzlich *verschiedene Richtungen* gehen und damit zwei völlig verschiedene Ergebnisse haben (Abb. 2.2). Im ersten Fall werden fortgesetzt diejenigen Phänotypen (und genetischen Kombinationen) ausgeschaltet, die sich vom Kern der Population entfernen, also Extremformen bilden. Die Population wird zusammengehalten und exakt an konstante Umweltbedingungen angepaßt (sog. **stabilisierende Selektion**). Im anderen Falle setzt die Selektion einseitig an und paßt die Population ständig einer sich verändernden Umwelt an. Nur in diesem Fall kommt es zu einer echten Entwicklung (sog. **transformierende Selektion**), zu einem Fortschritt, der etwa die Besiedlung einer neuen Umgebung oder auch die Bildung neuer Arten möglich macht.

Beispiel:

In Abb. 2.2 wird eine Bevölkerung – etwa von Schmetterlingen – angenommen, in der ein bestimmtes Merkmal – hier: die Färbung – in charakteristischer Weise verteilt ist:

Zwischen sehr heller und sehr dunkler Färbung gibt es alle Übergänge; während aber die große Masse der Bevölkerung mittleren Färbungen zugehört, sind wenige Individuen extrem hell oder extrem dunkel.

Nimmt man weiterhin an, daß diese Bevölkerung von Feinden bedroht wird, die sich nach optischen Merkmalen orientieren – z. B. von insektenfressenden Vögeln –, so fressen diese Vögel bevorzugt die auffallend gefärbten (hellen und dunklen) Schmetterlinge: der Selektion (durch die Feinde) fallen stets die extremen Individuen auf beiden Seiten zum Opfer.

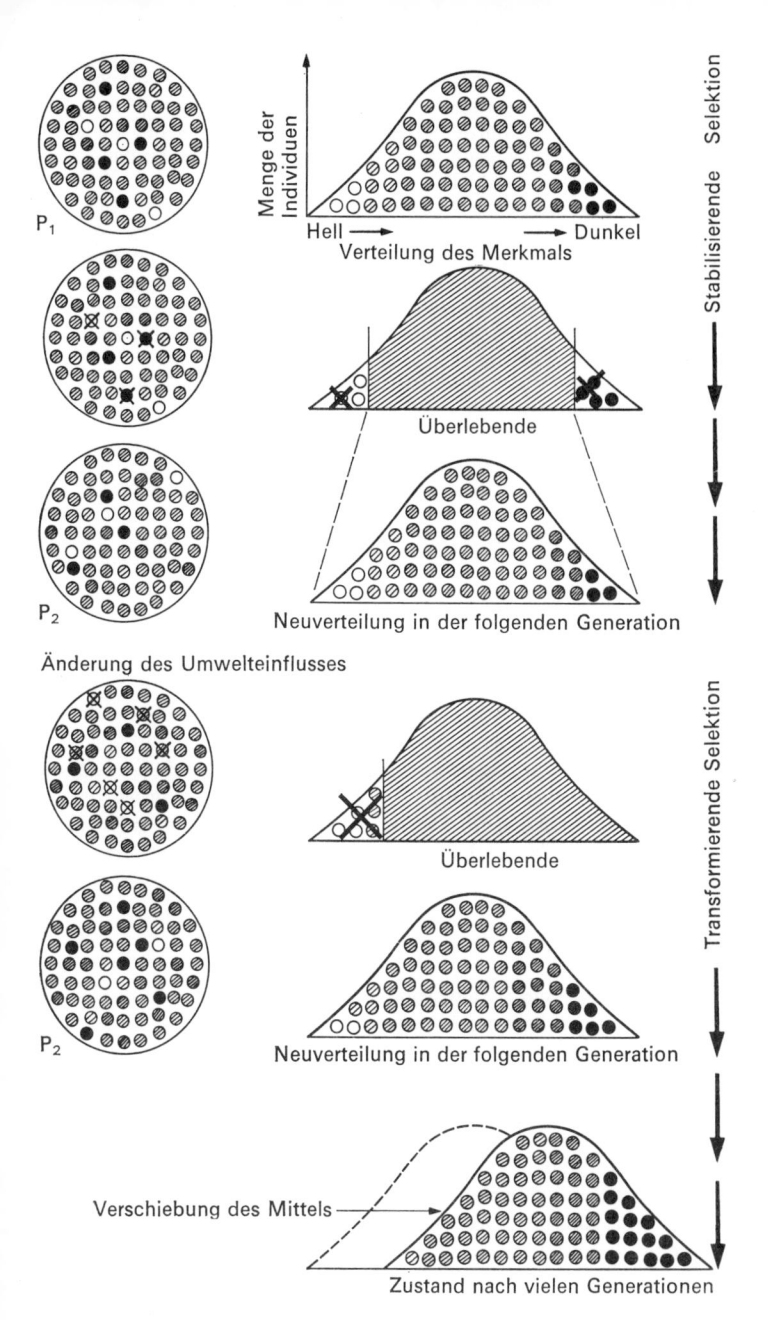

Abb. 2.2. **Stabilisierende und transformierende Selektion**

Durch Neuverteilung der in der Restbevölkerung immer noch vorhandenen Anlagen werden in der nächsten Generation (P_2) wiederum extrem hell oder dunkel gefärbte Individuen auftreten: die Streubreite des Merkmals ändert sich nicht. Dies bleibt so, so lange die Umwelt, in der die Bevölkerung lebt, unverändert bleibt.

Nimmt man nun etwa an, daß sich die Unterlage, auf der sich die Schmetterlinge aufhalten, verändert, z.B. dunkler wird, so verschiebt sich die Kontrastwirkung für den suchenden Vogel: auf dunkler Unterlage erscheint ein größerer Teil der Bevölkerung auffallend hell, dagegen heben sich die extrem dunklen Individuen kaum oder gar nicht mehr ab.

Die Selektion setzt jetzt nicht mehr gleichmäßig an beiden Extremen an: in der folgenden (P_2) und allen weiteren Generationen nimmt der Anteil dunkler Individuen zu Lasten der hellen zu. Die mittlere Färbung der Bevölkerung verschiebt sich; sie wird im ganzen dunkler, und das so lange, bis sie sich wieder in Übereinstimmung mit ihrer Umwelt (dem Untergrund) befindet: sie paßt sich an.

Realisiert ist dieser Vorgang transformierender Selektion bei vielen Insekten, z.B. beim Birkenspanner. Als Folge industrieller Verschmutzung der Unterlagen (z.B. Stämme von Birken) konnte man beobachten, daß die Bevölkerungen dieses Schmetterlings im ganzen dunkler wurden (sog. *Industriemelanismus*). Bezeichnenderweise kann man auch beobachten, daß die Bevölkerungen wieder heller werden, sobald die Verschmutzung nachläßt.

Zu einer echten Weiterentwicklung durch transformierende Selektion – etwa hin zu neuen Arten – gehören allerdings Maßnahmen, die die Änderungen stabilisieren, etwa durch die räumliche Trennung *(Separation)* der Teilpopulationen oder durch *Isolations*-Mechanismen, die auch bei räumlicher Überlagerung der verschieden gewordenen Teilpopulationen eine neuerliche Vermischung verhindern, z.B. durch feinste Unterschiede in den Kopulationsorganen, durch Verhaltensmerkmale usw.

2.1.3 Anpassung

Durch die **Anpassung (Adaptation)** versucht das Individuum oder die Population einen Zustand der Übereinstimmung mit den Bedingungen seiner bzw. ihrer belebten und unbelebten Umwelt zu erreichen.

Der Umwelteinfluß wirkt immer auf das *Individuum:*

Entweder gehen – wie wir oben sahen – unter dem Druck der Selektion bestimmte Individuen mitsamt ihrem genetischen Material verloren (genetische Anpassung),

oder es wird – ohne Beeinflussung des Genotyps – allein der Phänotyp durch Einwirkungen von außen verändert (modifikatorische Anpassung; s. 2.1.3.2, Abb. 2.5).

Ein krasses Beispiel von modifikatorischer Anpassung liefern die staatenbildenden Insekten, bei denen die Kastenbildung, also die Unterscheidung von fortpflanzungsfähigen Weibchen, Arbeiterinnen, Soldaten usw., allein durch die Nahrung bestimmt wird. – Im übrigen sind genetische und modifikatorische Anpassungen nicht immer leicht zu unterscheiden.

2.1.3.1 Anpassungspotential

Als **Anpassungspotential** (oder **Fitness**) einer Population wird ihre Fähigkeit bezeichnet, sich auf *veränderte* Umweltbedingungen einzustellen.

Die Fähigkeit einer Population, unter *unveränderten* Bedingungen ihr Gesamtbild zu erhalten, bezeichnet man dagegen als ihre *Stabilität* (Beharrungsvermögen). Zuweilen wird Anpassungspotential und Stabilität einer Population gleichgesetzt, eine Unterscheidung entspricht aber der oben erläuterten Trennung von stabilisierender und transformierender Selektion.

Die Fähigkeit zur Anpassung hängt eng mit der Reichhaltigkeit des Gen-Pools der Population zusammen, d. h. mit ihrer Größe und mit ihrer Struktur. Kleine Populationen streuen stärker als große (Abb.

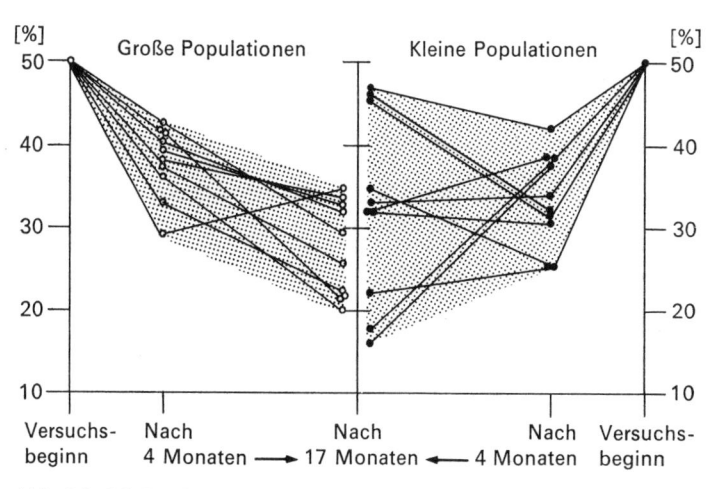

Abb. 2.3. Merkmalsstreuung bei kleinen und bei großen Populationen
Versuch von *Dobshansky* und Mitarbeitern (1957) mit zweimal 10 Versuchspopulationen der Taufliege *(Drosophila):* kleine Ausgangspopulationen – je 20 Individuen, große Ausgangspopulationen – je 4000 Individuen. Bestimmt wurden die Häufigkeiten ausgewählter Merkmale nach 4 bzw. 17 Monaten Versuchsdauer

2.3); sie bilden also in stärkerem Maße Individuen mit extremen Eigenschaften aus. Das kann eine schnellere Evolution bedeuten, aber auch schnelleres Aussterben.

Besonders deutlich wird dies bei der Besiedlung von Neuland, z. B. von Inseln oder anderen isolierten Gebieten. Diese neuen Lebensräume werden in der Regel nur von sehr kleinen Populationen, u. U. sogar nur von einzelnen Individuen erreicht. Diese «Gründerpopulation» hat ein gegenüber der Ausgangspopulation stark eingeschränktes (und zufällig ausgewähltes) genetisches Material. Entsprechend wird sich die Bevölkerung, die aus dieser Gründerpopulation hervorgeht, mehr oder weniger deutlich von der Ausgangspopulation unterscheiden.

Berühmtes Beispiel einer derartigen Entwicklung einer unbekannten, aber sicherlich kleinen Gründerpopulation sind die Darwin-Finken der Galapagos-Inseln, die sich den jeweils speziellen Bedingungen ihrer neuen Umwelt in ihrer Lebensweise angepaßt und im Laufe der Zeit (etwa 10 Mio. Jahre) entsprechend wohlunterschiedene Arten (insgesamt 13) gebildet haben.

Ein uns – räumlich und zeitlich – näherliegendes, wenn auch genetisch nicht untersuchtes Beispiel gibt ein europäischer Kleinschmetterling her, der Eichenwickler *(Tortrix viridana)*, dessen Raupen im Frühjahr die Eichen befressen. Die Stärke des Fraßes und damit das Ausmaß des angerichteten Schadens hängt wesentlich davon ab, in welchem Maße der Zeitpunkt des Austreibens der Eichenknospen mit dem Schlüpfen der Raupen aus den Eiern zusammentrifft (s. 2.4.5: Koinzidenz). Während nun bei uns die später austreibende Traubeneiche deswegen weniger gefährdet ist als die früher treibende Stieleiche, hat es der Wickler in Südeuropa aus einem breiteren Anpassungspotential heraus offensichtlich verstanden, sich an Extrembedingungen anzupassen. In Portugal beispielsweise stand ihm zunächst ein größeres Wirtsarten-Angebot zur Verfügung als bei uns (Abb. 2.4). Durch Kulturmaßnahmen wurde diese Auswahl von Eichen-Arten derart eingeschränkt, daß nur noch die extrem früh oder spät schlüpfenden Raupen Überlebenschancen hatten. Aus auch hier sicherlich sehr kleinen Teilpopulationen haben sich unter diesen Umständen Ökotypen des Eichenwicklers gebildet, die zwar äußerlich noch nicht zu unterscheiden sind, sich aber in ihrer Lebensweise extrem auf die beiden bewirtschafteten Eichen, die Steineiche und die Korkeiche, spezialisiert haben.

Einige *Folgerungen* aus dieser Abhängigkeit des Anpassungspotentials können von weitreichender Bedeutung sein:
Züchtung bedeutet künstliche Selektion. Sie kann um so intensiver stattfinden, je reichhaltiger das Ausgangsmaterial ist. Sie bedeutet aber auch immer eine Einengung des genetischen Materials und damit ein vermindertes Anpassungspotential.

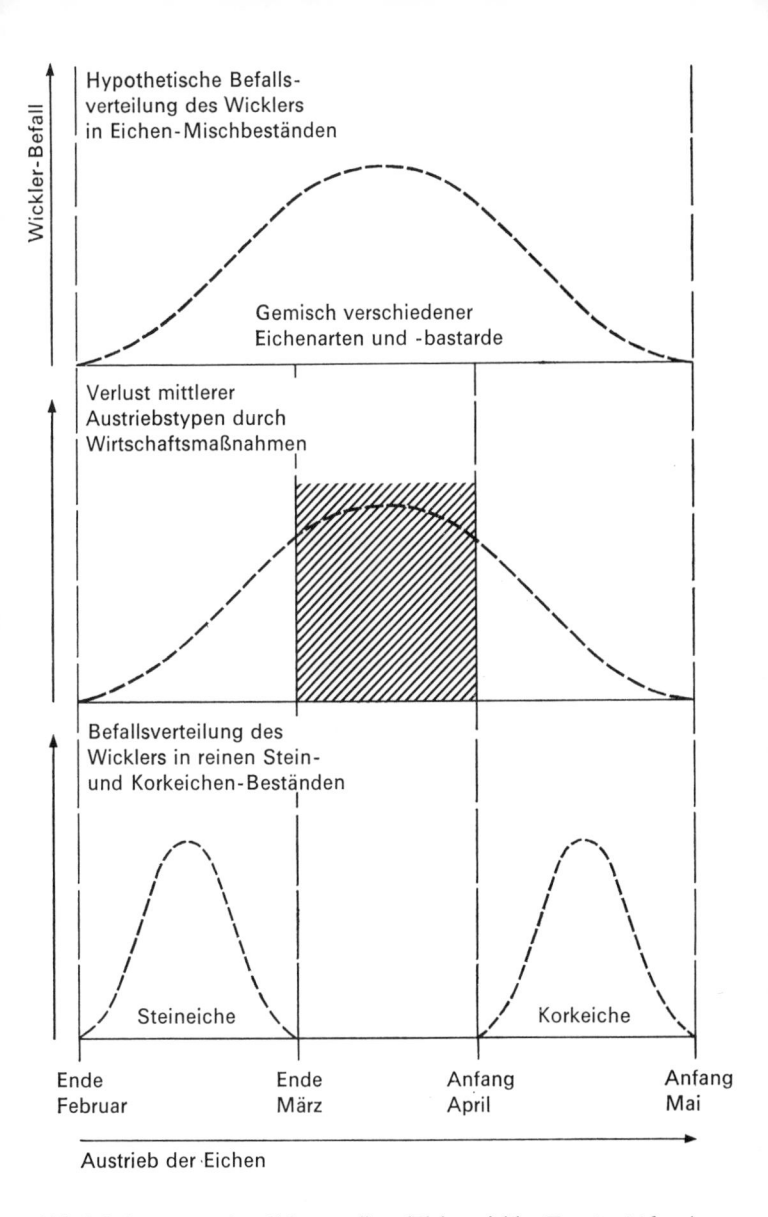

Abb. 2.4. Anpassung eines Schmetterlings (Eichenwickler, *Tortrix viridana*) an extreme Umweltsituationen: Austriebstypen der Nahrungspflanzen (Steineiche, *Quercus ilex*, und Korkeiche, *Quercus suber*, in Portugal) (nach *Altenkirch* 1966)

Eine praktische Rolle spielt dieses Problem bereits bei der Züchtung von Pflanzen, die gegen bestimmte Schädlingseinwirkungen resistent sind. Einem Schädling mit größerem Anpassungspotential gelingt es über kurz oder lang, den Wirt zu überflügeln und Formen auszubilden, gegen die die gezüchtete Resistenz nicht mehr wirkt (Pilzerkrankungen, Nematodenbefall bei Kulturpflanzen).

Eine derartige züchterische Einengung des genetischen Materials erfordert die Erhaltung **genetischer Reserven**, z.B. in Form von Wildpopulationen der Nutzorganismen. Da sich Wildpopulationen z.B. von Nutzpflanzen häufig als «Unkräuter» darstellen, liegt aber ihre «Bekämpfung» und mögliche Ausrottung nahe.

Beispiel: Bekämpfung von Wildpopulationen der Kartoffel in den Anden. – Es gibt andererseits Versuche, sog. Unkräuter, die durch landwirtschaftliche Techniken oder durch ständige Bekämpfung in ihrer Existenz gefährdet sind, unter Schutz zu stellen und an geeigneten Stellen, z.B. in Botanischen Gärten, regelrecht anzubauen.

Vegetations- und Standortveränderungen durch menschlichen Einfluß bedeuten ebenfalls Einengung der Vielfalt der betroffenen pflanzlichen und tierischen Populationen, die ebensogut zu einer Anpassung wie zu einem beschleunigten Aussterben führen kann.

Beispiel: Die Verluste an Pflanzen-Mannigfaltigkeit sind besonders hoch im Bereich natürlicher Feucht-Standorte, deren Flächengröße durch menschlichen Einfluß rapide zurückgeht *(Sukopp* 66).

2.1.3.2 Anpassungsformen

Unter dem Einfluß bestimmter Einwirkungen von außen – aus der Umwelt – kommt es bei Organismen ganz verschiedener verwandtschaftlicher Zugehörigkeit häufig zur parallelen Ausbildung gleicher oder ähnlicher Merkmale. Im einzelnen ist dabei häufig fraglich, ob diese Merkmale genetisch oder nur modifikatorisch zustandegekommen sind.

Modifikatorisch werden bei Pflanzen die sog. *Morphosen* gebildet, gestaltliche Anpassungen an Wasser- (Hygromorphosen), Boden- (Geomorphosen), Temperatur-Verhältnisse (Thermomorphosen) usw., z.B. Licht-/Schattenblätter, Luft-/Wasserblätter.
Bei Tieren ist die sog. *Temporalvariation,* die jahreszeitliche Änderung im Aussehen z.B. beim Hermelin (Färbung) oder bei Wasserflöhen, rein modifikatorisch (Abb. 2.5).

Zuerst bei *Pflanzen* wurden (modifikatorische und erbliche) Anpassungsformen als **Lebensformtypen** beschrieben *(A. v. Humboldt,* 1806). Das klassische Beispiel paralleler Ausbildung bestimmter

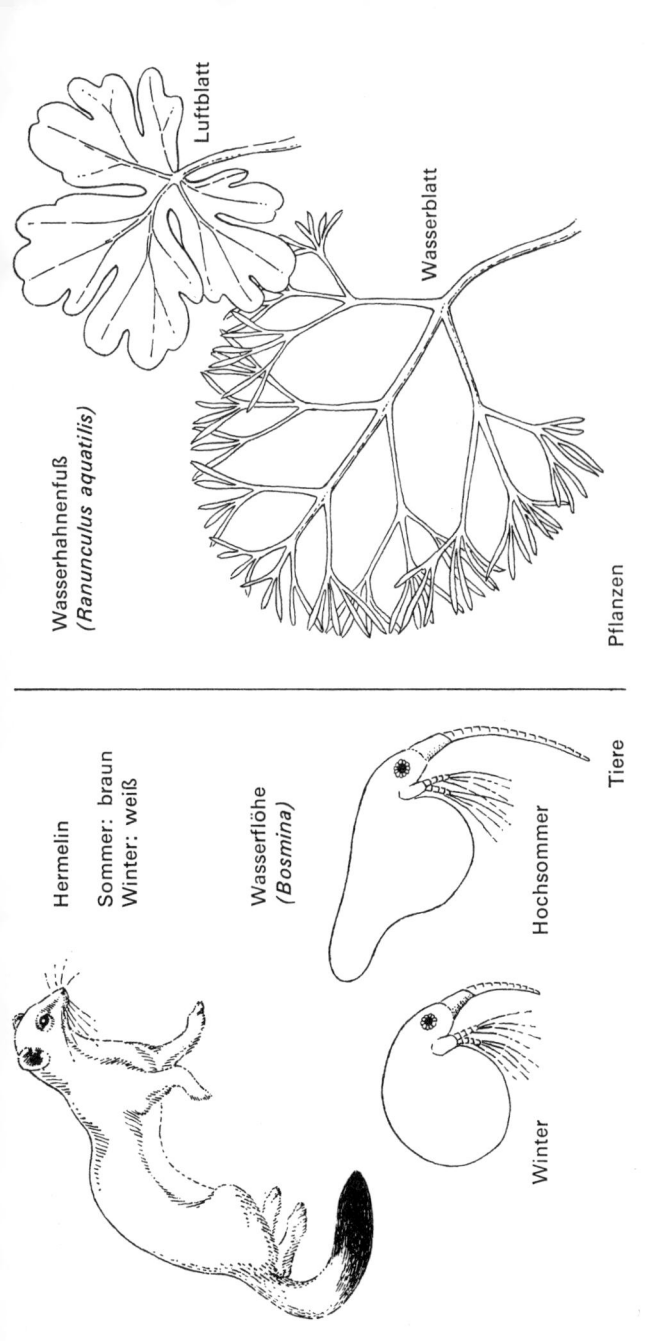

Abb. 2.5. **Modifikatorische Anpassungen**

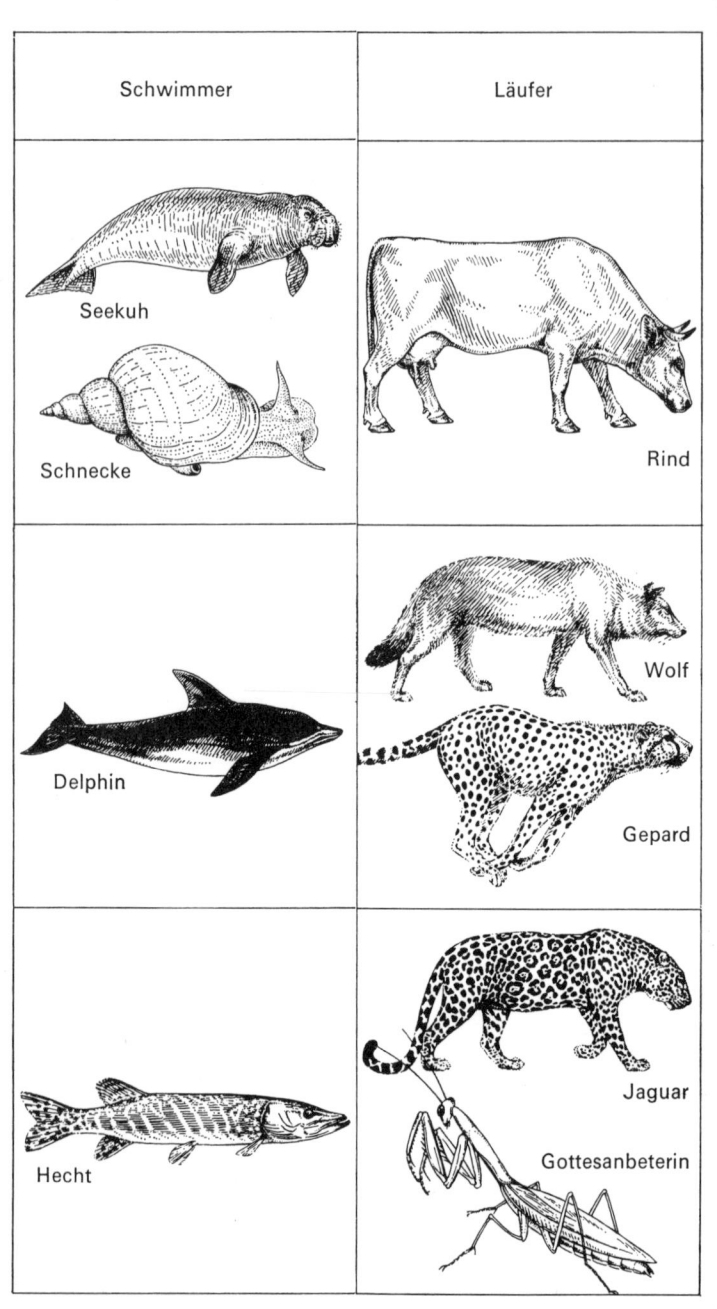

Schwimmer	Läufer
Seekuh	Rind
Schnecke	
Delphin	Wolf
	Gepard
Hecht	Jaguar
	Gottesanbeterin

Abb. 2.6. **Lebensformtypen**

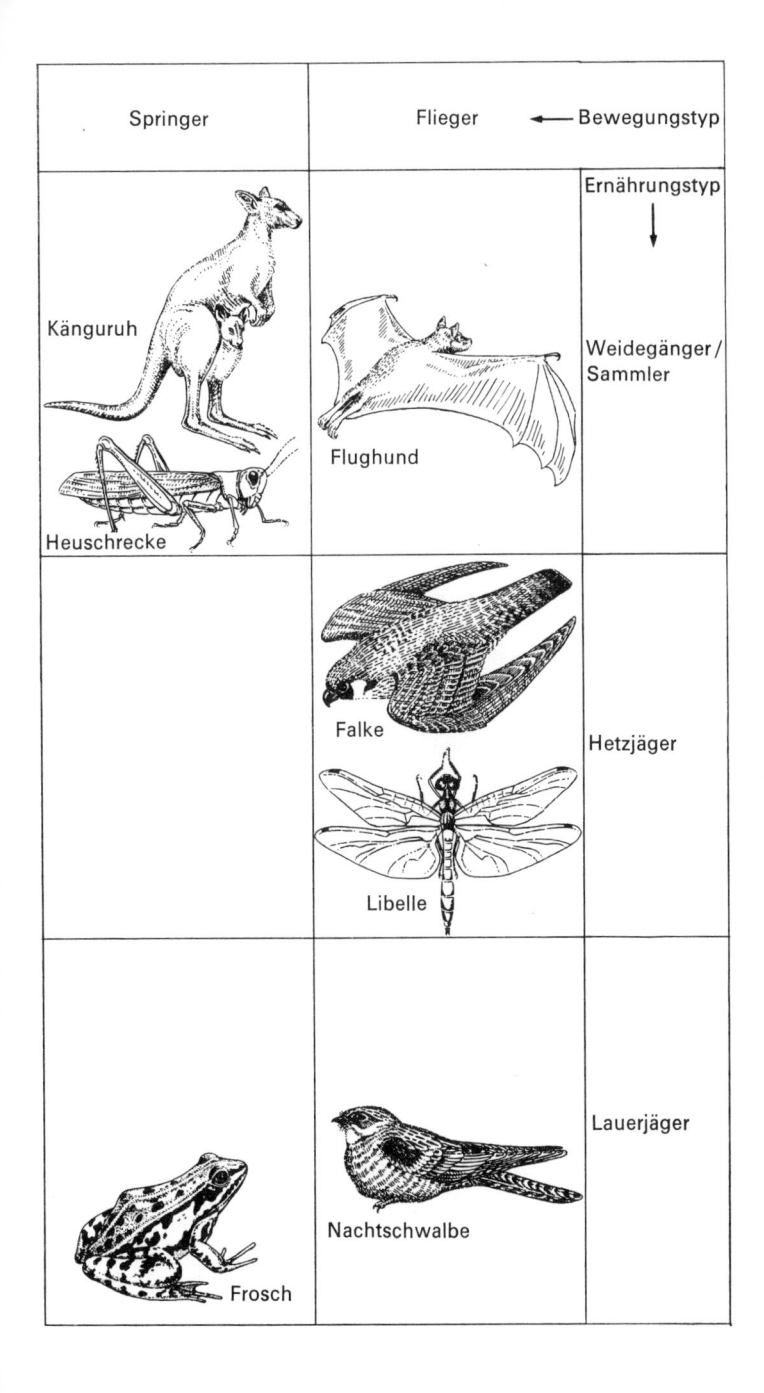

Springer	Flieger	← Bewegungstyp
		Ernährungstyp ↓
Känguruh / Heuschrecke	Flughund	Weidegänger / Sammler
	Falke / Libelle	Hetzjäger
Frosch	Nachtschwalbe	Lauerjäger

äußerer Merkmale bei Pflanzen – hier unter dem Einfluß von Trockenheit und Wärme – ist der Lebensformtyp der Stamm-Sukkulenten: der «Kakteen-Typ», der in ganz verschiedenen Verwandtschaftskreisen (z.B. neben den echten Kakteen auch bei Wolfsmilchgewächsen, Schwalbenwurz-Verwandten u.a.) unabhängig voneinander *(konvergent)* zu sehr ähnlichen *(analogen)* Erscheinungsbildern geführt hat.

Beispiele pflanzlicher Lebensformtypen finden sich (mit Tabellen) bei *Ellenberg* (1956).

Bei *Tieren* ist die Beschreibung von Lebensformtypen jüngeren Datums *(Hesse 1924, Remane 1939, 1943)*. Da sich die Ausbildung analoger Merkmale stets nur auf bestimmte Umwelteinflüsse bzw. bestimmte Lebensäußerungen des Tiers bezieht, kann ein Tier mehreren Lebensformtypen – z.B. hinsichtlich seiner Fortbewegung und seiner Ernährung (Abb. 2.6) – angehören. In verschiedenen Entwicklungsstadien kann der Lebensformtyp wechseln, z.B. bei den Libellen von wasserbewohnenden Lauerjägern (Larven) zu Flugjägern (ausgewachsene Tiere).

Die Ausbildung parallel entwickelter Merkmale, Formen, Gestalten *(Konvergenzen, Analogien)* in verschiedenen Verwandtschaftskreisen führt zu einer **ökologischen Klassifizierung** der Organismen, ent-

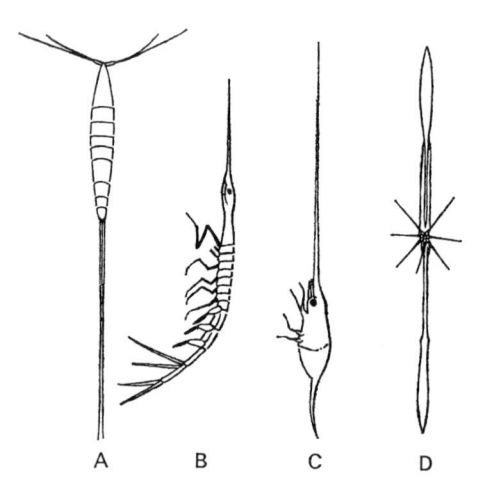

Abb. 2.7. **Analoge Gestalten:** Rhabdoplankton – Schwebeorganismen von stäbchenförmiger Gestalt (Oberflächenvergrößerung):

A–C Krebstiere (A Copepode, B Amphipode, C *Zoea*-Larve)
D   Einzeller (Radiolarie)   Nach *Remane* et al. (1972)

sprechend der *systematischen* Klassifizierung nach der natürlichen Verwandtschaft der Organismen aufgrund von *Homologien*.

Analogien: Merkmale verschiedener Herkunft, aber gleichen Typs aufgrund gleicher Funktion.
(Beispiele analoger Gestalten und analoger Organe in Abb. 2.7, 2.8.)
Homologien: Merkmale gleicher Herkunft, aber u. U. sehr verschiedener äußerer Form (z. B. Vordergliedmaßen bei Wirbeltieren: Hund, Mensch, Fledermaus, Maulwurf usw.).

Die Ausbildung analoger Merkmale ist um so deutlicher, je extremer die Umweltbedingungen sind, die zu ihrer Ausbildung geführt haben (Beispiele: Bewohner des Sandlückensystems (Sandlückenfauna) oder Schwebeorganismen des Planktons (Abb. 2.7).

Parallele Entwicklungen dieser Art sind es auch, die zur Aufstellung sog. **ökogeographischer Regeln** (Klimaregeln) führten, z. B.

Bergmannsche Regel oder Größenregel: Tiere (Arten oder Rassen) in kälteren Gebieten bilden größere Individuen aus als ihre Verwandten in wärmeren Gebieten (z. B. Pinguine);

Allensche Regel oder Proportionsregel: Tiere in kälteren Gebieten haben kleinere Körperanhänge als ihre Verwandten in wärmeren Gebieten (Abb. 2.9).

Derartige Regeln gibt es noch mehrere. Sie beschreiben – allerdings mit vielen Ausnahmen und Einschränkungen – Anpassungen an bestimmte Klimabedingungen und gelten selbstverständlich nur im unmittelbaren Vergleich verwandter Tiere.

2.1.3.3 Zwang zur Anpassung

Anpassungsfähigkeit an extreme oder wechselnde Umwelteinflüsse ist für den Organismus gleichbedeutend mit erhöhter Überlebenschance. Der Zwang zur Anpassung ist bei Pflanzen größer als bei Tieren. Die ortsfeste *Pflanze* muß in jedem Fall mit einer gegebenen Umweltsituation fertigwerden, in die sie z. B. als Same zufällig gerät. Entsprechend muß sie über eine große Reaktionsbreite verfügen und sich in ihrer äußeren Erscheinung auf die speziellen Standortbedingungen einstellen können, wenn sie überleben will.

Tiere sind in der Regel beweglich und vermögen sich ungünstigeren Gegebenheiten ihrer Umwelt zu entziehen bzw. können sogar zur Nahrungsaufnahme oder Fortpflanzung bestimmte Situationen aktiv aufsuchen. Völlig freimachen vom Zwang zur Anpassung können sich diejenigen Tiere, die Eigenschaften entwickeln, mit denen sie sich von bestimmten Umweltbedingungen unabhängig machen, wie z. B. die gleichwarmen Tiere im Bezug auf die Außentemperatur.

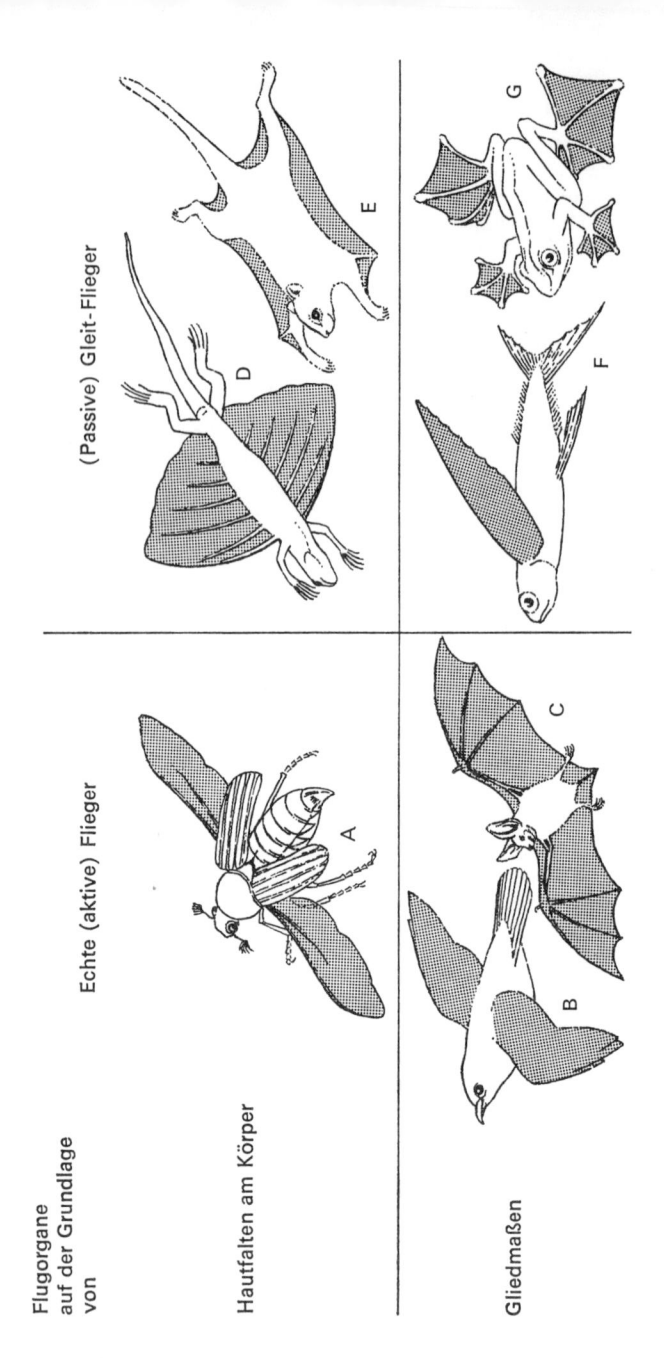

Abb. 2.8. **Analoge (konvergente) Merkmale: Flugorgane**
A Insekt, B Vogel, C Fledermaus, D Flugechse, E Flughörnchen, F Fliegender Fisch, G Flugfrosch

Abb. 2.9. **Ökogeographische Regeln:** Allansche Regel mit Beispielen Fuchs (Polarfuchs, Rotfuchs, Wüstenfuchs), Luchs (Europäischer Luchs, Karakal), Hase (Schneehase, Feldhase)

Der Extremfall ist beim *Menschen* gegeben, der sich – zumindest im Bezug auf abiotische Umwelteinflüsse – vom Zwang der Anpassung dadurch befreit hat, daß er sich die passenden Umweltgegebenheiten selbst schaffen kann.

So können z. B. Menschen in der künstlich stabilisierten Umwelt ihrer Behausungen auch unter extremen äußeren Bedingungen mehr oder weniger lange Zeit existieren, etwa in der Antarktis oder unter dem Meeresspiegel.

2.1.3.4 Wechselseitige Anpassung

Selektionsdruck geht nicht nur von der unbelebten, sondern auch von der belebten Umwelt aus. Stehen also verschiedene Organismenarten in einem engen Abhängigkeitsverhältnis voneinander, z. B. in einem Nahrungsverhältnis: Pflanze – pflanzenfressendes Tier, Beutetier – räuberisches Tier, Wirt – Parasit, so übt jeder der Partner auf den anderen einen Selektionsdruck aus.

In unserem Beispiel der Abb. 2.2 übt eine dunkler werdende Schmetterlingsbevölkerung ihrerseits einen Selektionsdruck auf die Feinde – die Vögel – aus, indem von ihr veränderte Ansprüche an das Seh- und Unterscheidungsvermögen dieser Vögel ausgehen: die Feinde sind im Vorteil, die auch in der dunkleren Population ihre Beute ausmachen können.

Der ständige Druck durch den Verfolger begünstigt diejenigen Teile der verfolgten Population, die sich ihm am besten entziehen können. Umgekehrt sind auf seiten der verfolgenden Art diejenigen Teile der Population begünstigt, die einer ausweichenden Wirts- oder Beuteart am leichtesten zu folgen vermögen. Es kommt also zu einem fortwährenden wechselseitigen Ausweichen und Nachrücken, zu einer **Koevolution,** die letztlich die (Ko)existenz beider Partner sichert.

Nicht jede enge Bindung dieser Art muß notwendig genetische Ursachen haben, auch einfache Gewöhnung kann etwa zu einer engen Wirtsbindung führen. Im Zweifelsfall müßte dies durch entsprechende Untersuchungen geklärt werden.

Die *Konsequenzen* dieses Konzepts der wechselseitigen Anpassung liegen z. B.

- in der Enge dieser Anpassung, d. h. in der *Spezialisierung* etwa eines Pflanzenfressers auf eine Nahrungspflanze oder einer räuberischen oder parasitischen Tierart auf eine bestimmte Beute- oder Wirtsart; wenn es sich bei einem der Partner um einen Nützling (z. B. eine Kulturpflanze) oder um einen Schädling handelt, liegt die Bedeutung auf der Hand;

- in der Möglichkeit des *Ausweichens* von Teilen der Population unter Übervölkerungsbedingungen, unter Konkurrenz anderer Arten oder bei Ausfall einer Partnerart (z.B. Eichenwickler in Portugal, 2.1.3.1);
- in der Möglichkeit der Anpassung an *neue* Wirts- oder Beutearten, z.B. von Schädlingen an Kulturpflanzen.

Bemühungen um langfristige Kontrolle von Schädlingen haben dieses Konzept der wechselseitigen Anpassung zu berücksichtigen.

2.1.4 Heterotypische Organismen-Kollektive

Organismen kommen unter natürlichen Bedingungen stets in Gemeinschaft mit mehr oder weniger zahlreichen anderen Organismen verschiedener Arten vor.

Hier soll uns zunächst allein die *Beschreibung* und *Benennung* derartiger Gemeinschaften interessieren. Das Zustandekommen von *Vergesellschaftungen* zwischen verschiedenen Organismen wird später in anderem Zusammenhang zu erläutern sein (2.3: Wechselbeziehungen zwischen Organismen).

In beiden großen Organismenbereichen, bei Pflanzen und bei Tieren, hat die Erforschung von Gemeinschaften dieser Art zur Aussonderung eigener Wissenschaftszweige geführt: der *Pflanzensoziologie* und der *Tiersoziologie*. Allerdings haben sich diese beiden Gebiete dann in sehr unterschiedlicher Weise entwickelt.

Die **Pflanzensoziologie** oder *Vegetationskunde* bildet – stärker als die Tiersoziologie – einen ganz eigenen Arbeitsbereich innerhalb der Botanik. Die Beschreibung von Pflanzengesellschaften geht bereits auf *A. v. Humboldt* (1807) zurück und hat heute zu einem in Einzelheiten der Abgrenzung und Benennung zwar umstrittenen, im großen und ganzen jedoch festgefügten *System von Pflanzengesellschaften* geführt.

Grundeinheit dieses Systems ist die **Assoziation,** eine Pflanzengesellschaft bestimmter Zusammensetzung, die ein einheitliches Erscheinungsbild bietet. Eine solche Assoziation ist an bestimmte Bedingungen des Standortes und des Klimas gebunden, läßt sich also – und zwar besser als einzelne Pflanzenarten – dazu benutzen, bestimmte Standortbedingungen zu charakterisieren.

Die engen Beziehungen zwischen Pflanzengesellschaft und Standort- oder Klimafaktoren erklären sich einmal aus der Ernährungsweise der Pflanze. Sie ist autotroph, d.h. sie bildet ihre organische Substanz unmittelbar aus anorganischem Material und ist deshalb auf die Zufuhr von entsprechenden Stoffen und von Energie angewiesen. Zum anderen ist die Pflanze in der Regel nicht zu Ortsveränderungen fähig, hat also keine Möglichkeit, von ungünstigeren auf günstigere Standorte auszuweichen.

Die Assoziation als Grundeinheit steht auf der untersten Stufe einer Folge von Kategorien, die jeweils eine Reihe ähnlicher Einheiten zu einer Einheit höherer Ordnung zusammenfassen. Benannt werden die Kategorien nach bestimmten Arten, die für die jeweilige Gesellschaft charakteristisch sind *(Kennarten, Charakterarten)*.

Abgrenzungen und Benennungen sind vielfach umstritten. Als Beispiel sei die Stellung eines Buchenwald-Typs, des Perlgras-Buchenwaldes (benannt nach dem einblütigen Perlgras, *Melica uniflora)*, nach dem System von *Oberdorfer* (1970) vorgeführt (Abb. 2.10).

Im Gegensatz zu diesen Kategorien, die Pflanzengesellschaften bezeichnen, welche durch ihre Artenzusammensetzung gekennzeichnet sind, ist der Begriff der Pflanzen-**Formation** unabhängig von der Artenzusammensetzung. Er bezeichnet eine großräumige Gesellschaft, die sich durch eine bestimmte *Wuchsform* auszeichnet, z. B. die Tundra, der tropische Regenwald, die Dornbuschsteppe usw. Dabei nehmen regional jeweils andere Pflanzenarten bestimmte Stellen in diesen Gesellschaften ein *(Stellenäquivalenz,* s. 2.2.3.3): z. B. hat der tropische Regenwald in Afrika ein völlig anderes Artenspektrum als in Amerika. *Verschiedene* pflanzensoziologische Gesellschaften bilden *gleiche* Formationen.

Der Begriff der *Flora* – entsprechend der *Fauna* in der Zoologie – beschreibt keine mehr oder weniger weit gefaßte Gesellschaft, sondern die Gesamtheit der Pflanzen- (bzw. Tier-) Arten eines bestimmten Gebietes.

Das Interesse der **Tiersoziologie** hat sich sehr speziell den *artgleichen* Gesellschaften zugewandt, vor allem jenen Vergesellschaftungen, deren Zustandekommen einen *Sozialtrieb* voraussetzen, und die ihre höchste Entwicklung in den Formen des Zusammenlebens bei Wirbeltieren und bei den staatenbildenden Insekten gefunden haben (s. 2.3.2). Das Begriffsinventar der Tier-Ökologie für *heterotypische* (verschieden-artliche) Vergesellschaftungen ist nicht auf den tierischen Bereich beschränkt, sondern schließt auch die entsprechenden Beziehungen zwischen Tier und Pflanze mit ein.

So umfaßt der Begriff der **Lebensgemeinschaft** oder **Biozönose,** der von *Möbius* 1877 im Zusammenhang mit Untersuchungen von Austernbänken in der Kieler Bucht aufgestellt wurde, Pflanzen *und* Tiere.

Kategorie	Gesellschaft	Andere Gesellschaften der gleichen Kategorie		
Klasse	Buchen-Mischwälder *(Querco-Fagetea)*	Grünland-Gesellschaften *(Molinio-Arrhenatheretea)*	Trockenrasen *(Festuco-Brometea)*	
Ordnung	Mesophile Sommerwälder *(Fagetalia sylvaticae)*	Wärmeliebende Eichen-Mischwälder *(Quercetalia pubescenti-petraeae)*	Schlehengebüsch *(Prunetalia)*	
Verband	Buchenwald *(Fagion sylvaticae)*	Eichen/Hainbuchen-Wald *(Carpinion betuli)*	Auenwald *(Alno-Padion)*	
Unterverband	Waldmeister/Buchen-Wald *(Asperulo-Fagion)*	Hainsimsen/Buchen-Wald *(Luzulo-Fagion)*	Artenreicher Fichten/Tannen-Wald *(Galio-Abietion)*	
Assoziation	Perlgras/Buchen-Wald *(Melico-Fagetum)*	Waldmeister/Buchen-Wald i. e. S. *(Asperulo-Fagetum)*	Kichererbsen/Buchen-Wald *(Lathyro-Fagetum)*	

Abb. 2.10. **Kategorien der Pflanzensoziologie**
Beispiel: Einordnung des *Perlgras/Buchen-Waldes*
(nach dem System von *Oberdorfer* 1970)

Eine *Biozönose* ist nach ihrer üblichen Definition eine Vergesellschaftung von Lebewesen bestimmter Arten, charakterisiert durch die Zahl der beteiligten Arten, ihren jeweiligen Individuenreichtum und ihre Verteilung im Raum, die den durchschnittlichen äußeren Lebensbedingungen, d. h. den Umweltverhältnissen, entspricht. Diese Lebensgemeinschaft stellt dadurch ein System höherer Ordnung dar, daß sie trotz der fortwährenden Veränderungen unter den Individuen der beteiligten Organismen im ganzen über längere Zeit erhalten bleiben kann, solange sich jedenfalls die äußeren Bedingungen nicht ändern. Die verschiedenen Organismenarten stehen dabei in Wechselbeziehungen zueinander und bilden damit ein in Grenzen regulationsfähiges System (biozönotisches Gleichgewicht, s. 3.3.2).

Die entsprechende Bezeichnung der englisch-sprachigen Literatur ist «community» oder «biotic community». Auch sie ist eine Integrationsstufe oberhalb des Niveaus der Populationen mit eigenen Funktionen, z. B. einem eigenen Stoffwechsel *(Odum* 1971).

Biozönose oder Community sind nichts anderes als der *belebte* Teil eines **Ökosystems.** Für die *unbelebte* Umwelt der Biozönose (den unbelebten Teil des Ökosystems) wurde parallel zum Begriff der Biozönose der Begriff des **Biotops,** der **Lebensstätte,** geschaffen (s. 2.4.1.1).

Die Abgrenzung sowohl einer Biozönose als auch eines Biotops ist schwierig:

Ein Teich ist als Ökosystem relativ gut umschrieben. Dennoch gibt es im Bereich der Ufervegetation überall Übergänge zwischen Wasser und Land (aquatischem und terrestrischen Bereich),

wandern z. B. ständig fliegende Insekten (z. B. Libellen) zu und ab, deren Jugendstadien im Wasser einwandfrei zum Teich gehören,

sind am Nahrungssystem Teich z. B. Vögel beteiligt (etwa Reiher), die u. U. weit entfernt wohnen, usw.

Für kleine Vergesellschaftungseinheiten innerhalb einer Biozönose ist die Bezeichnung **Synusien** gebräuchlich. Es sind dies ebenfalls heterotypische Kollektive mit charakteristischer Zusammensetzung ihrer Arten, die in einem engen räumlichen Zusammenhang und möglicherweise auch zeitlich begrenzt auftreten. Sie bilden aber jedenfalls auch ihrer Funktion nach nur Teile der Biozönose.

Die Arten einer Synusie können sämtlich nur einer funktionellen Gruppe (z. B. den Destruenten: 3.1.2.1) angehören, wie etwa die Organismengesellschaften an einem vermorschenden Holzstamm oder an einer Tierleiche. Auch an einem Hutpilz oder am Saftfluß von Bäumen kann man beispielsweise Synusien beschreiben. Oft lösen sie einander als Stufen einer Sukzession (3.1.2.2) ab.

Die oben angedeuteten Abgrenzungsschwierigkeiten haben hier und da zu einer Ablehnung des Biozönose-Konzepts im ganzen geführt.

So plädierte *Peus* (1954) für einen Verzicht auf die Begriffe Biozönose, Biotop und Biozönologie (oder Biozönotik: die Lehre von den Biozönosen, synonym gebraucht für Synökologie), weil die Biozönose mit allen ihr unterstellten Eigenschaften und Fähigkeiten ein Gebilde des menschlichen Vorstellungsvermögens und somit nur eine Fiktion sei.

An der Bedeutung des Prinzips, das sich heute von einem Biozönose/ Biotop-Konzept zu einem Ökosystem-Konzept verlagert hat, besteht aber doch kaum mehr ein Zweifel. Diese Bedeutung liegt im funktionellen Bereich – und wird dort ausführlich diskutiert werden –, nämlich:
– im *nicht-zufälligen Zustandekommen* solcher Gemeinschaften,
– in ihrer *langfristigen Erhaltung* innerhalb bestimmter Grenzen und
– in der eigenen *Organisation* dieser komplizierten Gebilde, die durch Ernährungsbeziehungen (Stoff- und Energiewechsel-Vorgänge) bestimmt wird.

2.2 Umwelt

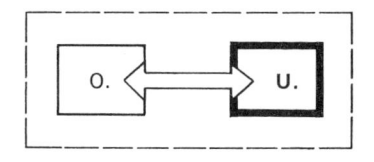

Der Begriff der «Umwelt» hat eine ganze Reihe möglicher Definitionen, von denen hier nur die wichtigsten angeführt werden sollen (vgl. *Schwerdtfeger* 1963).
Wesentlich ist, daß es sich stets um einen *Ausschnitt* aus der **Umgebung** eines Organismus handelt. Dabei soll «Umgebung» als ein neutraler Begriff das ganze räumliche «Außen» dieses Organismus bezeichnen.

(1) Die Umwelt eines Organismus stellt nur den Ausschnitt der Umgebung dar, der im *Bereiche seiner Sinneswahrnehmungen* liegt, ist also abhängig von der jeweiligen Reichweite der Sinnesorgane (psychologische Umwelt, *v. Uexküll* 1921).

Diese Umwelt irgendeines Organismus ist in der Regel *anders* als die Umwelt des Menschen. Extreme Beispiele: die Umwelt geruchsorientierter Tiere (z. B. des Hundes) oder die Umwelt zwar optisch orientierter Tiere, die aber über eine Wahrnehmungsfähigkeit außerhalb des für den Menschen sichtbaren Bereiches verfügen (z. B. Bienen: Wahrnehmung von Licht im ultravioletten Bereich und von polarisiertem Licht). Eine Beschreibung der Umwelt dieser Tiere ist also notwendig fehlerhaft. Polarisiertes Licht ist für den Menschen von Natur aus nicht wahrnehmbar; es gehört demnach nicht zu seiner Umwelt, obgleich es in seiner Umgebung vorhanden ist.

(2) Die Umwelt eines Organismus stellt den Ausschnitt der Umgebung dar, der in irgendeiner Weise die *Existenz dieses Organismus* beeinflußt *(Friederichs* 1943, 1950).

Dieser Ausschnitt kann enthalten:

– alle *direkt* wirksamen Einflüsse aus der Umgebung (**physiologische Umwelt**),
– alle *lebensnotwendigen* Einflüsse aus der Umgebung (**minimale Umwelt**),
– alle *direkt und indirekt* wirksamen Einflüsse, soweit sie überhaupt feststellbar sind (**ökologische Umwelt**).

Beispiele für diese Möglichkeiten werden sogleich anhand der Abb. 2.11 gegeben.

Die Einflüsse aus der Umgebung werden häufig auch als **Umweltfaktoren** bezeichnet (s. 2.2.2).

Diese Benennung ist allerdings nicht ganz eindeutig. Man kann nämlich als Umweltfaktor bezeichnen:

— eine Außenbedingung, d.h. einen *Teil der Umwelt* (z.B. das Licht oder die Parasiten), oder
— die *Wirkung* dieser Außenbedingungen auf den Organismus (z.B. Wachstumsbeschleunigung oder Vermehrung als Reaktion auf Licht, Parasitierung, d.h. Sterblichkeit durch Parasiten, usw.).

Hinzu kommt, daß die Bezeichnung «Faktor» im mathematischen Sinne festgelegt ist als Teil eines Produktes bei der Multiplikation. In diesem Sinne wird uns der Begriff Umweltfaktor später – im Zusammenhang mit der Vermehrung oder Verminderung von Populationen – wieder begegnen.

2.2.1 Die Umwelt des einzelnen Organismus

Die Ungenauigkeit im Umgang mit dem Begriff Umweltfaktor und die sich daraus ergebende Unsicherheit veranlaßte u.a. den holländischen Zoologen *Bakker* 1963, den Umwelt-Begriff zu analysieren. Er entwickelte dabei ein Schema, das uns – in veränderter Form (Abb. 2.11) – zum gleichen Zweck dienen soll. Es zeigt, daß das Individuum irgendeiner Organismenart innerhalb des Kollektivs seiner Artgenossen Umwelteinflüssen ausgesetzt ist, die sich drei grundsätzlich verschiedenen Bereichen zuordnen lassen:

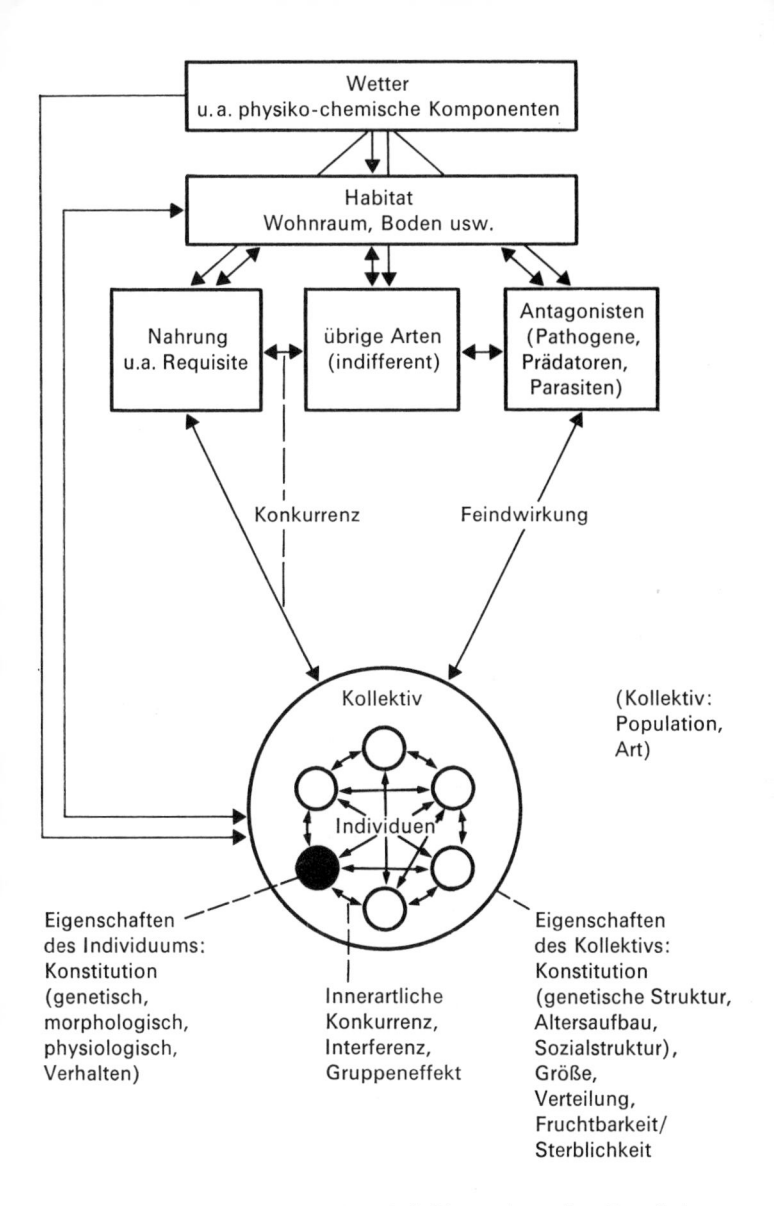

Abb. 2.11. **Umweltbeziehungen** eines Individuums bzw. einer Population. Schema, verändert nach *Bakker* (1963)

2.2 Umwelt

(1) Das Individuum ist umgeben von seinen Artgenossen. Diese stellen einen Teil seiner Umwelt dar. Sowohl die einzelnen **Individuen** als auch das **Kollektiv** im ganzen (die Population) besitzen **Eigenschaften,** die als Umweltfaktoren eine Rolle spielen können.

Eigenschaften des Individuums:

seine genetische, morphologische, physiologische usw. Konstitution, die seine Anpassungsfähigkeit, seine Aktivität, seine Überlebensfähigkeit usw. bestimmen;

Eigenschaften des Kollektivs:

die genetische Struktur (der Gen-Pool),
Altersaufbau und Sozialstruktur,
Größe und Verteilung im Raum,
Vermehrungsfähigkeit und Sterblichkeit usw.

(2) Echte **Außenbedingungen,** Bestandteile der unbelebten und der belebten Umgebung, sind hier dargestellt als:

abiotische Umweltkomponenten:

— Wetter bzw. Klima und
— Standort (Wohnraum, Boden usw.);

biotische Umweltkomponenten:

— Nahrung (heterotropher Organismen) oder andere Requisite, d.h. lebensnotwendige, aber nur in beschränktem Maße verfügbare Dinge oder Umstände;
— Feinde (räuberische Feinde, Parasiten, Krankheitserreger);
— übrige Organismen, die zur Umgebung gehören, die aber keine unmittelbaren Beziehungen zur Bezugspopulation unterhalten: sog. indifferente Arten (unter ihnen sind die durch ihre mittelbaren Beziehungen dennoch sehr wichtigen Arten: z.B. die Konkurrenten um Nahrung oder Siedlungsraum, die Beutearten oder Wirte der Feinde usw.; nähere Erläuterungen s. Abb. 2.12).

(3) Zwischen allen diesen Bestandteilen, auch zwischen den Artgenossen innerhalb des Kollektivs, bestehen **Wechselbeziehungen** (s. 2.3). Solche Wechselbeziehungen tragen häufig bekannte Namen und sind unter diesen Bezeichnungen als Umweltfaktoren bekannt:

innerhalb des Kollektivs (zwischen den Artgenossen):

— innerartliche Konkurrenz oder Interferenz mit negativer,
— Gruppeneffekt mit positiver Wirkung (s. 2.3.2);

zwischen Kollektiv und Außenbedingungen:

— direkt: Beziehungen zum Faktor Nahrung, Feindwirkung,
Beziehungen zum engeren Wohnraum und seinen abiotischen Bedingungen;

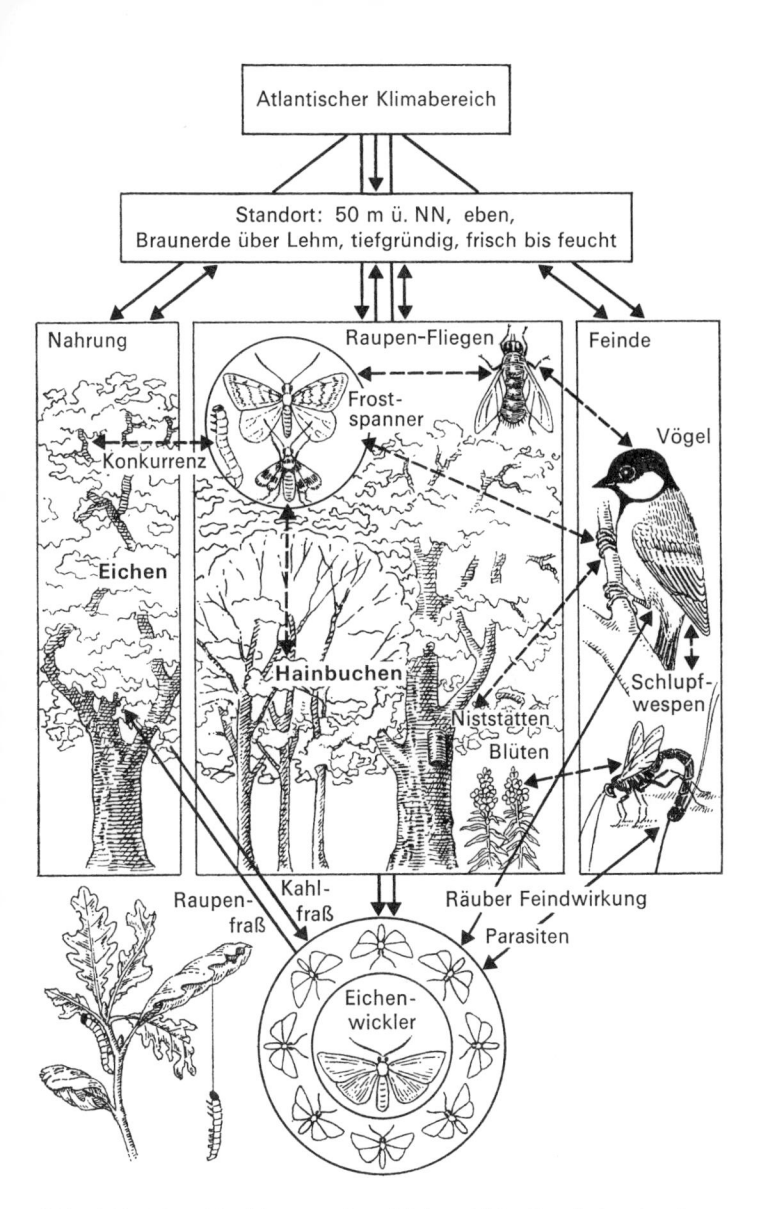

Abb. 2.12. **Umweltbeziehungen** einer Eichenwickler-Population in einem westfälischen Eichen/Hainbuchen-Wald (Ausschnitt)

- indirekt: Konkurrenz mit anderen Arten (um Nahrung, Siedlungsraum, Brutmaterial usw.),
  Beziehungen der Feinde zu dritten Arten (z. B. Alternativbeute von Räubern, Neben- oder Zwischenwirte von Parasiten, Überträger von Krankheitserregern, Blütenpflanzen als Nahrungsspender für parasitische Insekten usw.),
  Beziehungen zwischen engerem Wohnraum und Nahrung, Feinden, indifferenten Arten.

Eine Sonderstellung unter (3) nimmt das Wetter (bzw. Klima) ein; das sowohl die Standortbedingungen als alle belebten Bestandteile beeinflußt, selbst aber in der Regel nicht beeinflußt wird (sieht man von der Möglichkeit etwa klimatischer Änderungen durch großflächige Zerstörung der Vegetation o. ä. einmal ab). Hier handelt es sich also nicht um eine Wechselbeziehung (einseitige Pfeile) im Gegensatz zu allen anderen Beziehungen (Doppelpfeile).

Eine Illustration dieser Aufzählung wird in Abb. 2.12 versucht. Als Beispiel dient ein blattfressender Schmetterling, der Grüne Eichenwickler, der in den Kronen von Eichen lebt, und zwar – wie hier angenommen – in einem Eichen/Hainbuchen-Wald in Westfalen. Aus der Vielzahl seiner Umweltbeziehungen sind angedeutet:

- die Raupenmenge des Wicklers als *Eigenschaft des Kollektivs,*
- die in Beziehung steht zur *Nahrung:* eine bestimmte Raupenmenge frißt die Eichen kahl, die Raupen verhungern;
- direkte *Feindbeziehungen* bestehen durch parasitische Insekten (Schlupfwespen) und insektenfressende Vögel,
- beide werden durch Bedingungen kontrolliert, die damit *mittelbaren Einfluß* auf den Wickler nehmen: die Vögel durch das Vorhandensein oder Fehlen von Niststätten, die Schlupfwespen durch blühende Pflanzen als Nahrungsspender;
- *Nahrungskonkurrenz* wird angedeutet durch einen anderen Schmetterling, den Frostspanner, der allerdings auch die Hainbuchen befrißt,
- er wird verfolgt vor allem von Raupenfliegen;
- die Beziehungen werden vollends kompliziert durch die Tatsache, daß die insektenfressenden Vögel nicht nur die blattfressenden Schmetterlinge bzw. ihre Raupen fressen, sondern auch deren Feinde, die Schlupfwespen und Raupenfliegen.

Dieses Beziehungsgefüge läßt sich unschwer noch weiter ausbauen und komplizieren. Der kleine Ausschnitt genügt, die Grundbestandteile der Abb. 2.11 wiederzufinden und den immensen Einfluß indirekter Beziehungen anzudeuten.

Mit dieser Betonung der indirekten Beziehungen läßt sich jetzt auch die Unterscheidung von *physiologischer* und **ökologischer** Umwelt zeigen: zur physiologischen Umwelt gehören allein die direkten Beziehungen. Die in die ökologische Umwelt mit eingehenden indirekten Beziehungen aber sind es gerade, die die Kompliziertheit ökologischer Systeme ausmachen.

(Der Begriff der *minimalen* Umwelt wird später (2.2.3) ausführlich besprochen werden.)

2.2.2 Umweltfaktoren

Als «Umweltfaktoren» werden aus der Fülle der Umweltbeziehungen eines Organismus (Abb. 2.11) *bestimmte* Einflüsse hervorgehoben, wobei meist offengelassen wird, ob mit dieser Bezeichnung die Außenbedingung selbst (nach Qualität und Quantität) oder ihre Wirkung auf Individuum bzw. Kollektiv gemeint ist.

Beispiel:
Die innerartliche Konkurrenz (z. B. um Nahrung) betont die Wechselbeziehungen.
Als Umweltfaktor könnte aber auch das Vorhandensein oder die Menge von Artgenossen bzw. Nahrung, d. h. die Außenbedingungen selbst,
oder die Sterblichkeit bzw. Dichteänderung, d. h. die Wirkung auf die Population, bezeichnet werden.

Die *herkömmliche Einteilung* von Umweltfaktoren beschreibt als **abiotische Faktoren** bzw. Faktorenkomplexe in der Regel die Umweltkomponenten selbst, als **biotische Faktoren** dagegen vorwiegend die Wechselbeziehungen (s. Abb. 2.13).

Bestimmte *Faktorenkomplexe* werden meist im Zusammenhang betrachtet, z. B. der Komplex der Bodenfaktoren *(edaphischer Faktor)* oder – in der Umwelt tierischer Kollektive – der Nahrungsfaktor *(trophischer Faktor)*.

2.2.2.1 Allgemeines zur Wirkungsweise von Umweltfaktoren

(1) Die für die Existenz des Individuums entscheidendste Wirkung eines Umweltfaktors ist die **begrenzende (limitierende) Wirkung**: der Umweltfaktor setzt durch seine Qualität oder Quantität mehr oder weniger enge Grenzen, innerhalb deren der betroffene Organismus existieren kann.

So sind z. B. für alle Lebewesen bestimmte, im Einzelfall unterschiedliche Temperaturgrenzen gesetzt, bei deren Über- oder Unterschreiten die Lebensmöglichkeit aufhört.

Biotische Faktoren setzen nur *eine* Grenze der Existenzmöglichkeit: z. B. ein Minimum an Nahrung oder ein Maximum an natürlichen Feinden.

Abb. 2.13. «Umweltfaktoren»

Herkömmliche Einteilung (z. B. *Schwerdtfeger* 1963)	Entsprechende Bestandteile des Schemas Abb. 2.12
Abiotische Faktoren	*Umweltkomponenten*
z. B. Licht	
Temperatur	Wetter / Klima
Feuchte, Wasser, Strömung	Habitat / Biotop
Luft, O_2, CO_2, Strömung	
Boden (Komplex: edaphische Faktoren)	
Trophische Faktoren	*Umweltkomponenten*
Nahrung	Nahrung
Biotische Faktoren	*Wechselwirkungen*
positive (symbiotische) Beziehungen	(s. 2.3)
z. B. Vergesellschaftung	daneben:
Gruppeneffekt	*Umweltkomponenten*
(Schutz, Abwehr, Resistenz)	Feinde
	indifferente Arten
negative (antibiotische) Beziehungen	*Eigenschaften*
z. B. Feindwirkungen	der Individuen bzw. des
(Pathogene, Prädatoren, Parasiten)	Kollektivs
Konkurrenz	
Interferenz	

Jeder Organismus wird also auf denjenigen Raum beschränkt, in welchem der in Frage stehende Umweltfaktor in einem günstigen Bereich liegt, und von denjenigen Räumen ausgeschlossen, in denen die Grenzen überschritten sind. Dem Organismus bleibt in solchen ungünstigen Fällen, entweder abzuwandern oder sich den ungünstigen Bedingungen anzupassen.

(2) Die **anpassende Wirkung** von Umweltfaktoren wurde früher schon besprochen. Sie kann auf das Individuum (auf den Phänotyp) beschränkt sein (Anpassungsformen, s. 2.1.3.2: modifikatorische Wirkung). Auf Populationsebene kann ein Umweltfaktor, wie wir sahen, durch Auslese bestimmter Individuen auch den Gen-Pool verändern. Die Fähigkeit zur Anpassung ist vor allem für Pflanzen existenznot-

wendig, weil sie sich ungünstigen Umweltbedingungen nicht durch Ortsveränderungen entziehen können, wie es Tieren in der Regel möglich ist.

Beispiele für die anpassende Wirkung auf Tiere: s. ökogeographische Regeln (2.1.3.2).

(3) Ungünstige Einflüsse aus der Umwelt wirken vor allem auf freibewegliche Organismen (Tiere) als *Reize*, sich fortzubewegen, bestimmen womöglich sogar die Richtung dieser Bewegung.

Gewisse Ortsveränderungen – durch Wachstum – sind auch ortsfesten Organismen (Pflanzen) möglich.

Allgemein formuliert handelt es sich hierbei um die dritte: die **auslösende (stimulierende) Wirkung** von Umweltfaktoren. Einer Vielzahl der von Umweltfaktoren ausgehenden Reize entsprechen vielfältige Reaktionen der Organismen. Es handelt sich dabei um physiologische Prozesse, deren Ablauf und Ergebnis nicht pauschal anzugeben ist.

Leistungen der Organismen, die beeinflußt werden, können etwa sein: Fortpflanzung und Entwicklung, Wachstum, Formbildung, Vermehrung, Verhalten und alle Betriebsleistungen. Die oben genannten Ortsveränderungen, speziell die gerichteten, wurden lediglich als ökologisch besonders wichtig hervorgehoben. Zu ihnen gehören z. B. die weltweiten Wanderungen bestimmter Vögel, Fische und Insekten.

Die *speziellen* Wirkungen **bestimmter Außenbedingungen** sind in Einzelheiten den Lehrbüchern zu entnehmen, etwa – für Pflanzen – dem autökologischen Teil der «Einführung in die Pflanzenökologie» von *Winkler* (1973) oder – für Tiere – der «Autökologie» von *Schwerdtfeger* (1963).

Es geht hier allein um die direkten Einflüsse abiotischer Faktoren. Wirkungen biotischer Umweltfaktoren werden unter dem Stichwort «Wechselwirkungen» unter 2.3.2 ausführlicher diskutiert.
Ganz allgemein läßt sich über die drei *Haupt-Abiotika:* Licht, Wärme und Feuchte aussagen, daß Licht und Wärme als *Energie,* Wasser als *Material* eine Rolle spielen, die bereits bei Pflanzen und Tieren allerdings deutlich verschieden ist. So ist für die Pflanze das Licht die energetische Voraussetzung für die Produktion, ist also die Grundlage der Assimilation, auf Tiere hat es lediglich stimulierende Wirkung, ist u. U. für bestimmte Arten überhaupt nicht notwendig. Die *Temperatur* beeinflußt ganz allgemein die Reaktionsgeschwindigkeit chemischer Abläufe, also auch die Geschwindigkeit von Lebensvorgängen, allerdings nur in bestimmten Grenzen und mit Differenzierungen, die jede weitergehende pauschale Aussage unmöglich machen.
Schließlich sind die Eigenschaften abiotischer Faktoren vielfach deswegen

so schwer zu untersuchen, weil sie in Form von *Komplexen* vorkommen, z. B. in Form der Medien: Wasser, Boden, Luft, in denen sich das Leben der Organismen abspielt.

2.2.2.2 Quantitative Beschreibung der Wirkung von Umweltfaktoren

Umwelteinflüsse sind in ihrer Intensität (Qualität, Quantität) variabel.

Zum Beispiel können
- Temperatur, Feuchte u. a. abiotische Faktoren in mehr oder minder weiten Bereichen schwanken,
- Nahrung kann in unterschiedlicher Menge und Qualität angeboten werden,
- Feinde können in geringer oder großer Zahl vorhanden sein usw.

Auf die meisten Umwelteinflüsse reagiert der Organismus abgestuft, entsprechend der Intensität der Einwirkung.

Ausnahmen sind die Umweltfaktoren, die nach dem Alles-oder-Nichts-Prinzip wirken. Zu ihnen gehören in erster Linie Feinde: die Wirkung eines räuberischen Feindes auf seine Beute besteht in der Regel in ihrer Tötung. Allerdings gibt es schon in anderen Feindbeziehungen, bei Parasiten, Krankheitserregern und auch bei Pflanzenfressern, Abstufungen der Wirkung, die meist von der Zahl der beteiligten Feinde bestimmt werden.

Die Wirkung eines Umweltfaktors auf einen Organismus läßt sich quantitativ in einer Kurve beschreiben, die

- über der unterschiedlichen *Intensität* der einwirkenden *Umweltkomponente*
- die jeweilige *Reaktion des Organismus* darstellt.

Aus einer solchen Kurve kann man die **ökologische Potenz** bzw. **Toleranz** des Organismus ablesen, d. h. seine Fähigkeit, den jeweils gegebenen Umwelteinfluß auszunutzen oder zu ertragen.

Will man die Bedeutung des betreffenden Faktors für den Organismus ausdrücken, so spricht man von der *ökologischen Valenz* (Wertigkeit) dieses Faktors. Beide Begriffe, die ökologische Potenz oder Toleranz des Organismus und die ökologische Valenz des Umweltfaktors, beschreiben den gleichen Sachverhalt, allerdings aus verschiedener Blickrichtung.

Die Kurve der ökologischen Potenz (Tolereanz, Valenz) ist charakterisiert (Abb. 2.14)

- durch den Wirkungsbereich (die Amplitude) des Umwelteinflusses bzw. die entsprechende Reaktionsbreite des Organismus und
- durch Lage und Höhe des Wirkungs-Maximums (bzw. der maximalen Reaktion des Organismus).

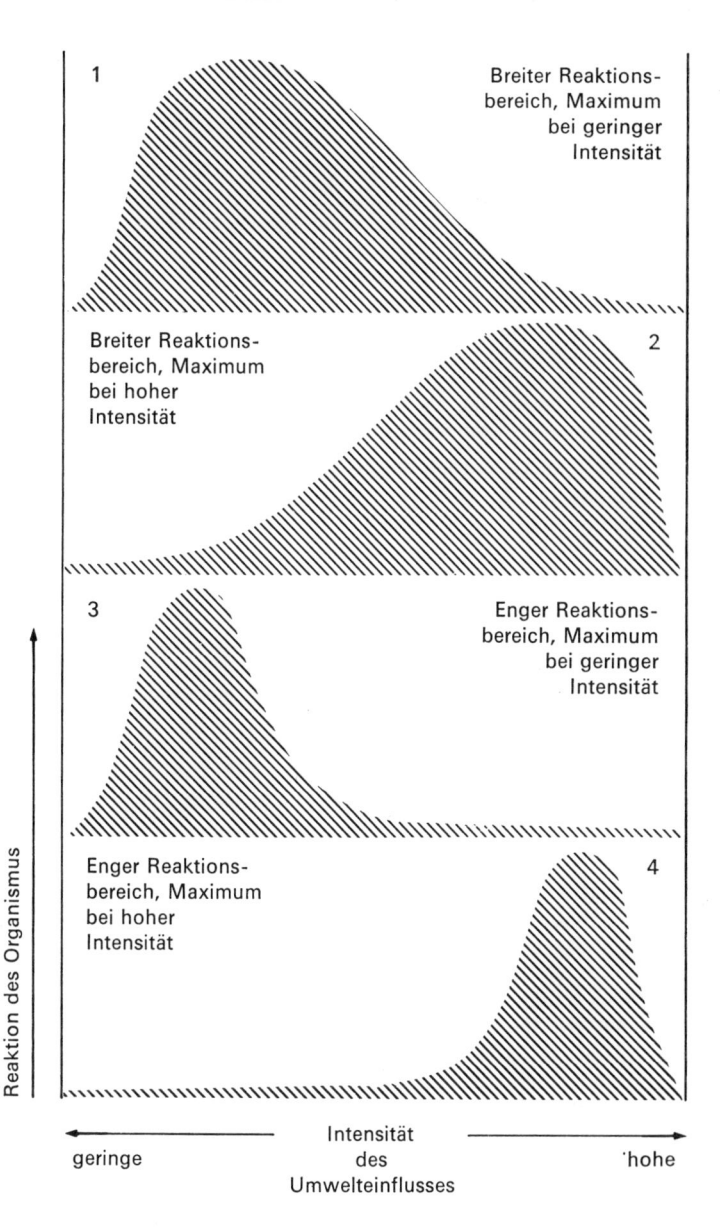

Abb. 2.14. **Ökologische Potenz**

Dargestellt ist in Abb. 2.14 die Reaktion eines Organismus: seine Vitalität, sein Wachstum, seine Überlebensrate u. a. in Abhängigkeit von der Intensität eines Umwelteinflusses (z. B. bei verschiedenen Temperaturen).
Die *Reaktionsbreite* des Organismus kann groß sein (1, 2): z. B. können viele Organismen in einem sehr weiten Temperaturbereich existieren. Dennoch haben sie jeweils einen bestimmten Bereich, in welchem sie besonders gut zu leben vermögen und den sie bevorzugen (Optimalbereich): er kann etwa in der Kälte (1) oder in der Wärme (2) liegen.
Andere Faktoren sind nur in einem relativ engen Bereich wirksam bzw. von dem Organismus zu ertragen (3, 4).
Auch hier kann der Wirkungsbereich entweder bei geringer oder bei hoher Intensität des Faktors liegen: z. B. in einem schmalen Bereich hoher Feuchte (4) oder − bei an Trockenheit angepaßten Organismen − in einem entsprechend schmalen Bereich bei niedriger Feuchte (3).

Diese Verhältnisse werden durch *Fachausdrücke* beschrieben, die in der ökologischen Literatur nicht selten gebraucht werden und daher hier kurz erläutert werden sollen.

Die Wirkungsbreite eines Faktors bzw. Reaktionsbreite eines Organismus wird durch die Vorsilben eury- (weit, breit) oder steno- (sten-: eng) beschrieben:
euryvalent ist ein Faktor (z. B. die Temperatur) mit weitem Wirkungsbereich im Bezug auf einen Organismus (z. B. ein Insekt),
stenovalent ist entsprechend ein Faktor (z. B. die Feuchte) mit enger Wirkungsbreite;
eurypotent ist Organismus mit breiter (Abb. 2.15: 1, 2),
stenopotent ein Organismus mit enger (Abb. 2.15: 3, 4) Reaktionsbreite.
Für die relative Lage des Optimums werden andere Vorsilben benutzt:

oligo-	(wenig)	bei geringer Intensität des Faktors,
meso-	(mittel)	bei mittlerer und
poly-	(viel)	bei hoher Intensität.

In Abb. 2.14 wäre in den Fällen (1) und (3) der betreffende Organismus also als *oligopotent,* in den Fällen (2) und (4) als *polypotent* zu bezeichnen.
Als drittes kann schließlich der Bezugsfaktor, d. h. die Umweltkomponente, mit benannt werden, und zwar als Nachsilbe:

z. B.	-therm	(Faktor Temperatur),
	-halin	(Faktor Salzgehalt),
	-phag	(Faktor Nahrungsqualität) usw.

Die gesamte Kombination könnte also so aussehen:
− *oligostenotherm* ist ein Organismus mit einem engen Vorzugsbereich in der Kälte (entsprechend Abb. 2.14: 3),
− *polyurytherm* ist ein Organismus mit einem breiten Vorzugsbereich in der Wärme (Abb. 2.14: 2) usw.

Häufig benutzt wird die Nachsilbe -ök, die ausdrückt, daß der betreffende Organismus eine enge oder weite Potenz in bezug auf einen nicht näher definierten Umwelteinfluß, auf einen Faktorenkomplex oder auf die gesamte Umwelt hat.

Ein *stenöker* Organismus ist demnach ein *Spezialist,* der gut eingepaßt ist in seinen Lebensraum oder seine Lebensweise, damit aber zugleich in seinen Möglichkeiten eingeengt,

ein *euryöker* Organismus kann demgegenüber in einem weiten Bereich leben, kann sich auch Veränderungen in seiner Umwelt schnell anpassen.

Euryöke Organismen mit einer fast allgemeinen Verbreitung werden auch *Ubiquisten* genannt.

Einschränkend ist zu bemerken, daß die Sprachregelung bei der Benutzung dieser Begriffe und Namen nicht einheitlich ist.

Nun kann man allerdings kaum allgemein von der Wirkungsweise und dem Wirkungsbereich irgendeines Umweltfaktors auf *den* Organismus einer bestimmten Art sprechen. Die Individuen einer Population (und die Populationen einer Art) reagieren nicht alle in gleicher Weise und im gleichen Maße auf ein und denselben Umwelteinfluß. Gerade in dieser *Variabilität der ökologischen Potenz* liegt die Fähigkeit zur Anpassung begründet und damit die Sicherheit des Kollektivs (der Population, der Art) im ganzen.

Schließlich kann sich sogar bei einem Individuum im Laufe seines Lebens die ökologische Potenz hinsichtlich bestimmter Umweltfaktoren ändern, z. B. mit dem Erreichen gewisser Entwicklungsstadien. Besonders krasse Beispiele sind solche Tiere, bei denen die Jugendstadien eine ganz andere Lebensweise haben als die Erwachsenen, z. B. die Libellen. Auch der jeweilige Zustand des Individuums (gesund, geschwächt, krank usw.) kann die Reaktion beeinflussen. So können sich u. U. innerhalb des Kollektivs Gruppen bilden – Altersklassen, Geschlechter, Kranke u. a. –, deren ökologische Potenz in charakteristischer Weise vom übrigen Kollektiv abweicht.

2.2.2.3 Faktorenkomplexe

Unter natürlichen Bedingungen wirkt kein Umweltfaktor isoliert für sich allein, sondern stets in *Verknüpfung* und im Wechselspiel mit mehr oder weniger zahlreichen anderen Faktoren.

Versucht man, diese komplizierten Verhältnisse zu analysieren, so wird man darangehen, im Experiment möglichst alle anderen Einflüsse bis auf einen – den zu untersuchenden – auszuschalten. Man kann etwa Tiere oder Pflanzen in Klimaschränken in einer künstlichen, konstanten Umwelt halten, in der nur z. B. die Temperatur variiert wird. Man kann dann weitere Faktoren einbeziehen, also z. B. Temperatur-Feuchte-Kombinationen, zusätzliche Beleuchtungsänderungen usw. Das Problem ist jeweils, die aus derart vereinfachten Modellversuchen gewonnenen Erkenntnisse auf die komplizierte Freilandsituation zu übertragen.

Darstellen läßt sich das Zusammenwirken verschiedener Umweltfaktoren zumindest im zwei- und dreidimensionalen Bereich. Die vieldimensionalen Netze natürlicher Faktorenkomplexe sind nicht ohne weiteres darstellbar.

Abb. 2.15 zeigt die Kombination zweier Umwelteinflüsse – hier auf die Überlebensrate von Schmetterlingseiern – in einem zweidimensionalen Temperatur-Feuchte-Diagramm.

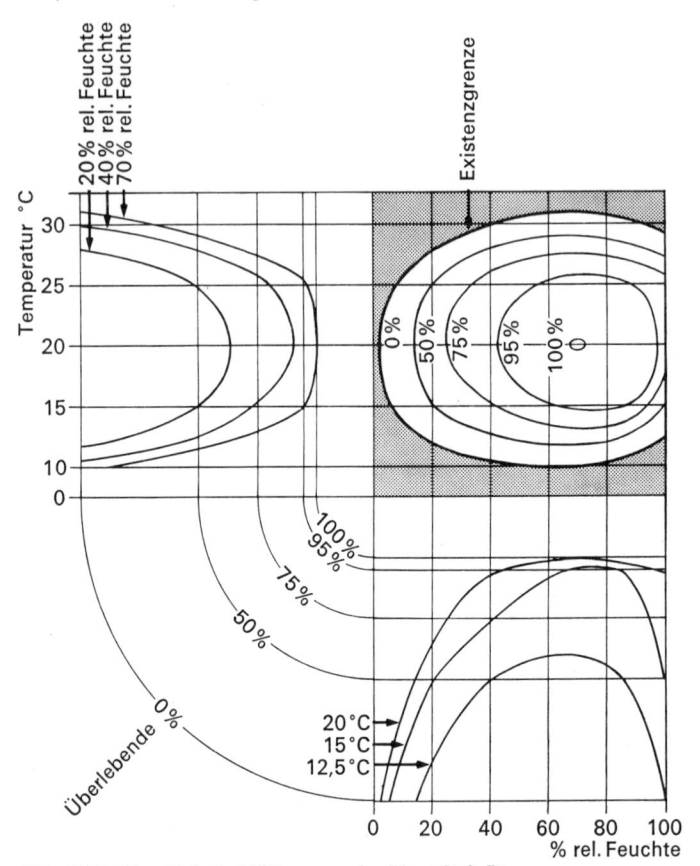

Abb. 2.15. **Kombinierte Wirkung zweier Umwelteinflüsse**
hier: Temperatur und Feuchte, Einfluß auf die Überlebensrate (%) von Eiern des Kiefernspinners, *Dendrolimus pini*   Aus *Schwerdtfeger* (1963)

Genau wie Einzelfaktoren können auch Faktorenkomplexe auf die Individuen eines Kollektivs oder auf bestimmte Gruppen (Altersklassen, Entwicklungsstadien usw.) verschieden wirken.

2.2.2.4 Minimumfaktor

Überlegungen, wie Komplexe von Umweltfaktoren in ihrer Gesamtheit auf einen Organismus einwirken, führten dazu, eine Regel, die ursprünglich anhand der Ertragsleistung von Pflanzen entwickelt worden war *(Liebig* 1862), auf die Ökologie zu übertragen: das «**Gesetz vom Minimum**» *(Thienemann* 1942). Dieses Minimumgesetz besagt zunächst, daß der gesamte Faktorenkomplex die Grenze seiner Wirksamkeit erreicht, sobald nur einer der Einzelfaktoren – als **Minimumfaktor** – diese Grenze erreicht oder überschreitet: «Eine Kette ist so stark wie ihr schwächstes Glied.»

In dieser Ausschließlichkeit gilt das Minimumgesetz nun allerdings nicht. Schon bei der Kombination von nur zwei Faktoren (z. B. Temperatur und Feuchte: Abb. 2.15) ist zu erkennen, daß das Minimum – hier: das *Existenzminimum* des betreffenden Organismus, d. h. die Situation, bei der 0 % Überlebende gezählt werden –, nicht als feststehender Grenzwert eines der beiden Umweltfaktoren anzusehen ist, sondern mit den Schwankungen des anderen Faktors veränderlich ist.

Im Beispiel (Abb. 2.15) kann innerhalb eines Temperaturbereiches zwischen etwa 10 und 31°C die *Feuchte* auf der Existenzgrenze (d.h. bei 0% Überlebenden) praktisch alle Werte von knapp über 0 bis 100% annehmen. Ihren tiefsten Wert erreicht sie im Temperat*uroptimum* bei etwa 20°C: hier liegt sie tatsächlich im Minimum. Sobald sich die Temperatur vom Optimum entfernt, wird die Existenzgrenze bereits bei sehr viel höherer Feuchte erreicht. Umgekehrt erreicht die Existenzgrenze die niedrigsten bzw. höchsten Temperaturen im Bereiche optimaler Feuchte, d.h. bei etwa 70% relativer Feuchte. Das bedeutet nun aber, daß ein konstanter Wert eines Umweltfaktors – z. B. 40% relative Feuchte – mit dem Schwanken des anderen Faktors eine ganz unterschiedliche Bedeutung für den Organismus haben kann. Im Beispiel überleben bei 10°C 0%, bei 12,5°C schon 50% und bei 15°C sogar 75% der Eier.

Nur bei optimaler Temperatur wirkt die Feuchte echt als Minimumfaktor. Das würde auch für andere Faktoren gelten, wenn solche beteiligt wären: sobald sich einer der übrigen Einflüsse ändert, entfernt sich die Feuchte vom Minimum und übernimmt ein anderer Faktor möglicherweise die Rolle als Minimumfaktor. Das geschieht, ohne daß sich die Intensität der Feuchte selbst ändert.

Diese Einsichten haben zu einer allgemeineren Fassung des Minimum-Gesetzes geführt, zum **Prinzip der relativen Effektivität der Umweltfaktoren** *(Schwerdtfeger* 1963):

- Die Wirksamkeit eines Umweltfaktors wird um so größer, je weiter seine Intensität vom Optimum entfernt ist, und
- innerhalb eines Faktorenkomplexes ist jeweils derjenige Faktor am wirkungsvollsten, der am weitesten vom Optimum entfernt ist.

Die Bezeichnung Minimumfaktor ist übrigens genaugenommen nur dann angebracht, wenn es sich um einen fördernden Einfluß handelt. Im Falle eines hemmenden Faktors ist seine Wirkung, wie Abb. 2.15 zeigt, maximal: die minimale Intensität der Feuchte hat maximale – sterblichkeitsfördernde – Wirkung.

Minimumfaktor – in diesem Sinne – können nicht nur abiotische (wie im Beispiel), sondern auch biotische Umweltkomponenten, ja sogar indirekte Einflüsse sein: So spielen Temperatur-Feuchte-Kombinationen (wie in Abb. 2.15) in der Regel für jeden Organismus eine Rolle. Seine tatsächliche Gefährdung kann aber durch Feinde, beispielsweise Parasiten, viel größer sein. Sind diese Feinde, etwa Schlupfwespen, an die Existenz blühender Pflanzen – als Nahrungsspender – gebunden, so spielen diese Pflanzen die Rolle eines die Wirkung der Parasiten begrenzenden und damit die Existenzfähigkeit des Wirtes beeinflussenden Faktors. Die Blütenpflanzen in diesem Beispiel sind übrigens ein echter Minimumfaktor, der durch andere Faktoren nicht zu ersetzen ist.

Wirkt ein Minimumfaktor nur auf ein spezielles Entwicklungsstadium eines Organismus ein, so spricht man auch vom *kritischen Stadium* in bezug auf diesen Minimumfaktor.

2.2.3 Minimalumwelt – Ökologische Nische

Eine der Möglichkeiten, die Umwelt eines Organismus zu definieren, berücksichtigt allein die für den betreffenden Organismus *lebensnotwendigen* Einflüsse. Die Summe dieser Einflüsse wird als **Minimalumwelt** des Organismus bezeichnet.

Definitionsgemäß ist die Minimalumwelt die «Summe der die *Existenz* eines Organismus *ermöglichenden* Faktoren», erfüllt also die minimalen *Ansprüche* dieses Organismus an seine abiotische Umwelt, an seine Nahrung, an den Wohnraum usw. Das Konzept der Minimalumwelt enthält demnach nur die fördernden, nicht aber die *hemmenden* Umwelteinflüsse: die Feinde, Krankheitserreger usw., die erst durch ihr Nichtvorhandensein die Existenz des Organismus ermöglichen.

Sinngemäß entspricht der Minimalumwelt der – zuweilen mißverstandene – Begriff der «**ökologischen Nische**».

Der Ausdruck «ökologische Nische» wurde von dem englischen Zoologen *Elton* (1927) geprägt und wird seither oft in sehr unterschiedlichem Sinne gebraucht. Vor allem wird die ökologische Nische häufig rein *räumlich* mißverstanden: als die Gesamtheit der Umweltbedingungen im speziellen Wohnraum eines Organismus oder sogar als dieser Wohnraum selbst. Tatsächlich meint der Nischen-Begriff in seiner ursprünglichen, abstrakten Bedeutung weder das eine noch das andere.

Die ökologische Nische läßt sich definieren
- als die Gesamtheit der *existenzbestimmenden* Umweltfaktoren, d.h. als diejenigen Faktoren, die für die Existenz eines Organismus in einem Lebensraum notwendig (Minimalumwelt) und verantwortlich sind, oder
- als die *Minimalansprüche* bzw. Toleranzen des Organismus, die in seiner Umwelt verwirklicht sind und damit seine Existenz ebendort ermöglichen.

Nach dem Konzept der ökologischen Nische von *K. Günther* (1950) müssen zwei Dimensionssysteme zur Deckung gebracht werden:

- das Angebot der Umweltfaktoren nach Qualität und Quantität und
- die vom Organismus – gemäß seiner ökologischen Potenz bzw. Toleranz – daraus getroffene Auswahl.

Der Bereich der Übereinstimmung beschreibt die ökologische Nische des betreffenden Organismus.

Auf die Möglichkeit, die ökologische Nische als die *«Planstelle»* einer Organismenart innerhalb einer Gemeinschaft zu definieren, soll später eingegangen werden (2.2.3.3).

Da auch Feinde oder Konkurrenten zur Umwelt eines Organismus gehören, müssen sie – sofern ihre Wirkung existenzbestimmend sein kann – in die ökologische Nische einbezogen werden. Insofern geht das hier benutzte Nischen-Konzept über den Begriff der Minimalumwelt hinaus.

An das oben (2.2.2.4) Gesagte wird hier erinnert: *fördernde* Einflüsse wirken bei *minimaler* Intensität begrenzend, *hemmende* Einflüsse bei *maximaler* Intensität.

Ein *Beispiel* soll das Nischen-Konzept erläutern:

Im gleichen engeren Lebensraum – in der Kronenregion eines Eichenwaldes – kommen nebeneinander zwei Tierarten vor: ein blattfressender Kleinschmetterling (Eichenwickler) und ein insektenfressender Singvogel (Trauerschnäpper).

(a) Für beide Organismenarten reduziert sich die Vielfalt der Umgebung «Eichenwald» auf einen mehr oder weniger kleinen Ausschnitt wirksamer Umwelt. Umweltfaktoren *ohne existenzbestimmenden* Einfluß sind z.B. Eigenschaften des Bodens, das Vorhandensein von Wassertümpeln, Art und Menge der bodennahen Vegetation usw.: sie liegen außerhalb der Nischen der beiden Tierarten.

(b) Für beide Organismenarten gibt es lebensnotwendige Faktoren, die – unabhängig von ihrer Menge oder Intensität – *überhaupt* vorhanden sein müssen: z. B. die Eichenbäume. Der Schmetterling ist auf die Eichen angewiesen, weil seine Raupen auf deren Laub als Nahrung spezialisiert sind. Für den Vogel sind die Eichen lediglich als Bäume wichtig: er braucht Stämme mit Höhlen als Wohnung und Insekten an den Blättern als Nahrung; er kann auch an irgendwelchen anderen Bäumen leben, sofern sie diese Bedingungen erfüllen.

(c) Für beide Organismenarten sind schließlich Umweltfaktoren in einem bestimmten Bereich ihrer *Intensität* von Bedeutung: z.B. die klimatischen Bedingungen (mit oberen und unteren Grenzen), die Nahrungsmenge und -qualität (mit ihrer unteren Grenze), Feinde (mit der oberen Grenze) oder auch die räumliche Ausdehnungsmöglichkeit der betreffenden Organismen selbst. In unserem Falle ist in bezug auf alle diese Faktoren die ökologische Potenz bzw. Toleranz des Vogels größer als die des Schmetterlings (z.B. größere Temperaturunabhängigkeit des Gleichwarmen, größerer Aktionsradius usw.): er hat also eine in diesen Dimensionen weitere ökologische Nische als der Schmetterling.

2.2.3.1 Konsequenzen aus dem Nischen-Konzept: Größe und Zahl ökologischer Nischen

Das letzte Beispiel zeigte zwei Tierarten, die den gleichen engeren Wohnraum besiedeln, deren ökologische Nischen aber bei aller Ähnlichkeit doch deutlich verschieden sind. In anderen Fällen sind die Nischen sehr viel ähnlicher – so ähnlich, daß sie auf den ersten Blick identisch erscheinen. Es muß sich dabei um sehr *enge Nischen* handeln, deren Bewohner also hochgradige *Spezialisten* (stenöke Organismen) sind. (Euryöke Organismen haben umgekehrt sehr große oder weite ökologische Nischen.)

Zwei Beispiele:
Eine genaue Untersuchung von Kuhfladen ergab die erstaunliche Zahl von mehr als 50 verschiedenen Arten von Fadenwürmern (Nematoden), die im Rinderdung leben, darunter mehr als 30 Arten, die ausschließlich dort vorkommen *(Sachs 1950).*
In Blütenköpfen von Disteln und Flockenblumen können Insekten verschiedener Arten leben – Bohrfliegen aus mehreren Gattungen, eine Gallwespe, ein Kleinschmetterling –; sie alle sind an diese räumlich stark eingeengte Lebensweise angepaßt *(Zwölfer 1970).*

Jede dieser Arten hat ihre *eigene ökologische Nische,* die sich von der aller mitbewohnenden Arten zumindest geringfügig unterscheiden

muß (s. unten: 2.2.3.2). Die *Enge der Nischen* wird, wie sich hier zeigt, leicht unterschätzt: das Substrat Rinderdung z.B. erscheint uns durchaus homogen und nicht geeignet, die Bildung von rund 50 ökologischen Nischen allein für Fadenwürmer zuzulassen.
Es ist also auch nicht möglich, Vorhersagen über die *Zahl ökologischer Nischen* in einem Lebensraum zu machen. Allgemein läßt sich sagen: **Je verschiedenartiger ein Lebensraum ist, um so größer ist die Zahl seiner Nischen.** Mosaikstruktur eines Raumes bedeutet also hohe Nischenzahl und damit Artenvielfalt. Die Vielfalt eines Lebensraumes ist aber, wie die beiden Beispiele zeigen, nicht ohne weiteres erkennbar. Da jeder Organismenart, die in einem Lebensraum nicht nur vorübergehend vorkommt, eine eigene Nische zuzuordnen ist, kann man auch sagen: **Ein Lebensraum hat zumindest so viele Nischen, wie Arten in ihm leben.**

Da innerhalb der Art die Populationen in ihren Umweltansprüchen und -toleranzen durchaus variieren können, können sie also u.U. auch mehr oder weniger deutlich eigene Nischen ausbilden. Der Nischenbegriff ist also so wenig starr wie der Begriff der Population (Teilpopulationen mit Sub-Nischen usw.).

Dabei müssen nicht alle Nischen auch tatsächlich von Organismenarten besetzt sein. Je größer die Zahl von Umweltfaktoren mit z.T. veränderlichen Intensitätsbereichen ist, um so eher ist vorstellbar, daß *freie Nischen* vorkommen.

Sichtbar wird eine freie Nische, wenn eine Organismenart eingeführt wird oder sich neu ansiedelt, ohne daß dadurch eine andere Organismenart verdrängt wird. Beispiel: die bei uns etwa um 1900 eingeführte Bisamratte, die eine solche freie Nische vorfand und besiedelte.

Veränderungen der Umwelt, z.B. durch den Menschen, schaffen neue Nischen, die teils durch vorhandene – euryöke – Organismenarten besetzt werden, teils mehr oder weniger lange frei bleiben, bis sich der passende Spezialist einfindet.

Neue Nischen wurden z.B. in Australien mit der Einfuhr von Schafen und Rindern geschaffen: der Schaf- bzw. Rinderdung bildete spezielle Nischen, die durch die einheimischen Arten nicht besetzt werden konnten. Es bahnte sich ein durchaus praktisches Problem an, das schließlich durch die Einfuhr von Spezialisten, d.h. von passenden Dungkäfern, gelöst wurde *(Waterhouse* 1974 u.a.).

2.2.3.2 Identität und Trennung von Nischen: Konkurrenz-Ausschluß

Die Beispiele großer Ähnlichkeit von Nischen führen hin zur Frage der *Nischen-Identität*. Bei identischen Nischen zweier Organismen-

arten müssen auch die Ansprüche der betreffenden Arten nachweislich völlig übereinstimmen. Da uns gerade hier vielfach die notwendigen Kenntnisse fehlen, ist die Identität zweier Nischen schwer zu beweisen. Die *Trennung von Nischen* ist leichter: weniger anhand der Umweltfaktoren als nach den Organismenarten, die sie besiedeln (Beispiel: Rinderdung). Es kommen **nebeneinander keine zwei Organismenkollektive** (Arten) vor, **deren Nischen identisch sind.**
Das Prinzip, das zur Trennung von Nischen führt, ist das der **Konkurrenz.**

Das andere antagonistische Prinzip (3.3.1), die direkte *Feindwirkung* (Opponenz), ist nicht so absolut wirksam: Feinde vermögen zwar ein Organismenkollektiv zeitweise oder örtlich stark einzuschränken, die Besiedlung einer Nische vermögen sie jedoch kaum völlig zu verhindern.

Ein Organismenkollektiv kann sich auf die Dauer nur dort halten, wo es nicht auf andere Organismen stößt, die identische Ansprüche stellen und deshalb mit ihm in Konkurrenz treten. Die Konkurrenz muß sich nicht auf die Gesamtheit der Umweltgegebenheiten beziehen, sie kann sich auf wesentliche Teile, d.h. auf Einzelfaktoren, beschränken. Trifft ein Organismenkollektiv auf einen überlegenen Konkurrenten, so wird es verdrängt oder stirbt aus.

Da nun identische Ansprüche (und Toleranzen) vor allem bei nahe verwandten Arten, also etwa bei den Arten einer Gattung, vorkommen und sicherlich am stärksten ausgeprägt sind bei den Angehörigen der gleichen Art, sind hier besonders intensive Wirkungen der Konkurrenz zu erwarten.

Fälle von *zwischenartlicher Konkurrenz* führten zur Formulierung des sog. **Konkurrenz-Ausschluß-Prinzips.** Die Tatsache der natürlichen Verdrängung von Arten durch überlegene Konkurrenten war bereits *Darwin* bekannt. Beschrieben wurde sie 1934 von dem russischen Biologen *Gause* mit seinen klassischen Experimenten mit Pantoffeltierchen. Nach ihm wird das Konkurrenz-Ausschluß-Prinzip auch Gause-Prinzip genannt.

Beispiele:
In Mischkulturen zweier Arten von Pantoffeltierchen *(Paramaecium caudatum* und *P. aurelia)* verdrängt nach wenigen Tagen die eine Art die andere (Abb. 2.16, nach *Gause* 1934).

In einem See der britischen Insel Anglesey wurde 1967 zum erstenmal eine Strudelwurm-Art *(Polycelis tenuis)* gefunden. Sie vermochte im Verlauf kurzer Zeit die bis dahin beherrschende verwandte Art *Polycelis nigra* fast zu verdrängen (Abb. 2.17, nach *Reynoldson* 1970).

Nur im ersten Beispiel muß auf eine identische Nische der beiden Pantoffeltierchen-Arten geschlossen werden: die unterlegene Art

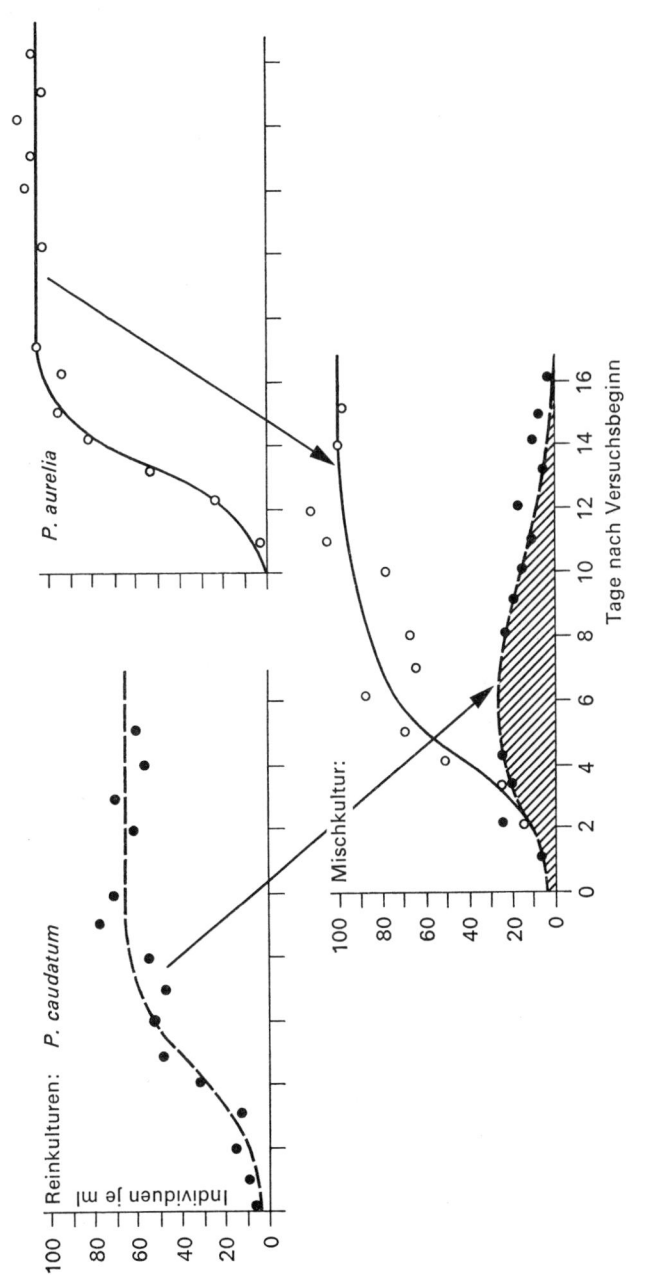

Abb. 2.16. **Konkurrenz-Ausschluß-Prinzip**
Klassische Versuche von *Gause* (1934) mit verschiedenen Arten von Pantoffeltierchen (*Paramaecium*)

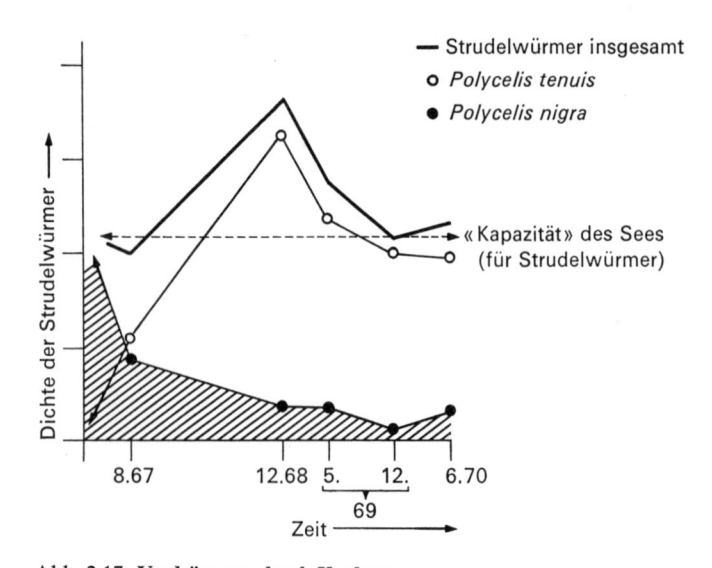

Abb. 2.17. Verdrängung durch Konkurrenz
Der stärkere Konkurrent *(P. tenuis)* verdrängt die einheimische Art *(P. nigra)* weitgehend
Nach *Reynoldson* (1970)

wurde ausgerottet. Im zweiten Beispiel wurde die unterlegene Art nur nahezu verdrängt: sie konnte sich offenbar in einen Teil ihrer Nische zurückziehen, in den der überlegene Konkurrent nicht zu folgen vermochte.
Die dem Konkurrenzdruck ausweichende Art muß sich dabei u. U. mit Umweltbedingungen begnügen, die ihrem eigenen Optimalbereich nicht mehr entsprechen. Erkennbar wird dies, wenn aus irgendeinem Grund der überlegene Konkurrent ausfällt und die unterlegene Art sich wieder ausbreiten kann. (Weitere Beispiele s. 2.4.2.)
Das Ausweichen vor dem Konkurrenzdruck der Nachbarart ist keineswegs nur streng räumlich zu verstehen.

Solche Beispiele räumlichen Ausweichens gibt es: z. B. vermag die Hausratte *(Rattus rattus)* ihrem Konkurrenten, der stärkeren Wanderratte *(R. norvegicus)*, durch ihr Klettervermögen auszuweichen (z. B. auf Dachböden); bei den nahe verwandten Meisen-Arten unserer Wälder gibt es eine deutliche Vertikalverteilung (s. Abb. 2.24): sie «gehen sich aus dem Wege».

Andere *Trennmechanismen*, mit denen das Konkurrenz-Ausschluß-Prinzip außer Kraft gesetzt und damit eine *Koexistenz* der konkurrierenden Arten ermöglicht wird, beziehen sich z. B. auf Nahrungsunterschiede (spezielle Wirts- oder Beuteart) oder auf die Erscheinungszeit der betreffenden Arten. Zwei Arten können in ein und derselben Nische nacheinander auftreten und so eine Konkurrenz vermeiden: die *Zeit* tritt damit als *Dimension der ökologischen Nische* in Erscheinung.

Beispiele:
Die zeitliche Dimension spielt im Falle der von Nematoden bewohnten Kuhfladen eine wesentliche Rolle: die gleiche Nische wird zu verschiedenen Zeiten von verschiedenen Arten besetzt. Die räumlichen Möglichkeiten sind vergleichsweise gering; dennoch lassen sich auch hier Spezialisten z. B. der oberen, der inneren oder unteren Substratschichten unterscheiden.
Im anderen, schon genannten Beispiel, unter den blütenkopfbewohnenden Insekten, spielen Trennmechanismen der verschiedensten Art eine Rolle. Interessant ist, daß sich einige der beteiligten Arten in ihrem Wirtswahlverhalten auf die Konkurrenzsituation einstellen können: sie weichen auf andere Pflanzen aus. Im gleichen Wirt gibt es trotz der räumlichen Enge eine Vielzahl der Möglichkeiten, z. B. verschiedene Pflanzenteile zu besiedeln, so daß auch hier durch feinste Nischenunterschiede Koexistenz möglich wird.

Was hier für die Konkurrenz bzw. Koexistenz verschiedener Arten gesagt wurde, gilt auch für die Beziehungen *innerhalb der Art,* die durch weitestgehende Übereinstimmung der Nischen gekennzeichnet sind.
Die *innerartliche Konkurrenz* und das Wechselspiel zwischen Population und Umwelt führen mitunter dazu, daß Teile der Population in neue Nischen ausweichen und sich dort genetisch fortentwickeln. Diese *Einnischung* (oder Annidation) ist demnach ein Evolutionsfaktor *(Ludwig* 1948). Voraussetzung ist allerdings, daß die Umwelt vielfältig genug ist, diese neuen Nischen anzubieten. Wir sahen oben (2.1.3.1), daß die Anpassungsfähigkeit einer Population von der Reichhaltigkeit ihres genetischen Materials abhängt. Wir sehen jetzt, daß sie diese Anpassungsfähigkeit nur dann einzusetzen vermag, wenn sie auf eine möglichst vielfältig gegliederte Umwelt stößt.

2.2.3.3 Konsequenzen aus dem Nischen-Konzept: Planstellen, Stellenpläne

Unter den vielfältigen Umweltbedingungen eines Lebensraumes findet in der Regel eine ganze Reihe verschiedener Organismen die jeweiligen Ansprüche verwirklicht: sie bilden zusammen die den herrschenden Umweltbedingungen entsprechende Lebensgemeinschaft. Aus der Sicht der Organismenarten stellen sich die ökologischen Nischen als

«**Planstellen**» dar, die von ihnen besetzt werden können, und die in ihrer Summe den «**Stellenplan**» der Lebensgemeinschaft bilden *(Kühnelt* 1948).

Als Beispiele sind in Abb. 2.18 Ausschnitte aus vergleichbaren Stellenplänen von Tierarten nordamerikanischer bzw. asiatischer Steppen dargestellt: sie lassen Gruppen gleicher Planstellen erkennen, die mit jeweils verschiedenen Arten besetzt sind. Beispielsweise entsprechen einander die großen Weidegänger: Bison und Antilopen, zu denen im Kulturland das Rind, in Australien das Känguruh usw. treten. Sie alle haben gleiche Planstellen, also entsprechende ökologische Nischen inne.

Werden gleiche Planstellen in verschiedenen Lebensräumen von nahe verwandten Arten (Arten der gleichen Gattung) besetzt, so bezeichnet man dies auch als *Vikarianz* (vikariierende Arten = stellvertretende Arten).

Wie wir früher sahen, zeigen Stelleninhaber gleicher Planstellen häufig gewisse Übereinstimmungen in ihrer Gestalt, in ihrem Verhalten usw. Derartige Bildungen wurden oben als Analogien oder als Lebensformtypen beschrieben (2.1.3.2).

In sehr eindrucksvoller Weise zeigen die Beuteltiere, wie auf der Basis einer relativ kleinen Tiergruppe so gut wie alle Planstellen besetzt und mit entsprechenden Gestalten ausgefüllt wurden, die anderswo von der Gesamtheit der übrigen Säugetiere (der Plazenta-Tiere) gehalten werden. Selbst so extreme Typen wie der Maulwurf oder das Flughörnchen kommen unter den Beutlern vor. Bezeichnenderweise gibt es aber keine Fledermausbeutler, weil die Fledermäuse zu den wenigen Plazenta-Tieren gehören, die Australien erreichten und die entsprechenden Nischen besetzten.

2.2.3.4 Die ökologische Nische des Menschen

Der Mensch ist im Verlaufe seiner Evolution aus seiner biologischen Nischen-Bindung ausgebrochen. Er glich natürliche Konkurrenz-Nachteile durch seine Fähigkeit zum Gebrauch von Werkzeugen aus und schuf sich seine eigene, künstliche Umwelt.

Die Umwelt des *Kollektivs Mensch* wird durch soziale Strukturen und durch seine kulturellen Leistungen bestimmt. Beide Phänomene charakterisieren auch die ökologische Nische des *einzelnen Menschen*. Nur als Individuum hat der Mensch die Möglichkeit, seine eigene Nische zu gestalten, sie z.B. mit gedanklichen, künstlerischen, philosophischen oder Glaubens-Inhalten zu erfüllen *(K. Günther* 1950).

«Stellenplan»

«Planstellen»
(Auswahl)

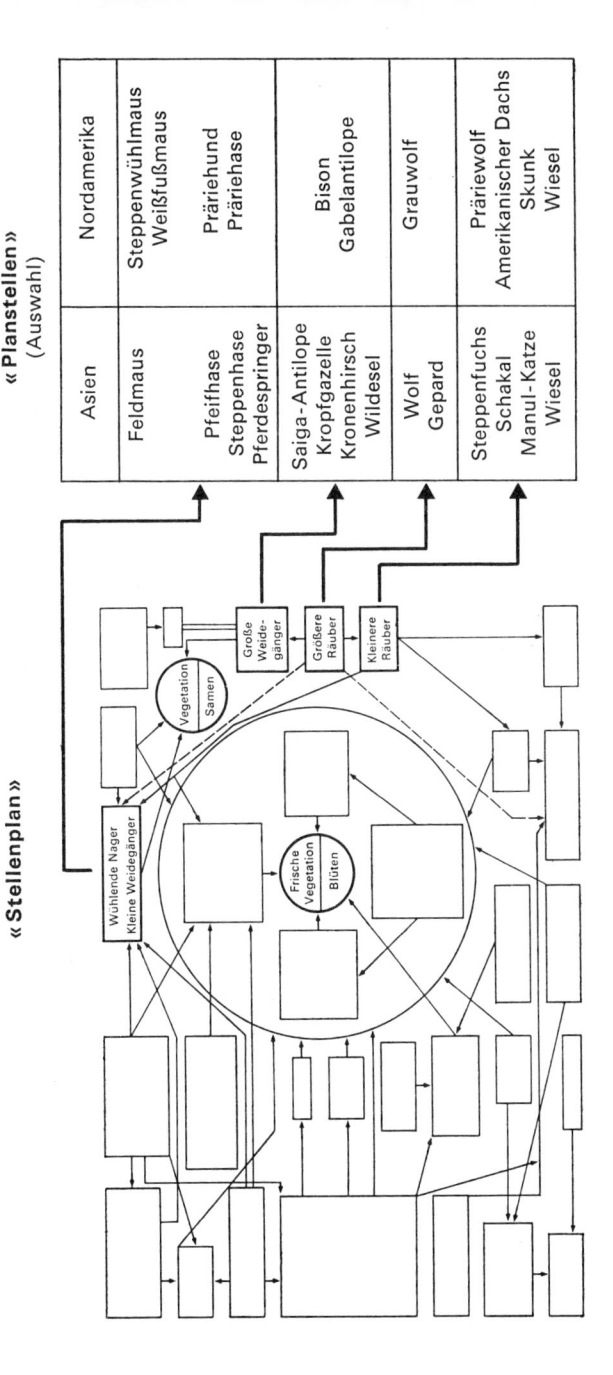

Asien	Nordamerika
Feldmaus	Steppenwühlmaus Weißfußmaus
Pfeifhase Steppenhase Pferdespringer	Präriehund Präriehase
Saiga-Antilope Kropfgazelle Kronenhirsch Wildesel	Bison Gabelantilope
Wolf Gepard	Grauwolf
Steppenfuchs Schakal Manul-Katze Wiesel	Präriewolf Amerikanischer Dachs Skunk Wiesel

Abb. 2.18. **Planstellen und Stellenplan:** asiatische und nordamerikanische Steppen. Nach *Tischler* (1955)

2.2.4 Gegenüberstellung von «Organismus» und «Umwelt»?

Wie früher (1.2) schon bemerkt, ist die Formulierung von *Haeckel* der «Beziehungen des Organismus zu seiner Umwelt» insofern nicht glücklich, als sie zu einer Gegenüberstellung von «Organismus» und «Umwelt» führt, wie sie auch in unserer Abb. 1.4 zum Ausdruck gekommen ist.

Wir können jetzt dieses Bild korrigieren, indem wir den einzelnen Organismus in den Mittelpunkt einer vielschichtigen «Umwelt» stellen, die zunächst aus seinen Artgenossen, dann aus den übrigen Lebewesen seiner Lebensgemeinschaft und schließlich aus seiner unbelebten Umwelt besteht (Abb. 2.19).

■ Organismus
▩ Artgenossen
▨ Andere Lebewesen
▧ Unbelebte Umwelt

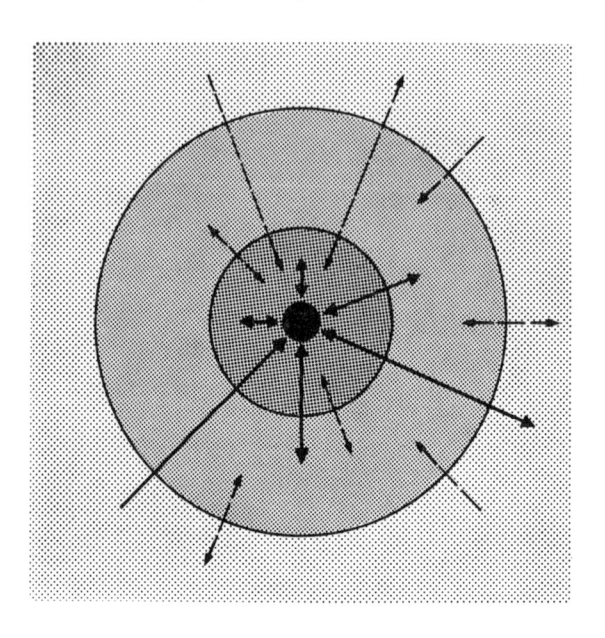

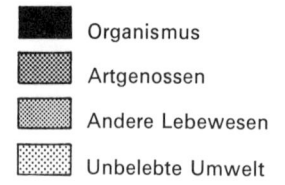

Abb. 2.19. **Organismus und Umwelt**

Entsprechend vielfältig sind dann allerdings auch die Wechselbeziehungen zwischen dem Organismus und den verschiedenen Bereichen seiner Umwelt (und dieser Bereiche untereinander) anzugeben (Pfeile in Abb. 2.19).

2.3 Wechselwirkungen zwischen Organismus und Umwelt

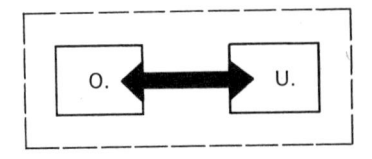

Formal bietet die ursprüngliche Definition der Ökologie (Abb. 1.4) Gelegenheit, nach den Stichworten «Organismus» und «Umwelt» nun die «Wechselbeziehungen» anzusprechen.
Der Schwerpunkt wird hier bei den Wechselwirkungen zwischen Organismus und *belebter Umwelt* liegen: wir sahen oben, daß bei der herkömmlichen Einteilung der «Umweltfaktoren» (Abb. 2.13) die *biotischen Faktoren* sich in erster Linie als solche Beziehungen zu anderen Lebewesen darstellen. Die wichtigsten dieser Beziehungen sollen hier beschrieben und benannt werden.

Das *Funktionieren* dieser Beziehungen wird uns später in anderem Zusammenhang zu beschäftigen haben (3.3).

2.3.1 Wechselwirkungen: Organismus / unbelebte Umwelt

In welcher Weise die abiotischen Umweltbedingungen, d.h. die physikalischen und chemischen Gegebenheiten des Standortes, seines Klimas, seines Substrates (Boden, Wasser) usw., die Lebensbedingungen eines bestimmten Organismus an ebendiesem Standort zu bestimmen vermögen, wurde oben bereits dargestellt (2.2.2). Hier bleibt lediglich nachzutragen, in welchem Maße diese Beziehungen *wechselseitig* sind. Grundsätzlich vermag ein Organismus, zumindest als Kollektiv, auch die abiotischen Bedingungen seiner Umwelt zu verändern. Wir trugen dieser Tatsache in Abb. 2.11 dadurch Rechnung, daß wir fast alle Beziehungen zwischen den Bestandteilen des Schemas als Wechselwirkungen, d.h. in Form von Doppelpfeilen, darstellten. Ausgenommen wurden lediglich die klimatischen Einflüsse: In der Regel haben Organismen keine Rückwirkungsmöglichkeiten auf Klima oder Wetter.

Eine Ausnahme ist etwa die Zerstörung der Vegetation durch Organismen auf großen Flächen mit einer nachfolgenden Klimaveränderung (z. B. bei großflächiger Zerstörung von Wäldern durch den Menschen).

Beispiele für **Wechselwirkungen** zwischen **Pflanzen und Standortbedingungen** liefert jede natürliche Veränderung der Vegetation: Ein aufwachsender Wald verändert z. B. mit zunehmender Höhe seiner Bäume und Dichte der Kronen die Licht-, Temperatur-, Verdunstungs- und Windverhältnisse im Bestand, und er beeinflußt darüber hinaus auch die Bodenfaktoren Wasser und Nährstoffe, fördert durch den Laubfall die Humusauflage usw. Die so veränderten Standortbedingungen wirken sich auf die Beteiligung anderer Organismen an der Lebensgemeinschaft aus: die Zusammensetzung der Mikrolebewelt des Bodens ändert sich, genauso die bodennahe Vegetation und die Tierwelt.

Ein gut untersuchtes Beispiel stammt aus Alaska *(Winkler* 1973), wo die durch einen Eisrückgang freigewordenen Flächen über Zwischenstufen von Weidengebüsch und schließlich von Erlen besiedelt wurden. Die Erle ist die diesen Standortbedingungen gemäße Pionierholzart. Sie hielt sich einige Jahrzehnte und veränderte in dieser Zeit die Standortbedingungen erheblich, z. B. durch Änderung der Bodenreaktion (Absenken des pH-Werts), durch Anreicherung von Stickstoff mit Hilfe von Wurzelsymbionten und von organischen Kohlenstoffverbindungen im Boden. Der so veränderte Standort bot anderen Holzarten Existenzmöglichkeiten: die Erlen wurden durch Sitkafichten-Bestände abgelöst.

Im Bereiche von **Gewässern** sind derartige Wechselwirkungen meist noch deutlicher erkennbar. Wasserbewohnende Organismen erhöhen durch ihre eigenen organischen Zerfallsprodukte, z. B. abgestorbene Planktonorganismen, Pflanzenteile usw., den Nährstoffgehalt des Wassers. In stehenden oder schwach fließenden Gewässern fördert dies wiederum die Existenzbedingungen; es kommt zum mehr oder weniger schnell ablaufenden Prozeß der *Eutrophierung*.

Das Gewässer kann erheblich verändert werden. In flachen Seen führt organischer Abfall (Detritus) zu einer immer schnelleren Verflachung und schließlich Verlandung. Es kann auch durch die Organismen selbst (Algenschichten: Wasserblüte) oder durch den von ihnen verursachten Schlamm zu Veränderungen der chemischen Beschaffenheit des Wassers wie der physikalischen Eigenschaften des Gewässers kommen, die die Lebensbedingungen für bestimmte Pflanzen und Tiere oder sogar ganz allgemein wieder reduzieren: das Gewässer stirbt ab. Dies geschieht vor allem, wenn durch Einleiten von Abwässern eine sehr schnelle Eutrophierung eines Gewässers in Gang gebracht wird (s. Abb.1.7, s. auch 3.4.4).

Im **Tierreich** sind Beispiele einer Umweltbeeinflussung durch Organismen eindrucksvoll bei *substratbewohnenden* Arten, d.h. bei Tieren, die in ihrem Nahrungssubstrat leben (z. B. Kornkäfer, Mehlkäfer und andere Arten, die häufig als Material- oder Vorratsschädlinge eine Rolle spielen), oder auch bei Wasserbewohnern. Von ihnen ist bekannt, daß sie mit Stoffwechselprodukten und anderen Ausscheidungen, die sie an das von ihnen bewohnte Substrat abgeben, die Umweltbedingungen häufig zu ihren Ungunsten verändern. Dieses *Konditionieren* des Mediums macht sich vor allem bemerkbar, wenn das Medium nicht beliebig zu erneuern ist. Die betroffenen Tiere werden z. B. in ihrer Vermehrungsfähigkeit eingeschränkt.

(Siehe dazu auch: 2.3.2.3 – Allelopathie und 3.3.2 – Geordnete Konkurrenz.)

2.3.2 Wechselwirkungen: Organismus / belebte Umwelt

Beziehungen zwischen Lebewesen sind außerordentlich vielfältig und haben stets die Form von Wechselwirkungen. Das ist auch dann der Fall, wenn keine unmittelbaren positiven oder negativen Folgen für den einen oder für beide Partner erkennbar sind (z. B. 2.1.3.4: wechselseitige Anpassung, d.h. gemeinsame Evolution).

Die Fülle der Erscheinungen zu ordnen wird immer wieder versucht, wenn auch immer nur mit einem Teilerfolg: es gibt stets Fälle, die sich gut beschreiben, benennen und in eine Übersicht einordnen lassen; dazwischen gibt es aber auch stets Fälle, die sich als Übergänge darstellen, deren Einordnung fraglich ist oder die mehrdeutig sind.

So wird sich auch im folgenden der Versuch, diese Vielfalt darzustellen, auf deutliche Beispiele beschränken; unsichere Fälle werden vermieden.

Eine **Grobeinteilung** der Wechselwirkungen zwischen Organismen kann nach zwei Gesichtspunkten erfolgen (Abb. 2.20):

– sie können sich auf der Ebene der Population, also *innerartlich,* oder in einem System aus mehreren Arten, also *zwischenartlich,* abspielen und
– sie können für die beteiligten Organismen als *positiv* oder als *negativ* anzusehende Folgen haben.

Die Besprechung folgt der in Abb. 2.20 angegebenen Reihenfolge.
Auf die unterschiedliche Problematik *pflanzlicher* und *tierischer* Vergesellschaftung wurde schon früher (2.1.4) hingewiesen. Pflanzengesellschaften – homotypische wie heterotypische Kollektive – kommen in erster Linie auf Grund gemeinsamer Ansprüche an Standortbedingungen zustande. Demzufolge wird hier bei den Wechselwirkungen im innerartlichen

Bereich ausschließlich von Tieren die Rede sein. Im zwischenartlichen Bereich werden Beziehungen aller Organismen untereinander behandelt.

Aggregationen:	zufällige Versammlungen	
Konglobationen:	durch äußere Einflüsse zustandegekommene Gemeinschaften	
Sozietäten:	Verbände, echte Gesellschaften	
	innerartlich	zwischenartlich
Wirkung positiv	① Familie Herde, Schwarm, Kolonie Staat Gruppeneffekt	(probiotisch:) ② Parökie Entökie, Synökie Epökie Kommensalismus (symbiotisch:) Allianz Mutualismus Symbiose
Wirkung negativ	④ Konkurrenz (intraspezifische) Interferenz Masseneffekt	(antibiotisch:) ③ Opponenz – Prädatoren – Parasiten – Pathogene Konkurrenz (interspezifische) Allelopathie

Abb. 2.20. **Wechselwirkungen: Organismus / belebte Umwelt**

2.3.2.1 Innerartliche Beziehungen mit positiver Wirkung

Die Bildung echter **Vergesellschaftungen** *(Sozietäten, Verbänden)* von Artgenossen unter Tieren hat bestimmte Voraussetzungen.

Sowohl unter Artgenossen als auch in heterotypischen Kollektiven können Gemeinschaften auftreten, die *nicht* als Vergesellschaftungen anzusehen sind, z. B.

- **Aggregationen:** *zufällige* Versammlungen, wie sie z. B. durch Verdriften mit Wind oder Wasser zustandekommen (Algenmassen oder Meeresschnecken in Gewässerbuchten);
- **Konglobationen:** durch irgendeinen *äußeren* Anlaß – nicht durch die Organismen selbst – hervorgerufene Versammlungen, z. B. das Zusammenfinden von Tieren an einem Wasserloch, an einer Nahrungsquelle, am Licht usw.

Die Bezeichnungen für die Gemeinschaften werden übrigens nicht überall und stets in gleicher Bedeutung benutzt.

Voraussetzung echter Vergesellschaftung ist in erster Linie ein **Sozialtrieb** (die soziale Attraktion): die Tiere suchen aus innerem Antrieb die Nähe des Artgenossen. Hinzu kommt ein **Nachahmungstrieb** (die soziale Imitation), der aus einer Versammlung von Individuen erst eine Gemeinschaft werden läßt, die zu sinnvollem, gemeinsamem Handeln fähig ist. In den höchstentwickelten Formen dieser Vergesellschaftung, die unter den Wirbeltieren und bei den staatenbildenden Insekten auftreten, wird schließlich die gemeinsame Leistung durch eine **Arbeitsteilung** unter den Individuen erreicht. Mit einer derartigen Arbeitsteilung kann sogar eine gestaltliche Sonderung (Polymorphismus) verbunden sein.

Einfachste Fälle von Beziehungen zwischen Artgenossen mit positiver Wirkung sind die **Fortpflanzungsbeziehungen:** die Beziehungen zum *Geschlechtspartner* und die Beziehungen zu den *Nachkommen*. Die im Tierreich sehr mannigfaltigen Möglichkeiten einer *Brutfürsorge* (Maßnahmen vor der Eiablage bzw. Geburt) oder einer *Brutpflege* (Maßnahmen nach der Eiablage bzw. Geburt) gehören in diesen Zusammenhang. Die entsprechende Form der Vergesellschaftung ist die *Familie*.

Auf der Grundlage von Familien, aber auch ohne jede verwandtschaftliche Bindung untereinander können größere Gesellschaften von Artgenossen zustandekommen: *Herden, Schwärme, Kolonien* usw. Sie dienen im einzelnen sehr verschiedenen Zwecken, vor allem gemeinsamer Nahrungsbeschaffung oder Abwehr von Feinden, und bieten damit Vorteile für das einzelne Individuum.

Die **Staaten** der *sozialen Insekten* sind außerordentlich hoch entwickelte Vergesellschaftungen. Im einfachsten Fall handelt es sich um Familienverbände, die alljährlich erneuert werden: die Nachkommen eines Weibchens bilden den Staat, der allerdings nur eine Lebensdauer von einem Sommer hat (Wespen, Hummeln). Bei Ameisen, Bienen und Termiten bleiben die Staaten u. U. viele Jahre lang erhalten. Hier kommt es auch zur gestaltlichen Aufgliederung, mit der nicht nur Geschlechtstiere und Arbeiter getrennt werden, sondern innerhalb der – nicht fortpflanzungsfähigen – Arbeiter auch Gruppen von Spezialisten, z. B. verschiedene Typen von Soldaten bei Termiten und Ameisen (*Kastenbildung:* Abb. 2.21).

Eine meßbar positive Wirkung einer Beziehung zwischen Artgenossen ist der sogenannte **Gruppeneffekt** *(Chauvin* 1967). Man versteht darunter die Tatsache, daß sich die Leistung eines Einzeltiers erhöht, sobald es in Kontakt zu Artgenossen kommt. Diese Leistungssteigerung kann sich auf verschiedene Weise äußern: beim Stoffwechsel, bei der

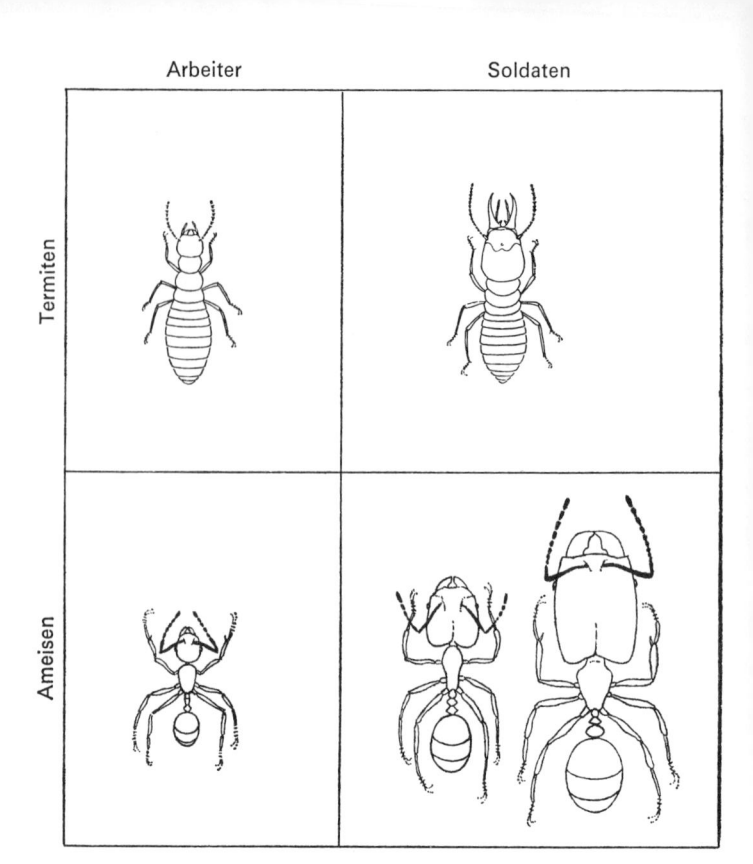

Abb. 2.21. **Arbeitsteilung und gestaltliche Differenzierung** bei sozialen Insekten

Nahrungsaufnahme, in der Aktivität, im Wachstum, in der Lebensdauer usw. Entscheidend ist, daß ein Gruppeneffekt bereits erkennbar wird, wenn lediglich zwei Artgenossen zusammentreffen.

Bekannt ist ein Gruppeneffekt von verschiedenen Insektenarten, von Fischen, Vögeln, Nagetieren und Affen. Bei Tieren, die von Natur aus gesellig leben, läßt sich die positive Wirkung des Gruppeneffekts vielleicht als Aufhebung der negativen Wirkung der Isolierung, also einer Leistungsminderung bei Einzelhaltung, durch den Kontakt mit Artgenossen beschreiben *(Schwerdtfeger* 1963).

Eine spezielle Erscheinung des Gruppeneffekts ist das sogenannte *Phasen-Phänomen,* die zuerst bei Wanderheuschrecken *(Uvarov* 1921), später auch bei anderen Insekten (Käfern, Schmetterlingen) beobachtete Tatsache, daß innerhalb einer Art zwei verschiedene Typen von Individuen vorkommen, die sich auffallend in der Färbung, aber auch in verschiedenen morphologischen Eigenschaften und sogar in ihrem Verhalten unterscheiden. Einzeln lebende (solitäre) Tiere der Wanderheuschrecken sind hell (grün) gefärbt und in vieler Hinsicht weniger aktiv als die gesellig lebenden dunklen (braunen) Tiere. Im Versuch ist nachzuweisen, daß die Umwandlung von einem hellen Tier der Solitärphase zu einem dunklen Tier der Wanderphase – mit allen übrigen Eigenschaften – allein durch Berührungsreize beim Kontakt mit Artgenossen erfolgt. Für die Phasenumwandlung genügt es, daß nur zwei Tiere zusammenkommen.

2.3.2.2 Zwischenartliche Beziehungen mit positiver Wirkung

Beziehungen zwischen verschiedenen Arten können überwiegend oder ausschließlich nur für *einen der Partner* von Vorteil sein – man spricht dann auch von einseitiger Nutznießung oder von **probiotischen Beziehungen** –, oder sie können für *beide Partner* gleichermaßen von Nutzen oder sogar lebensnotwendig sein – in diesen Fällen spricht man von beiderseitiger Nutznießung oder von **symbiotischen Beziehungen**.

Es ist klar, daß im Einzelfall ein solcher Vorteil u. U. schwer nachweisbar ist. Entsprechend sind die Übergänge fließend. Das gilt auch und vor allem für die Abgrenzung gegen diejenigen Beziehungen, die für einen der Partner mit *Nachteilen* oder Schäden verbunden sind (**antibiotische Beziehungen, 2.3.2.3**).

Die folgenden Beispiele verschiedener Vergesellschaftungsformen entstammen im probiotischen Bereich wiederum im wesentlichen der Zoologie. Den ortsbeweglichen Tieren ist eine größere Freiheit zur Bildung solcher Gemeinschaften gegeben und damit eine größere Vielfalt ihrer Ausbildungsformen.

Probiotische Beziehungen bieten in der Regel einem der Partner entweder einen verstärkten Schutz vor Feinden oder einen leichteren Zugang zur Nahrung. Die *Intensität des Zusammenlebens* kann sehr verschieden sein; entsprechend unterscheidet man verschiedene Kategorien mit besonderen Bezeichnungen:

– Der Nutznießer lebt locker *neben* dem Partner und genießt seinen Schutz (z. B. Eiderenten in Seeschwalbenkolonien: Schutz vor Raubmöwen) oder ist an deren Nahrung beteiligt (z. B. Schakale an der Beute von Großraubtieren): **Parökie** (παρά gr.: neben).

– Der Nutznießer lebt *in* der Niststätte oder Wohnung des Partners (z. B. Brandgänse in Fuchsbauten, bestimmte Ameisengäste in Ameisenbauten), im Extremfall sogar im Körper des Partners (z. B. Ameisen in sogenannten Ameisenpflanzen, Fische in Schwämmen

oder Seegurken): **Entökie** oder **Synökie** (ἐντ- gr.: hinein, σύν gr.: zusammen). – Die Einmieter werden auch (mit dem entsprechenden lateinischen Wort) als *Inquilinen* bezeichnet.
– Der Nutznießer lebt *auf* seinem Partner und gleicht damit etwa Nachteile seiner eigenen Unbeweglichkeit aus: **Epökie** (ἐπί gr.: auf).

Aufsiedelnde Pflanzen heißen *Epiphyten* (häufig vor allem im tropischen Regenwald: Farne, Orchideen, Bromelien, die durch Besiedeln von Bäumen in höheren Lichtgenuß kommen),
aufsiedelnde Tiere *Epizoen* (z. B. Seepocken, d. s. festsitzende Krebstiere, die auf allerlei Meerestieren siedeln).
Ein Spezialfall der Epökie, bei dem es ausschließlich um den Transport eines Partners geht, wird als **Phoresie** (φέρω gr.: tragen) beschrieben. Häufig zu beobachtende Fälle sind z. B. der Transport bestimmter Kleintiere, z. B. von Milben durch Käfer (z. B. Mistkäfer) oder von Bücherskorpionen durch Stubenfliegen. Auch die Verbreitung von Pflanzensamen durch Tiere *(Zoochorie; ὀχέομαι* gr.: getragen werden) kann dort, wo das transportierende Tier keinen Vorteil davon hat, als ein Fall von Phoresie aufgefaßt werden.

Für alle Fälle, in denen sich das Nutznießen auf die *Nahrung* bezieht, gebraucht man die Bezeichnung **Kommensalismus** (commensalis lat.: Tischgenosse). Kommensalen können in allen genannten Intensitätsstufen probiotischer Beziehungen auftreten, also parökisch, entökisch oder epökisch.

Entscheidend ist, daß der benutzte oder ausgenutzte Partner *keinen Nachteil* aus der Beziehung hat. Eine solche Feststellung ist ebenfalls nicht immer leicht, vielfach auch nur eine Frage der Begriffsbestimmung, so daß der Schritt vom Inquilinen zum Parasiten, vom Kommensalen zum Nahrungsparasiten usw. nur klein ist.

Auch die **symbiotischen Beziehungen** können sehr *verschieden intensiv* sein.

Vor allem diejenigen Beziehungen, die für einen der Partner oder für alle beide von existentieller Bedeutung sind, enthalten eine so große Fülle weit verbreiteter und in ihren Folgen bedeutsamer biologischer Phänomene, daß wir uns im folgenden mit einer stichwortartigen Aufzählung begnügen und auf Spezialliteratur verweisen müssen.

– Gelegentliche und lockere Beziehungen mit beiderseitigem Vorteil, aber *ohne lebenswichtige* Bedeutung: **Allianz.**

Beispiele: Die auch als *Putzsymbiose* bezeichneten Beziehungen, bei denen der eine Partner durch den anderen von lästigen oder parasitischen Kleintieren befreit wird, die dieser als Nahrung aufnimmt, z. B. Vögel (Madenhacker) an Flußpferden, Elefanten, Büffeln usw. oder Putzerfische und ihre Wirte, vor allem tropische Meeresfische.

- Engere Beziehungen mit beiderseitigem Vorteil, die zumindest *für einen der Partner lebenswichtig* sein können: **Mutualismus** (mutuus lat.: gegenseitig; auch als Symbiose im weiteren Sinne bezeichnet).

Beispiele: Blütenbestäubung durch Tiere (Insekten, Vögel, Fledermäuse), denen von der Pflanze Nektar und Pollen geboten werden; Verbreitung von Samen durch fruchtfressende Tiere (auch hier liegt der Vorteil oder die Attraktivität für die Tiere in der gebotenen Nahrung); Beziehungen zwischen Ameisen und Blattläusen – auch als *Trophobiose* (τρέφω gr.: ernähren) bezeichnet –, die für die Ameisen von wesentlicher Bedeutung sind (Honigtau: Kohlenhydrat-Nahrung), für die Läuse zumindest eine Förderung (Schutz) bedeuten.

- Beziehungen auf Zeit oder auf Dauer, bei denen *beide Partner aufeinander angewiesen* sind: **Symbiose** im engeren Sinne.

Hier sind zahlreiche Beispiele zu nennen, bei denen die Partner Pflanzen, Tiere oder Mikroorganismen sein können:

Symbiose Tier/Tier:
Einsiedlerkrebs und Seerose *(Actinie):* Schutz durch die Seerose, Nahrung und Transport durch den Krebs; diese Partnerschaft – das Musterbeispiel einer Symbiose – ist bei bestimmten Arten für beide lebensnotwendig.

Symbiose Höhere Pflanze/Pilz:
Pilzwurzel *(Mykorrhiza):* das Myzel von Hutpilzen «ersetzt» die Wurzelhaare an den Wurzeln unserer Waldbäume; der Pilz erhält Assimilationsprodukte, der Baum Wasser und Mineralsalze.

Symbiose Höhere Pflanze/Bakterien:
Wurzelknöllchen der Leguminosen u.a.: stickstoffbindende Bakterien leben von den Assimilaten der höheren Pflanze und dienen ihr als Stickstoff-Reservoir.

Symbiose Algen/Pilze:
Flechten: höhere Pilze bilden zusammen mit Blau- oder Grünalgen Vegetationskörper von typischer Gestalt; der Pilz übernimmt die Funktion einer Wurzel, die Alge die Funktion des Laubes (einer höheren Pflanze).

Symbiose Pilze/Tiere:
Insekten verschiedener Gruppen (Ameisen, Termiten, Käfer) züchten bestimmte Pilze auf eigens hergestellten Nährböden (Blattschneiderameisen, bestimmte Termiten) oder leben vom Pilzbewuchs ihrer Bohrgänge (holzbrütende Borkenkäfer u.a.); bei Ortsveränderungen wird der Pilz mitgenommen.

Symbiose Tiere/Mikroorganismen:
Algen, Bakterien, Hefen, Protozoen leben als sogenannte *Endosymbionten* in verschiedenen Tieren und erfüllen dabei für das Wirtstier besondere Funktionen:
Grüne oder gelbe Algen (Zoochlorellen, Zooxanthellen) kommen in

Meerestieren (z. B. Hohltieren, Schnecken) vor und dienen als Sauerstofflieferanten.

Eine wichtige Rolle spielen Endosymbionten bei Tieren mit spezieller Ernährung, vor allem bei Zellulose- und Blut-Nahrung. Nur die symbiontischen Mikroorganismen (bei holz- und pflanzenfressenden Insekten Bakterien und Hefepilze, bei den Wiederkäuern Bakterien und Wimpertierchen [im Pansen]) vermögen Zellulose so weit aufzuschließen, daß sie der Verdauung zugeführt werden kann. Sie produzieren außerdem wichtige Vitamine. Eine entsprechende Rolle — Vervollständigung einer einseitigen Nahrung — spielen die Symbionten auch bei Insekten, die Pflanzensäfte oder Blut saugen.

Ein spezieller Fall von Endosymbiose kommt bei einigen Meerestieren vor, die Leuchtbakterien als Symbionten in ihren Leuchtorganen beherbergen und auf diese Weise selbst leuchten können.

Einzelheiten z. B. bei *Schwerdtfeger* (1963), *Osche* (1973) u. a.

2.3.2.3 Zwischenartliche Beziehungen mit negativer Wirkung

Beziehungen zwischen zwei Organismen, die für einen der Partner nachteilige Folgen haben *(antibiotische Beziehungen)*, lassen sich auf drei Grundtypen zurückführen:

- Bei der direkten Feindwirkung (**Opponenz**) stehen sich die Partner in einer unmittelbaren Nahrungsbeziehung gegenüber: der eine Partner lebt auf Kosten des anderen.
- Beim Wettbewerb (**Konkurrenz**) bemühen sich beide Partner um für sie lebensnotwendige Umweltbestandteile, die nur in begrenztem Umfang zur Verfügung stehen (sog. Requisite).
- Formal von der Konkurrenz zu trennen, wenn auch nicht immer leicht zu unterscheiden sind diejenigen Fälle, in denen die Artgenossen unmittelbar aufeinander einwirken (also nicht gemeinsam auf ein Requisit). Diese Fälle sollen hier als **Interferenz** bezeichnet werden *(Schwerdtfeger* 1963).

Die Sprachregelung ist nicht einheitlich. Vor allem im englisch-sprachigen Schrifttum wird «interference» oder «mutual interference» häufig gleichbedeutend mit «competition» für Konkurrenz gebraucht.

Unter den **Opponenten,** den direkten Feinden, kann man drei Typen unterscheiden: die räuberischen Feinde (Episiten, Prädatoren), die Schmarotzer (Parasiten) und die Krankheitserreger (Pathogene).

Opponenz läßt sich als Spezialfall einer Vergesellschaftung, aber auch als spezieller Ernährungstyp auffassen. In jedem Falle gibt es Übergänge, die eine Abgrenzung schwierig machen, z.B. — als Vergesellschaftungsform — zwischen Entökie oder Endosymbiose und Parasitismus. Nach ihrer Ernährung sind die Opponenten *Biophage* ($\varphi\alpha\gamma\varepsilon\tilde{\iota}\nu$ gr.: fressen),

d. h. sie ernähren sich von lebender Substanz, von Pflanzen (Phytophage) oder von Tieren (Zoophage). Aber auch zwischen der Biophagie und der Saprophagie (σαπρός gr.: faul) oder der Nekrophagie (νεκρός gr.: Leiche), d. h. der Ernährung von zerfallendem pflanzlichen oder tierischen Material bzw. der Ernährung von totem organischen Material, gibt es alle Übergänge, die im Einzelfall eine Zuordnung fraglich machen.
Die Benennung der Opponententypen ist nicht einheitlich: die Definition etwa des Parasiten-Begriffs ist z. B. in der Botanik bzw. Phytopathologie und der Zoologie bzw. Parasitologie oder Entomologie durchaus verschieden.

Krankheitserreger (Pathogene) sind Mikroorganismen (Viren, Bakterien, Protozoen, Pilze), ihrer Lebensweise nach ein spezieller Fall von Parasiten.
Räuber (Prädatoren, Episiten) und **Schmarotzer (Parasiten)** sind höhere Tiere (Metazoen) bzw. heterotrophe Pflanzen:
Prädatoren sind – nach der Definition von *Franz* (1961) – in der Regel größer als das Beute-Individuum, zumeist gut beweglich und benötigen im Laufe ihres Lebens mehr als ein Beute-Individuum.
Parasiten sind (meist wesentlich) kleiner als ihr Wirt, haben in der Regel ein geringes Bewegungsvermögen und können ihre gesamte Entwicklung notfalls an oder in einem einzigen Wirtsindividuum vollziehen.

Die ältere Definition, die Parasiten und Prädatoren nach dem Ausmaß des jeweiligen Schadens am Wirt bzw. an der Beute trennt, ist unzuverlässig. Danach sollen Parasiten von anderen Organismen – ihren Wirten – leben, ohne diese wesentlich zu schädigen. Immerhin umfaßt diese «unwesentliche» Schädigung z. B. die Möglichkeit der parasitären Kastration (z. B. durch parasitische Insekten [Strepsipteren] an ihren Wirten [Bienen, Zikaden]).
In einem – praktisch bedeutsamen – Spezialfall von Parasitismus töten die Parasiten ihren Wirt in der Regel, wenn auch erst nach Ende ihrer eigenen Entwicklung: die *parasitischen Insekten* (Schlupfwespen, Raupenfliegen). Parasitisch leben nur die Larven dieser Insekten, die Erwachsenen nicht. Die Parasitinsekten werden zuweilen als *Parasitoide* oder als *Raubparasiten* bezeichnet. In die oben gegebene Definition des Parasiten passen sie sich jedoch mühelos ein.
Problematisch ist zuweilen das Einpassen von *Phytophagen*, d. h. von pflanzenfressenden Tieren, in diesen Rahmen. Pflanzensauger (z. B. Blattläuse) werden allgemein als Parasiten aufgefaßt. Häufig werden aber auch kleine Blattfresser (z. B. Rüsselkäfer) als *Pflanzenparasiten* bezeichnet, vor allem, wenn es sich bei ihnen um Pflanzenschädlinge handelt. Für die eindeutige Beschreibung parasitischer Nahrungsketten (s. 3.2.1) ist es sinnvoll, Phytophage nicht als Parasiten aufzufassen: Parasiten, die ihrerseits an oder in Parasiten leben, werden *Hyperparasiten* (Sekundär-

parasiten, Tertiärparasiten usw.) genannt; *Primärparasit* ist für uns immer der erste Zooparasit, d. h. der Parasit an einem Tier, nicht an einer Pflanze.

Ein anderer Spezialfall von Parasitismus – von tierischen Parasiten an Pflanzen – sind die *Gallenerzeuger*. Es handelt sich bei ihnen um Tiere verschiedener Verwandtschaftsgruppen (Fadenwürmer, Gallmilben, Gallläuse, Gallwespen, Gallmücken), die ihre Eier in bestimmte Teile bestimmter Pflanzen ablegen und damit die Pflanze zur Bildung eines besonderen Gewebes veranlassen. Die Galle hat eine charakteristische Gestalt, nach der sich der Gallerzeuger bestimmen läßt, dessen Nachkommen sich im Inneren der Galle entwickeln.

Die Botanik kennt bei den *parasitischen Pflanzen* den Begriff des *Halbparasiten* und des Vollparasiten. Halbparasiten entnehmen dem Wirt lediglich Wasser und Nährsalze, sind aber noch zu eigenen Assimilationsleistungen fähig (z. B. Mistel, Wachtelweizen). Vollparasiten sind echte heterotrophe Pflanzen ohne Möglichkeit der Assimilation (z. B. Hopfenseide, Sommerwurz). – Fleischfressende Pflanzen sind dagegen keine Parasiten. Sie leben echt autotroph und sind lediglich an ihren natürlichen Standorten auf zusätzliche Zufuhr von Stickstoff angewiesen, den sie aus tierischem Eiweiß gewinnen.

Die **Konkurrenz** geht bei Pflanzen um Standortbedingungen: um Zugang zum Licht, zum Wasser, zu Nährsalzen; Tiere konkurrieren in erster Linie um Nahrung, aber auch um Raum zum Wohnen oder zur Fortpflanzung (Niststätten) usw.

Zwischenartliche **Interferenz** äußert sich bei Tieren in der *Aggressivität*, mit der ein Angehöriger einer anderen Art bedroht oder angegriffen wird, wenn von diesem eine Störung ausgeht. Übergänge zur Konkurrenz sind dabei fließend, z. B. wenn es sich um die Verteidigung von Revieren handelt.

Fälle von Interferenz bei Pflanzen werden als *Allelopathie* bezeichnet: Eine Reihe von Pflanzen vermag bestimmte Stoffe zu bilden und auszuscheiden, die (als Gase, mit dem Regenwasser oder mit dem Laubfall) in die Umgebung, vor allem in den Boden gelangen und auf andere Pflanzen hemmend wirken. Auf diese Weise kann nicht nur das Aufkommen von Konkurrenten in einem bestimmten Umkreis verhindert werden, auch die Zusammensetzung der derzeitigen und künftiger (im Verlaufe von Sukzessionen folgender) Pflanzengesellschaften kann beeinflußt werden.

Beispiel: Die Blätter der Walnuß enthalten derartige Stoffe, die, in den Boden gelangt, andere Pflanzen hemmen oder begünstigen *(Winkler 1973)*.

Allelopathische Wirkungen kommen auch bei Tieren vor: das *Konditionieren* des Mediums gehört hierher (s. 3.2.1), soweit von den Folgen fremde Arten betroffen werden.

Beispiele gibt es sowohl unter Wasserbewohnern (z. B. wirken Ausscheidungen bestimmter Amphibien auf andere Arten hemmend) als auch unter Materialbewohnern (z. B. Reismehlkäfern).

2.3.2.4 Innerartliche Beziehungen mit negativer Wirkung

Konkurrenz ist unter Artgenossen im allgemeinen schärfer als zwischen Angehörigen verschiedener Arten: die Ansprüche der Konkurrenten sind hier nahezu identisch, die Möglichkeiten zum Ausweichen gering.

Das Musterbeispiel innerartlicher **Interferenz** liefert die Feldmaus, bei der es unter dem Eindruck großer Individuendichte zu psychischen Belastungen des Einzeltieres kommt, die wiederum physiologische Folgen haben. Das kann bis zum Tode eines mehr oder weniger großen Teils der Bevölkerung führen (sozialer Streß, s. 3.3.1.2). Wie der (positive) Gruppeneffekt (2.3.2.1) kann Interferenz schon beim Zusammentreffen von nur zwei Artgenossen eintreten (z. B. bei Tupaias, an denen sich Streß-Phänomene besonders gut untersuchen lassen).

In den Bereich von Interferenz-Erscheinungen fallen – wie bei Artfremden (2.3.2.3) – körperliche Auseinandersetzungen (Kämpfe) zwischen Artgenossen oder die Konditionierung des Wohn- und Nahrungssubstrats (2.3.1).

Interferenz und innerartliche Konkurrenz treten in Bevölkerungen mit übernormaler Dichte auf. Sie werden daher auch als **Masseneffekt** (Gedrängewirkung, Crowding-Effekt) bezeichnet.

2.3.3 Wechselwirkungen: Mensch / Umwelt

Die Wechselwirkungen zwischen dem Menschen und seiner unbelebten und belebten Umwelt sind *im Prinzip* nicht anders als bei jeder anderen Organismenart. Hinsichtlich ihrer Folgen gibt es allerdings bedeutende Unterschiede. Mit der Zunahme seiner technischen Möglichkeiten verstärkte der Mensch seine Rückwirkung auf seine Umwelt nicht nur der Intensität nach – kein anderer Organismus vermag seine Umwelt in dem Maße zu verändern wie der Mensch –, sondern auch dem Umfang nach – die Folgen sind nicht selten weltweit.

So lassen sich die Erscheinungen der Umweltverschmutzung durch den Menschen vor allem in jüngster Zeit durchaus mit der *Konditionierung des Wohn- und Nahrungssubstrates* von Mehlkäfern u. a. (2.3.1) vergleichen. Bei den Käfern ist allerdings von den möglichen Folgen lediglich ein kleiner Teil der Art, eine Bevölkerung oder Teilbevölkerung, betroffen. Für die Art Mensch hätte eine globale Konditionierung Folgen katastrophalen Ausmaßes.

Zwischenartliche Beziehungen vermag der Mensch durch seine überlegene Technik in der Regel positiv für sich zu gestalten. Räuberische

Feinde hat er so gut wie nicht bzw. beseitigt sie durch Gebrauch von Waffen. Parasiten und Krankheitserreger werden mit Hilfe der Technik (Hygiene) und Medizin, Konkurrenten durch Maßnahmen der Schädlingsbekämpfung abgewehrt oder zumindest unter Kontrolle gehalten. Wesentlich bleiben die *innerartlichen Beziehungen:* Sowohl die innerartliche Konkurrenz – vor allem um Raum und Nahrung – als auch die Interferenz – in der Form des sozialen Streß – spielen eine bedeutende Rolle für die Entwicklung zumindest von Teilbevölkerungen. Allerdings wird auch hier ständig daran gearbeitet, negative Folgen mit Hilfe der Technik (z.B. Nahrungsmittel-Ertragssteigerung) und der Medizin zu mindern.

Die Menschheit hatte bis in die Neuzeit hinein eine relativ geringe Bevölkerungsdichte (s. Abb.1.2). Auf diesem niedrigen Niveau kamen aber doch mehr oder weniger starke, zuweilen – zeitlich und regional – sogar sehr starke Bevölkerungsbewegungen vor. Verantwortlich dafür waren stets drei Einflüsse, die gewöhnlich miteinander gekoppelt auftraten: Kriege, Hunger und Seuchen. In die hier gebrauchte Terminologie übertragen heißt das:

– Kämpfe als Folge intraspezifischer Konkurrenz oder Interferenz;
– Nahrungskonkurrenz, interspezifisch (z.B. durch Heuschrecken, Mäuse usw.) oder intraspezifisch;
– Opponenz durch Pathogene.

2.4 Abgrenzungen

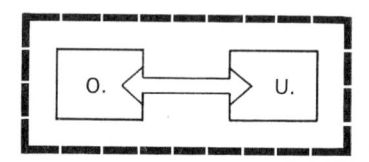

Die Wechselbeziehungen zwischen Organismus und Umwelt müssen sich in einem – räumlichen und zeitlichen – *Zusammenhang* abspielen.

Zu diesem Zusammenhang folgen hier einige Bemerkungen, auch wenn Begriffe, die hierher gehören, schon früher angesprochen wurden (z.B. der Biotop-Begriff in 2.1.4).

Räumliche wie zeitliche Zusammenhänge dieser Art kann man beschreiben und benennen. In jedem Falle gibt es allerdings dabei Schwierigkeiten bei der *Abgrenzung:* Schon wegen der Beweglichkeit der Organismen (Tiere, Pflanzensamen) sind z.B. Lebensräume nur schwer gegeneinander abzugrenzen, dasselbe gilt im Hinblick auf die abiotischen Umweltkomponenten (z.B. die in der Atmosphäre lokalisierten).

Ökologische Systeme sind also in jeder Hinsicht «offen» (3.3.2), auch das Gesamtsystem Erde. Versuche, irgendwelche Teilsysteme zu umschreiben, mögen den Kern treffen: die Grenzen verschwimmen. Dies sollte man sich stets – vor allem bei den folgenden Begriffen für räumliche Beziehungen – vergegenwärtigen.

2.4.1 Räumliche Beziehungen

2.4.1.1 Biotop, Habitat, ökologische Zone

Der Begriff «ökologische Nische» wird, wie wir sahen (2.2.3), zwar vielfach räumlich gebraucht, ist aber an sich anders – abstrakt – gemeint. Echte räumliche Begriffe sind dagegen jene, die für den Lebensraum, den Ort des Vorkommens einer Organismenart, einer Bevölkerung oder einer Organismengesellschaft stehen:

Die Bezeichnung «**Lebensraum**» ist unscharf, nicht an bestimmte Definitionen gebunden und daher (ähnlich wie «Umgebung», 2.2) ganz allgemein zu verwenden.

Die Botanik kennt den Begriff des **Standortes**. Er bezeichnet die Gesamtheit aller an einer bestimmten Stelle herrschenden Umweltfaktoren und kann damit gleichermaßen für die einzelne Pflanze wie für eine Pflanzengesellschaft gelten. Der Standort ist durch seine abiotischen Gegebenheiten charakterisiert und wird auch häufig danach benannt (etwa Kalk-, Feucht-, Lichtstandorte).

Sehr ähnlich ist der Begriff des **Biotops**. Der Biotop (oder die *Lebensstätte*) ist allerdings zunächst der Lebensraum einer Lebensgemeinschaft (oder Biozönose). Wenn man zuweilen auch vom Biotop einer bestimmten Art spricht, so ist das an sich falsch.

Der Biotop ist die räumlich umschriebene unbelebte Umwelt einer Lebensgemeinschaft (Biozönose), oder, wenn man so will, die Summe der unbelebten Faktoren eines ökologischen Systems (Abb. 2.22).

Wie der Biozönose-Begriff ist auch der Biotop-Begriff umstritten. Am Beispiel eines Teiches wurde oben (2.1.4) die unscharfe Abgrenzung der Biozönose erläutert. Genau dies gilt auch für den Biotop.

Ein anderes Problem ist, daß der Biotop nicht so eindeutig durch abiotische Gegebenheiten charakterisiert ist wie der Standort und häufig nach der Lebensgemeinschaft benannt wird, die ihn bewohnt. Charakteristisch ist in der Regel die Pflanzengesellschaft. Für die tierischen Mitglieder der Lebensgemeinschaft sind nun die Pflanzen häufig der Wohnort, entsprechend gehören z.B. die Bäume des Waldes – lebende Mitglieder der Biozönose – aus der Perspektive des baumbewohnenden Tieres, etwa des Spechtes, eher zu seinem Biotop. So findet die an sich unrichtige, vor allem in der Zoologie benutzte Bezeichnung Wald-Biotop, Laubwald-Biotop usw. ihre Erklärung.

Auch geläufige Unterteilungen eines Biotops, z.B. die vertikale Gliederung in Strata (**Stratum:** die horizontale Schicht eines Biotops, im Walde etwa die Kraut-, Strauch-, Kronenschicht), sind – so betrachtet – schief: auch bei der Kronenschicht (der Bäume) als Stratum eines «Wald-Biotops» handelt es sich ja genaugenommen um Teile der Biozönose.

2.4 Abgrenzungen

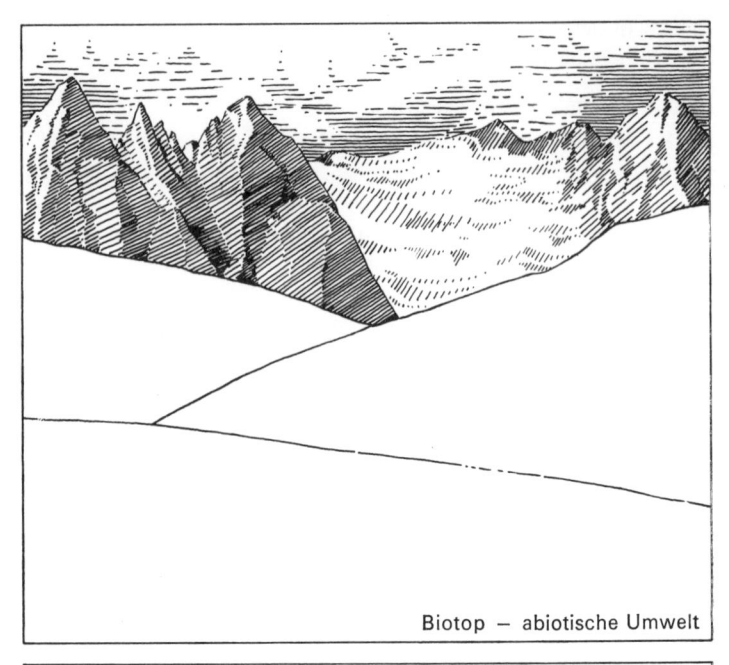

Abb. 2.22

Die übliche Bezeichnung für den speziellen *Wohnraum* eines Organismus ist das **Habitat**. Damit ist der engere Bereich seines Aufenthalts gemeint. Habitate sind etwa – in bereits bekannten Beispielen – der Kuhdung oder die Blütenköpfchen bestimmter Pflanzen.

Ein echter räumlicher Begriff für allerdings weitläufige Beziehungen ist schließlich die **ökologische Zone**. Den in der Botanik gebräuchlicheren Begriff der *Formation* haben wir bereits kennengelernt (2.1.4). In beiden Fällen handelt es sich um Räume mit gleichen ökologischen Nischen, die allerdings jeweils von anderen Arten besetzt sind.

Als *Beispiel* einer ökologischen Zone oder Formation diente oben der tropische Regenwald. Ein Beispiel aus der Zoologie ist etwa die ökologische Zone der Raubinsekten auf der Bodenoberfläche. Sie ist überall dort ausgebildet, wo die klimatischen Bedingungen ein Insektenleben am Boden zulassen, wird aber bereits sehr kleinräumig (z. B. Feld, Hecke, Waldrand, Wald) von ganz verschiedenen Arten – in charakteristischer Weise – besetzt.

2.4.1.2 Die Verbreitung von Organismen

Als **Verbreitung** einer Organismenart wird ihr großräumiger *Verteilungszustand* bezeichnet.

Beschrieben wird die Verbreitung von Pflanzen oder Tieren durch die Pflanzen- bzw. Tiergeographie. Von **Verteilung** spricht man bei der räumlichen Anordnung der Individuen einer Bevölkerung. Auch hier ist der *Zustand* gemeint, nicht die *Änderung* dieses Zustandes, die man **Ausbreitung** nennt.

Der Raum, den ein Organismus bewohnen *kann,* sein **potentielles Verbreitungsareal,** wird durch seinen Potenz- bzw. Toleranzbereich bestimmt: Die **Arealgrenzen** liegen dort, wo Umweltansprüche des Organismus nicht mehr erfüllt werden.

Die Grenzen der Verbreitung können an verschiedenen Stellen durch jeweils andere «Minimumfaktoren» bestimmt werden (vgl. Abb. 2.15): die Nordgrenze etwa durch Temperatur-, die Südgrenze durch Feuchte-Ansprüche.

Grob bestimmen klimatische Bedingungen die Grenzen potentieller Verbreitung. Innerhalb des so abgesteckten Areals kann dann allerdings eine Art auf das Zusammentreffen bestimmter Standorteigenschaften angewiesen sein.

Beispielsweise ist das Vorkommen wasserbewohnender Lebewesen innerhalb ihrer klimatischen Verbreitungsgrenzen auf Gewässer bestimmten Typs beschränkt.

Der *tatsächliche* Lebens- und Wohnraum eines Organismus wird nun aber nicht nur von den Gegebenheiten der unbelebten Umwelt bestimmt, sondern wesentlich auch von anderen Lebewesen.

Tiere sind häufig an das Vorhandensein bestimmter Pflanzen gebunden: fehlen diese, kommt auch das Tier – unter im übrigen günstigen Bedingungen – nicht vor. Für den Kartoffelkäfer z. B. erwiesen sich weite Flächen anderer Kontinente als potentielles Verbreitungsareal, als er seiner Wirtspflanze aus Amerika dorthin folgen konnte.

Entscheidend sind allerdings *Konkurrenten:* Innerhalb des Gebietes möglichen Vorkommens kann eine Tier- oder Pflanzenart durch Konkurrenten in ihrer Verbreitung eingeschränkt, ja womöglich in Randbereiche abgedrängt werden, in denen sie noch zu existieren vermag, in denen aber von optimalen Bedingungen nicht mehr die Rede sein kann.

Im Falle der Strudelwürmer (Abb. 2.17) sahen wir bereits, in welchem Maße der Lebensraum (der unterlegenen Art) eingeschränkt, der spezielle Wohnraum verändert wird, wenn ein Konkurrent auftritt.
Ein bekanntes botanisches Beispiel ist die *Kiefer:* Als Lichtholzart wird sie durch stark schattende Konkurrenten (Schattholzarten, z. B. Buche, Fichte) von ihren Optimalstandorten verdrängt und muß sich mit Randgebieten außerhalb ihres Optimums begnügen. So erscheint sie uns als Bewohner extremer Standorte, z. B. bestimmter Moore oder Dünen. (Andere botanische Beispiele bei *Ellenberg* 1956.)
Ein zoologischer Musterfall findet sich bei bestimmten *Ruderfußkrebsen:* Eine Art der Gattung *Eurytemora* wird durch eine Art der Gattung *Diaptomus* durch Nahrungskonkurrenz aus ihrem Optimalbereich verdrängt. Sie hat jedoch einen weiteren Toleranzbereich als der überlegene Konkurrent und vermag auszuweichen. So bewohnt sie etwa zeitweise austrocknende Klärwasserbecken oder salzhaltige Gewässer.

Der von einem Organismus tatsächlich bewohnte Raum stimmt also nicht unbedingt mit dem überein, den er bewohnen würde, gäbe es keine Konkurrenten. Aus dieser Unterscheidung der *tatsächlichen* und der *möglichen* (potentiellen) *Verbreitung* einer Organismenart folgt, daß man weder von den Bedingungen, unter denen eine Pflanzen- oder Tierart regelmäßig im Freiland gefunden wird, ohne weiteres auf ihre Ansprüche schließen kann, noch daß man auf Grund von Potenz- oder Toleranzwerten, die im Laborversuch unter Ausschluß der Konkurrenz gefunden wurden, das Verhalten im Freiland vorhersagen kann.

2.4.1.3 Biotopbindung

Die mehr oder weniger enge Bindung von Organismen an bestimmte Biotope, d. h. an bestimmte Kombinationen von abiotischen Umweltgegebenheiten, läßt sich mit den Bezeichnungen für die ökologische Potenz oder Toleranz beschreiben (s. 2.2.2.2).

Arten mit einer engen Biotopbindung sind demnach stenöke (oder stenotope) Arten. Bei euryöken (eurytopen) Arten geht diese enge Bindung mehr und mehr verloren, bis bei den sog. Ubiquisten überhaupt keine Biotopbindung mehr erkennbar ist. Sie kommen überall vor. Schließlich gibt es auch stets Arten, die in einem Biotop mehr oder weniger regelmäßig vorhanden sind, allerdings nur durch ständiges Zuwandern von außen (xenöke, xenotope Arten), sowie die gelegentlichen Besucher, Irrgäste, Durchzügler usw.

Man versucht nun, die Biotopbindung stenotoper Arten zur Kennzeichnung und Benennung dieser Biotope zu verwenden. Das geschieht in der Botanik mit den sog. **Charakterarten** oder **Indikatorarten**, wird aber auch auf die Zoologie übertragen.

Die Bezeichnung *Indikatorarten* ist gebräuchlich für Arten, die im Bezug auf bestimmte abiotische Faktoren stenopotent sind und damit als Anzeiger bestimmter Standortverhältnisse dienen können. So gibt es viele Pflanzen, die als *Zeiger* oder *Weiser* bestimmter Boden-, Feuchte-, Lichtverhältnisse usw. zu verwenden sind (s. z. B. *Oberdorfer* 1970, *Ellenberg* 1974).
Charakterarten sind an bestimmte Biotop-Typen und damit an die Biozönosen dieser Biotope gebunden. So kennt die Pflanzensoziologie Charakterarten für die Pflanzengesellschaften der verschiedenen Kategorien, die dann auch zur Namengebung dieser Gesellschaften beitragen (Abb. 2.10). Entsprechend werden auch in der Zoologie Charakterarten weniger auf die Biotope als auf die Pflanzengesellschaften der Biotope bezogen (z. B. eignen sich Wanzen oder Heuschrecken recht gut zur Kennzeichnung verschiedener Grünlandtypen).

Bezeichnungen dieser Art sind immer relativ, weil ja auch die Biotopbindung mehr oder weniger fest sein oder klein- oder großräumig unterschiedlich ausfallen kann, wenn z.B. Konkurrenten anwesend oder abwesend sind. Besonders auffallend wird diese **relative Biotopbindung** bei Arten mit einem weiten Verbreitungsareal. Dann kann nämlich in verschiedenen geographischen Lagen die Biotopbindung unterschiedlich erscheinen: Tatsächlich wird eine Änderung der Biotopbindung lediglich vorgetäuscht, weil die Nische (d.h. die unverändert gebliebenen Ansprüche der Art) in einem jeweils anderen Bereich der Gesamtamplitude entscheidender abiotischer Faktoren verwirklicht wird.

Die in Abb. 2.23 dargestellten *Beispiele* (nach *Tischler* 1949, 1965) beschränken sich auf Insekten und ihre Abhängigkeit von bestimmten Bereichen einer Temperatur- und Feuchte-Amplitude, die – den klimatischen

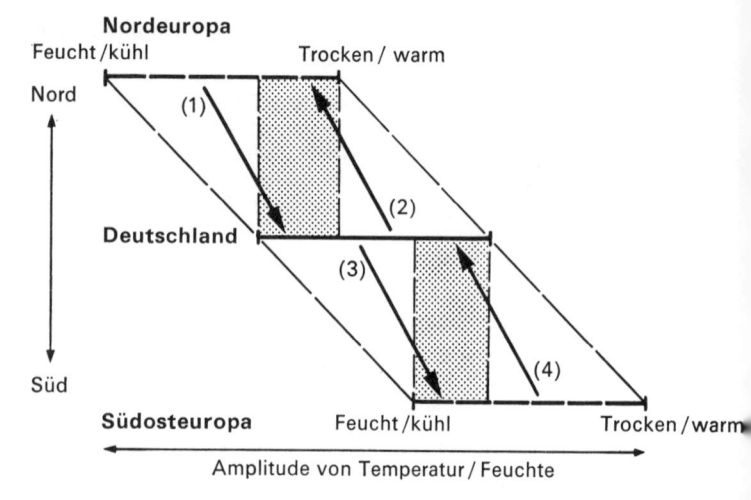

Abb. 2.23. **Relative Biotopbindung** (Erklärung im Text)

Bedingungen folgend – in verschiedenen geographischen Lagen unterschiedlich ist.

Fall (1): Insekten nördlicher Verbreitung finden in Mitteleuropa ihre Ansprüche nur noch in bestimmten Extrembiotopen verwirklicht, z. B. in bestimmten Mooren.

Fall (2): Umgekehrt kann eine bei uns eurytope Art (z. B. die Zikade *Psammotettix confini*) im Norden als Spezialist auf Trockenwiesen vorkommen (also in dem Biotop, der noch ihrer Nische entspricht).

Fall (3): Eine bei uns eurytope Art, z. B. die Schaumzikade *Philaenus spumarius,* kommt entsprechend in Südosteuropa nur in Feuchtwiesen vor.

Fall (4): In Nordwestdeutschland als trockenheitsliebend bekannte Wanzen (z. B. *Eurygaster maura*) sind in Südosteuropa eurytop.

2.4.1.4 Einwirkungen des Menschen

Biotopänderungen durch Kulturmaßnahmen zielen auf die Förderung einiger weniger Arten (Kulturpflanzen) ab. Als Folge kommt es zur Veränderung der ökologischen Nischen und damit zur Veränderung – meist Verarmung – der Biozönose sowie zur Verschiebung von Arealgrenzen.

Konkurrenten von Kulturpflanzen sind als «Unkräuter» unerwünscht. Sie werden, sofern sie entsprechend eurypotent sind, auf nicht-optimale Bereiche abgedrängt. Stenopotente Arten, also Spezialisten, fallen u. U. einfach aus. Die Verarmung geht also in erster Linie zu Lasten der ohnehin seltenen Arten.

Der Begriff «seltene Art» bedarf einer kurzen Erläuterung. «Selten» kann bedeuten, daß die Art eine sehr enge Nische hat, also hochgradig spezialisiert ist. Es kann auch bedeuten, daß die Nische an sich selten realisiert ist. In diesem Falle kommt die Art nur an wenigen Stellen, dort aber u. U. zahlreich vor.
Zuweilen erscheinen auch Arten nur deshalb als selten, weil sie schwer zugängliche Nischen bewohnen, etwa den Kronenraum hoher Bäume (z. B. bestimmte Spinnen), oder zu Zeiten vorkommen, in denen sie vom Sammler in der Regel nicht gesucht werden, z. B. im Winter (bestimmte Laufkäfer).
Die Erscheinung des mehr oder weniger regelmäßigen Wechsels zwischen Phasen großer Häufigkeit und extremer Seltenheit (Latenzphasen), wie sie z. B. bei vielen Insekten vorkommen, wird uns später (3.1.1.4) beschäftigen.

Die *Verschiebung* oder Verwischung *von Arealgrenzen* führt zu veränderten Konkurrenzsituationen: Arten, die in der Folge menschlicher Eingriffe ihre natürlichen Verbreitungsgrenzen zu überschreiten vermögen, erweisen sich als überlegene Konkurrenten. Hinzu kommen Arten, die in Teile ihres potentiellen Verbreitungsgebietes eingeführt oder verschleppt werden, welche ihnen ursprünglich, z. B. aus geographischen Gründen, nicht zugänglich waren. Solche überlegenen Arten treten häufig in großen Individuenzahlen auf, und die große Zahl ist – z. B. bei Insekten oder Mäusen – gleichbedeutend mit Gefährlichkeit als Schädlinge: so kann sich das spontane Auftreten von Schädlingen, vor allem auch das überraschende Schädlichwerden einer bislang unauffälligen, indifferenten Art erklären.

Die Konkurrenzsituation kann auch durch die Bekämpfung bestimmter Arten – als Schädlinge – verändert werden. Das kann zur Freisetzung anderer – unterdrückter – Arten führen.

Schutz gefährdeter seltener (stenotoper) *Arten* ist lediglich durch Erhaltung ihrer Biotope möglich *(Biotopschutz)*. Ein solcher Biotopschutz ist aus verschiedenen Gründen schwierig, vor allem wegen der mangelnden Isolationsmöglichkeit: Alle gefährdeten und schützenswerten Biotope liegen in einer menschlich beeinflußten und veränderten Landschaft und werden direkt oder indirekt durch Veränderungen mitbetroffen. Dazu gehören abiotische Umweltbedingungen (z. B. Luftverschmutzung mit ihrer Düngungswirkung und damit Gefährdung von Hochmooren) ebenso wie floristische oder faunistische Veränderungen in umliegenden Gebieten.

2.4.2 Koinzidenz

Unter Koinzidenz verstehen wir das Zusammenpassen oder Zusammentreffen zweier Bedingungen oder zweier Partner. Dieses Zusammentreffen kann sowohl räumlich als auch zeitlich geschehen.
Räumliche oder *zeitliche Koinzidenz* sind selbstverständliche Voraussetzungen einer Wirkung oder Wechselwirkung. Das wird deutlich im Falle des Nichtzusammenpassens, der **Inkoinzidenz**: schon geringfügige räumliche oder zeitliche Unterschiede können etwa zum Ausschluß einer Feindwirkung oder Konkurrenz führen.

Das Prinzip lernten wir bereits bei der Frage nach der Trennung ökologischer Nischen kennen (Konkurrenz-Ausschluß, 2.2.3.2).

Räumliche Inkoinzidenz schließt z. B. bei unseren – nahe verwandten – Meisen-Arten eine Konkurrenz aus (Abb. 2.24): die Arten sind in unterschiedlicher Weise auf die Höhenstufen eines Waldes verteilt und gehen sich so, auch wenn sie unmittelbar nebeneinander vorkommen,

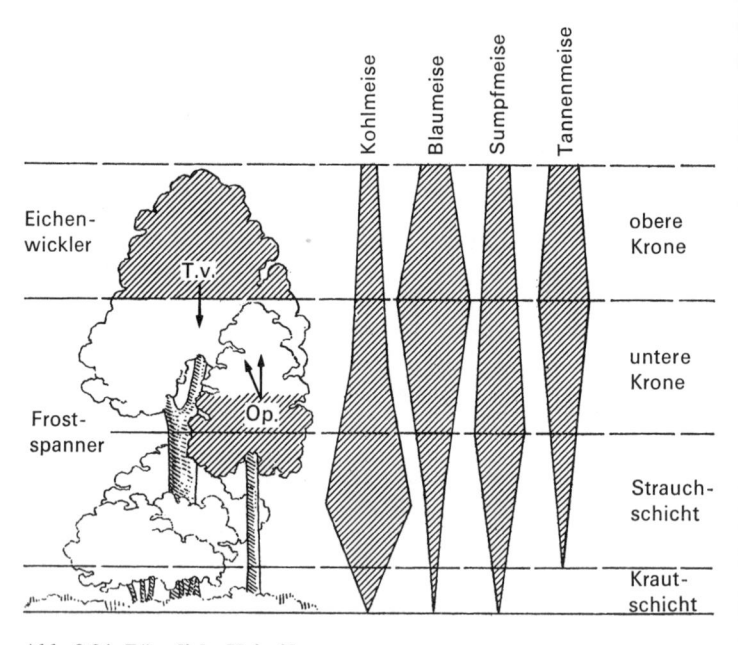

Abb. 2.24. Räumliche Koinzidenz
Vertikalverbreitung verschiedener Meisen-Arten im Walde
Zusammentreffen mit wichtigen Beute-Insekten

94 2 *Strukturelle Betrachtung ökologischer Systeme*

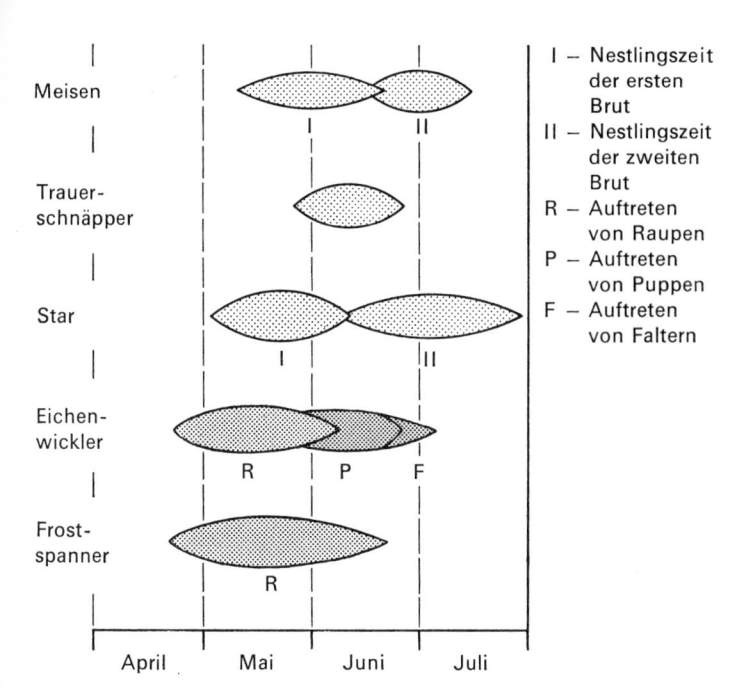

Abb. 2.25. Zeitliche Koinzidenz
Vögel und Beute-Insekten im Eichenwald: zeitliches Zusammentreffen

aus dem Wege. Nimmt man hinzu, daß Beutetiere dieser insektenfressenden Vögel ebenfalls unterschiedlich verteilt sind – in Abb. 2.24 ist dies für den Eichenwickler und den Frostspanner im Eichenwald angegeben –, so läßt sich feststellen, daß es allein infolge von räumlicher Inkoinzidenz nicht zwischen allen Beutetierarten und allen Meisen-Arten im gleichen Maße zu Wechselwirkungen kommen kann.

Das Prinzip der Inkoinzidenz kann von erheblicher praktischer Bedeutung sein. Wenn es sich nämlich z. B. bei den genannten Beutetierarten um Schädlinge handelt, bei den Vögeln um solche, die durch Schutzmaßnahmen gefördert werden können, dann stellt sich heraus, daß nicht alle geförderten Vögel in gleichem Maße wirkungsvoll im Sinne einer biologischen Schädlingsbekämpfung sein können. So mußte man beispielsweise die Erfahrung machen, daß der durch das Anbringen von künstlichen Nisthöhlen bei uns besonders gut zu fördernde Trauerschnäpper aus Gründen der Inkoinzidenz (in diesem Falle vor allem der zeitlichen Inkoinzidenz: Abb. 2.25) von nur relativ geringem Nutzen bei der Bekämpfung des Eichenwicklers und seiner Schadgesellschaft ist.

2.4 Abgrenzungen 95

3 FUNKTIONELLE BETRACHTUNG ÖKOLOGISCHER SYSTEME

Ökologische Systeme funktionieren in charakteristischer Weise anders als andere biologische – individuelle – Systeme. Der Kieler Zoologe *Adolf Remane* stellte (zuletzt 1971) die Funktionsmerkmale individueller Systeme einerseits (d. h. der Zellstaaten eines Körpers oder der Staaten sozialer Tiere) und überindividueller Systeme andererseits einander gegenüber und kam zu dem Ergebnis, daß beide Systeme auf ganz unterschiedlichen *Ordnungsprinzipien* beruhen:

– der «funktionellen Ordnung» des individuellen Systems und
– der «biozönotischen Ordnung» des überindividuellen Systems.

Eine Übersicht über die Funktionsmerkmale individueller bzw. überindividueller Systeme gibt Abb. 3.1.

Abb. 3.1 erinnert zunächst an die Abgrenzung ökologischer, d. h. überindividueller Systeme (s. 1.2.3, Abb.1.5).
Die Kollektive überindividueller Systeme können sich aus Artgenossen (homotypische Kollektive, Populationen) oder aus artfremden Organismen (heterotypische Kollektive, Gemeinschaften) zusammensetzen. Die herkömmlich getrennte Betrachtung (z. B. Demökologie – Synökologie) soll im folgenden vermieden, zumindest den funktionellen Gemeinsamkeiten untergeordnet werden.

Hinsichtlich ihrer **Entstehung** unterscheiden sich individuelle und überindividuelle Systeme bereits wesentlich:
Ökologische Systeme werden definitionsgemäß von kompletten *Individuen* gebildet, d. h. es finden sich fertige, als Individuen *isolierte* (und isoliert bleibende) Teile zusammen. Die Bestandteile dieser Systeme kommen teils zufällig zusammen – vor allem in der ersten Entstehungsphase solcher Systeme –, teils auch unter dem Einfluß der beteiligten Individuen und Kollektive selbst (Förderung, Konkurrenz, Feindwirkung usw.). Zahl und Art der Bestandteile (der Individuen oder der beteiligten Kollektive) hängt von den *Außenbedingungen* (der jeweiligen Umwelt) ab.

Individuelle Systeme entstehen dagegen durch *Entwicklung* ursprünglich *gleichartiger* Teile (Zellen im Körper, Individuen in Tierstaaten), die sich dann differenzieren und bestimmte Funktionen in gestaltlicher Verschiedenheit erfüllen können. Die Teile gehen auseinander hervor, das Ganze entwickelt sich auf Grund *innerer Anlagen*.

```
                            Systeme
                               |
                   ┌─────────────────────┐
                   │ biologische Systeme │
                   └─────────────────────┘
                   ╱                      ╲
individuelle Systeme            überindividuelle
                                (ökologische) Systeme

Individuen:                       Kollektive:
Zelle, Organismus, Staat     homotypische    heterotypische
                             Kollektive      Kollektive
                             = Populationen  = Gemeinschaften
```

Entstehung

Entwicklung ursprünglich gleichartiger Teile aufgrund innerer Anlagen	Kombination fertiger, isolierter, verschiedener Teile aufgrund äußerer Bedingungen

Veränderlichkeit

Individualentwicklung	Entwicklung des Kollektivs Austauschbarkeit der Teile

Stoff- und Energiewechsel

mit zentraler Verteilung: Koordination der Teile	durch Nahrungsbeziehungen zwischen den Teilen: Antagonismus der Teile

Erhaltung

des Systems im Ganzen («Staatsegoismus»)	zuerst der Einzelteile («Individual-, Gruppenegoismus»)

Gleichgewicht

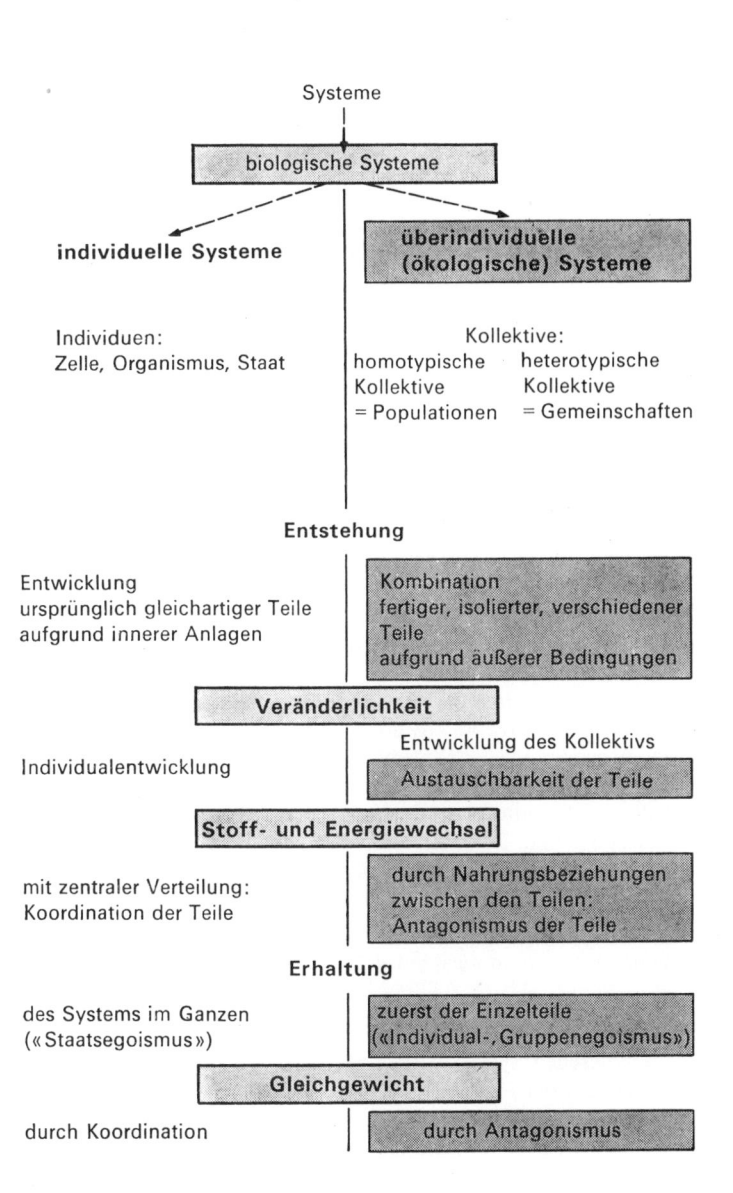

durch Koordination	durch Antagonismus

Abb. 3.1. **Funktionsmerkmale individueller und überindividueller Systeme**
In Anlehnung an *Remane* (1971)

Die Grundmerkmale der **Veränderlichkeit,** der Erhaltung durch **Stoff- und Energiewechsel**-Vorgänge und der Einhaltung eines **Gleichgewichts**zustandes über eine gewisse Zeit hin sind *allen* biologischen Systemen eigen. Individuelle und überindividuelle Systeme unterscheiden sich allerdings in der Art und Weise, wie diese Funktionen zustandekommen.

Veränderlichkeit ist eine Eigenschaft aller biologischen Systeme: sie sind *dynamisch,* d. h. ständigen Veränderungen unterworfen (vor allem in der Zeit – durch Entstehung/Geburt bzw. Tod –, bei beweglichen Bestandteilen auch im Raum), ihre Teile wechseln.

Das gilt für die Moleküle im Protoplasma und für die Zellen im Organismus – also für die Bestandteile individueller Systeme – genauso wie für die Individuen einer Bevölkerung oder die Tier- oder Pflanzenarten einer Gemeinschaft.

Durch Zustände eines kürzere oder längere Zeit aufrechterhaltenen *Gleichgewichts* wird zuweilen eine Unveränderlichkeit vorgespiegelt, die nicht gegeben ist. Dieser Hinweis erscheint wichtig im Hinblick auf Vorstellungen von Statik, wie sie sich leicht an Begriffe wie «stabile Ökosysteme», «Gleichgewicht» usw. anknüpfen, u. U. sogar in praktische Anwendungsbereiche einfließen (Beispiel: konservierender Naturschutz).

Wie bei individuellen Systemen ist auch bei Bevölkerungen oder Organismengemeinschaften eine **Entwicklung** zu beobachten: sie entstehen, bleiben mehr oder weniger lange erhalten und gehen wieder verloren. Eine *Fortentwicklung (Evolution)* ist allerdings nur auf der Ebene überindividueller Systeme möglich (s. 2.1.2).

In der Unabhängigkeit der Bestandteile begründet ist die Tatsache, daß diese Bestandteile in überindividuellen Systemen grundsätzlich austauschbar sind. Diese *Austauschbarkeit* der Teile findet ihren Ausdruck etwa in der Formulierung der «funktionellen Gruppen» innerhalb eines Ökosystems (s. 3.1.2.1).

Stoffwechsel und Energiedurchfluß finden ebenfalls in allen biologischen Systemen statt, wenn auch auf durchaus verschiedenen Wegen:

Im individuellen System sind die Teile dem Ganzen untergeordnet, sie werden *zentral* versorgt und zentral gesteuert: sie wirken *miteinander.*

Im ökologischen System wirken die Bestandteile *gegeneinander:* sie sind in erster Linie Feinde oder Konkurrenten. Der Stoff- und Energiewechsel im System basiert auf den Nahrungsbeziehungen der Teile untereinander, d.h. auf dem Fressen und Gefressenwerden.

Es kommen allerdings auch durchaus positive Beziehungen vor (s. 2.3.2). Das Gegeneinander – der *Antagonismus* – der Teile bestimmt aber das Bild.

	Homotypische Kollektive	Heterotypische Kollektive
Veränderlichkeit (3.1)	Bevölkerungswachstum (3.1.1) Populationsdynamik (3.1.1.4)	Austauschbarkeit im Ökosystem: funktionelle Gruppen (3.1.2.1) Entwicklung ökologischer Systeme, Sukzessionen (3.1.2.2)
Stoff- und Energiewechsel (3.2)		Stoffkreislauf (3.2.2) Energiefluß (3.2.3) Produktionsökologie (3.2.3.2) Information/Ordnung (3.2.4)
Gleichgewicht (3.3)	Gleichgewicht in der Population, Gleichgewichtstheorien (3.3.2.1)	Gleichgewicht in einfachen Antagonisten-Systemen (3.3.2.2) Gleichgewicht in multispezifischen Systemen (Gemeinschaften) (3.3.2.3)

Abb. 3.2. **Stichwortübersicht zu Kapitel 3**

Entsprechend geschieht die **Erhaltung des Systems** nach ganz verschiedenen Prinzipien. *Remane* (1971), dem hier gefolgt wird, stellt die «Individual- oder Gruppeninteressen» im ökologischen System dem «Staatsegoismus» im individuellen System gegenüber.

Individuelle Systeme erhalten sich durch Einengung der Teile zugunsten des Ganzen. Die Teile sind nicht oder nicht dauernd lebensfähig.

Im überindividuellen System steht weniger die Erhaltung des Ganzen als die Erhaltung der Bestandteile (der Individuen, Bevölkerungen, Arten) – und zwar durch bestmögliche Ausnutzung der Gegebenheiten ihrer Umwelt – im Vordergrund. Man kann sagen, daß sich ökologische Systeme *trotz* des Antagonismus der Teile erhalten.

Daß es auch im ökologischen System Mechanismen gibt, die die Erhaltung und die Funktion des Ganzen sicherstellen, und zwar auf Kosten einzelner Bestandteile, wird später zu zeigen sein (z.B. bei der «geordneten Konkurrenz», 3.3.1.2).

Alle biologischen Systeme, die über eine gewisse Zeit hin lebensfähig sind, haben einen **Gleichgewichts**zustand erreicht. Dieses Gleichgewicht muß unter den Bedingungen ständiger Veränderungen unter den Bestandteilen des Systems aufrechterhalten werden, ist also stets ein *dynamisches* oder *Fließ-Gleichgewicht*.

Gleichgewicht im überindividuellen System bedeutet: ständiges Ausbalancieren der – vorwiegend antagonistischen – Beziehungen der Teile untereinander. Durch eine Vielzahl von **Regulations**mechanismen muß dafür gesorgt werden, daß sich alle Veränderungen im System laufend gegenseitig *kompensieren*. Tatsächlich liegt im Antagonismus der Teile das wesentliche Regulationsprinzip, das ein Gleichgewicht im ökologischen System erst ermöglicht.

Trotz der Tatsache, daß alle die genannten Funktionsmerkmale in enger Beziehung zueinander stehen, müssen sie doch im folgenden getrennt – und nacheinander – besprochen werden. Zweckmäßig geschieht das unter Voranstellung herausragender Stichworte: Veränderlichkeit (3.1), Stoff- und Energiewechsel (3.2), Gleichgewicht (3.3). Hier und da wird es nötig sein, parallel das Geschehen in homotypischen und in heterotypischen Kollektiven zu betrachten (Übersicht: Abb. 3.2).

3.1 Veränderlichkeit

3.1.1 Veränderlichkeit homotypischer Kollektive

Die auffallendsten Veränderungen innerhalb von Populationen beziehen sich auf die *Individuenzahl:* ständig kommt es zu Zuwachs (durch Geburt oder Zuwanderung) und zu Verlusten (durch Tod oder Abwanderung).

Stehen Zuwachs und Verlust nicht miteinander im Gleichgewicht, sind die Folgen

- entweder fortgesetzte Vermehrung der Bevölkerung, also *Übervölkerung,*
- oder fortwährende Verminderung mit schließlichem *Aussterben* der Population.

Bevölkerungsbewegungen dieser Art sind auch von erheblicher praktischer Bedeutung und daher seit langem Gegenstand wissenschaftlicher Untersuchungen.

Über diesen quantitativen Veränderungen werden andere zuweilen übersehen, weil sie weniger ins Auge fallen und vielleicht nicht die vordergründige praktische Bedeutung zu haben scheinen. Veränderlich sind aber auch alle Eigenschaften, also *qualitativen* Merkmale des homotypischen Kollektivs, die wir oben (2.2.1) kennenlernten, also etwa

- die Verteilung im Raum,
- Altersaufbau und Sozialstruktur,
- Zustand der Bevölkerung: Gesundheit, Beweglichkeit, Vermehrungsfähigkeit usw.

Veränderungen qualitativer Merkmale sind häufig ursächlich an den auffallenden quantitativen Bevölkerungsänderungen beteiligt.

Beispiele unter dem Stichwort «Konstitutionstheorien» in 3.3.2.1.

3.1.1.1 Unbegrenztes Bevölkerungswachstum

Unter bestimmten Bedingungen, die allerdings in der Natur nur selten realisiert sind, kommt es zu einem fortwährenden, theoretisch **unbegrenzten Wachstum** einer Bevölkerung von Organismen.

Die Voraussetzungen unbegrenzten Wachstums sind:
- optimale, konstante Umweltverhältnisse und
- Fehlen aller begrenzenden Einflüsse.

Sie sind in der Regel nur künstlich zu schaffen, z. B. bei Laborzuchten, und dann auch nur eine Zeitlang aufrechtzuerhalten.
Ein Beispiel für das hier beschriebene Bevölkerungswachstum liefert allerdings auch die heutige Menschheit, die sich die Voraussetzungen dazu selbst geschaffen hat (s. unten: 3.3.3).

Das Bevölkerungswachstum läßt sich gut verfolgen an solchen Bevölkerungen, bei denen die Entwicklungsabschnitte und Generationen deutlich voneinander *getrennt* sind (1).

Insekten z. B. haben in der Regel eine synchrone Entwicklung: alle Individuen einer Population durchlaufen etwa zur gleichen Zeit die Schritte ihrer Jugendentwicklung. Wenn jährlich nur eine Generation heranwächst, sind die Entwicklungsstadien – bei Schmetterlingen also Raupenstadien, Puppen- und Falterstadium – recht genau auf bestimmte Zeiten im Jahr festgelegt.

In vielen natürlichen Bevölkerungen *überschneiden* sich allerdings die Entwicklungsstadien und Generationen (2), was das Bild schnell unübersichtlich werden läßt.

Zu solchen Überschneidungen kommt es, wenn in einer Bevölkerung die Fortpflanzung nicht auf bestimmte Phasen beschränkt ist, sondern eine ununterbrochene Vermehrung vor sich geht (wie z. B. bei der menschlichen Bevölkerung), oder wenn Generationen so schnell und dicht aufeinander folgen, daß gleichzeitig z. B. Eltern, Kinder und Enkel an der Fortpflanzung beteiligt sind (wie z. B. bei Blattläusen oder Mäusen).

Zwei allgemeine Bemerkungen sollen hier noch gemacht werden:

Zum einen wird im folgenden mit einfachen *Modellen* gearbeitet, d. h. mit mathematischen Formulierungen, die z. B. die Möglichkeit exakter Vorhersagen bieten. Wesentlich sind allerdings die Bedingungen, unter denen die Modelle zustande kommen. Biologische Abläufe werden dabei häufig so stark vereinfacht dargestellt, daß die Aussagefähigkeit der Modelle eingeschränkt wird.

Zum anderen ist ein Hinweis auf die verwendeten *Symbole* angebracht: Wie die Fach-Terminologie nicht einheitlich ist und nach Autoren und vor allem sprachräumlich (z. B. englisch/deutsch) schwankt, so finden sich auch Abkürzungen und Symbole in der Literatur durchaus uneinheitlich angewandt. Hinzu kommt hier, daß die Bevölkerungswissenschaft wesentlich aus zwei verschiedenen Quellen gespeist wird, nämlich der am Menschen orientierten *Demographie* und der *Populationsdynamik* von Kleintieren, zuerst und vor allem von Insekten.

(1) Bevölkerung mit getrennten Generationen

Ausgangsbeispiel soll eine Bevölkerung mit deutlich getrennten Generationen sein:

Ausgehend von einer Bevölkerung N_0 soll sich die Bevölkerungszahl N in jeder Generation verdoppeln (Abb. 3.3: A), also etwa

Generation	0	1	2	3	4	5	6	...
Bevölkerungszahl	2	4	8	16	32	64	128	...

Nach t Generationen beträgt dann die Bevölkerungszahl N_t

$$N_t = 2^t \cdot N_0$$

oder allgemeiner formuliert

$$N_t = R_0^t \cdot N_0 \tag{1}$$

Hier ist R_0 die **Reproduktionsrate**: die in der Zeiteinheit t produzierte Zahl von Nachkommen (in unserem Beispiel: $R_0 = 2$).

R_0 ist zu errechnen als Quotient zweier aufeinanderfolgender Generationen, z. B.

$$\frac{N_1}{N_0} = R_0$$

Unter gleichbleibenden Bedingungen ist R_0 konstant, in unserem Beispiel:

$$\frac{N_6}{N_5} = \frac{N_1}{N_0} = R_0$$

Die Darstellung der Funktion $N_t = R_0^t \cdot N_0$ ist als **exponentielle Wachstumskurve** (Abb. 3.3: A) in der Praxis schlecht zu gebrauchen. Man versucht daher, durch *Transformation* eine einfachere Kurve, möglichst eine Gerade zu erreichen. In diesem Falle gelingt dies durch halblogarithmische Darstellung, d. h. die Ordinate (die Bevölkerungszahl N) erhält eine logarithmische Einteilung (Abb. 3.3: B).

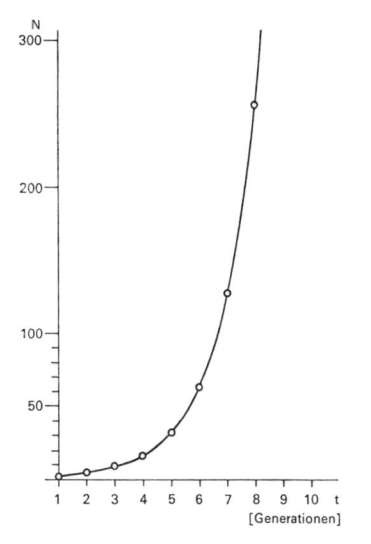

Abb. 3.3 A. **Exponentielles Wachstum**

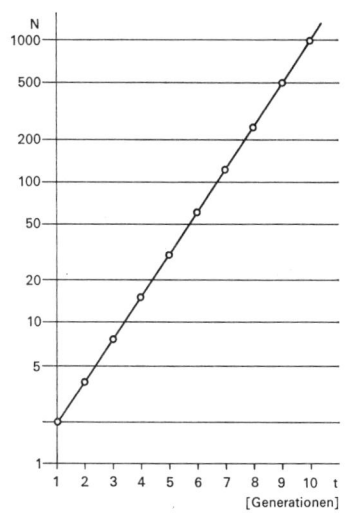

Abb. 3.3 B. Dasselbe in halblogarithmischer Darstellung

3.1 Veränderlichkeit

Die *halblogarithmische Darstellung* hat den praktischen Vorteil, daß sich sehr kleine Bevölkerungen genauso abbilden lassen wie große, und zwar mit einer Genauigkeit, die der jeweiligen Meß- oder Zählgenauigkeit entspricht. Auch starke Bevölkerungsschwankungen lassen sich so also darstellen.

Die allgemeine Form der Gleichung einer Geraden ist

$$y = bx + a$$

Im vorliegenden Fall (Abb. 3.3: B) lautet diese Gleichung:

$$\log N = bt + \log a$$

oder

$$\ln N = bt + \ln a \tag{2}$$

In der Theorie werden die natürlichen Logarithmen (zur Basis e) verwendet, in der Praxis bei uns meist dekadische Logarithmen (zur Basis 10). Beide lassen sich leicht ineinander umrechnen:

$$\log_{10} = \ln_e \cdot 0{,}43429$$

Der Anstieg der Geraden b (das Verhältnis y/x in jedem einzelnen Punkt) wird bei exponentiellem Wachstum als **spezifische Wachstums-** oder **Zuwachsrate** r bezeichnet.

«Spezifisch» bedeutet hier: r hat einen für jede Bevölkerung und die jeweiligen Umweltbedingungen charakteristischen Wert.

Setzt man für a in der allgemeinen Gleichung der Geraden die Bevölkerung zur Zeit t_0, also die Ausgangsbevölkerung N_0, so kann das Wachstum unserer Beispiels-Bevölkerung beschrieben werden mit

$$\ln N_t = rt + \ln N_0 \quad - \text{ als Gerade} \tag{3}$$

oder

$$N_t = e^{rt} \cdot N_0 \quad - \text{ als Exponentialkurve} \tag{4}$$

t wird dabei in beliebiger Dimension ausgedrückt, z. B. in Jahren oder in Generationen.

(2) Bevölkerung mit fortwährender Vermehrung

Gleichung (4) ist die integrierte Form der Differentialgleichung

$$\frac{dN}{dt} = r \cdot N \tag{5}$$

Sie besagt: In jeder Bevölkerung ist die Änderung der Bevölkerungszahl N mit der Zeit t gleich dem Bevölkerungszuwachs, nämlich dem Produkt aus Bevölkerungszahl N und spezifischer Wachstumsrate r.

Damit kann auch das Wachstum von Bevölkerungen ausgedrückt werden, die – wie die menschliche Bevölkerung – sich ununterbrochen, ohne Trennung von Entwicklungsphasen oder Generationen (wie in unserem Ausgangsbeispiel) vermehren.
Die derzeitige Zuwachsrate der Menschheit ist etwa $r = 0,02$, d.h. die menschliche Gesamtbevölkerung nimmt in der Zeiteinheit (d.h. in jedem Augenblick) um rund 2% ihres Bestandes (N) zu.

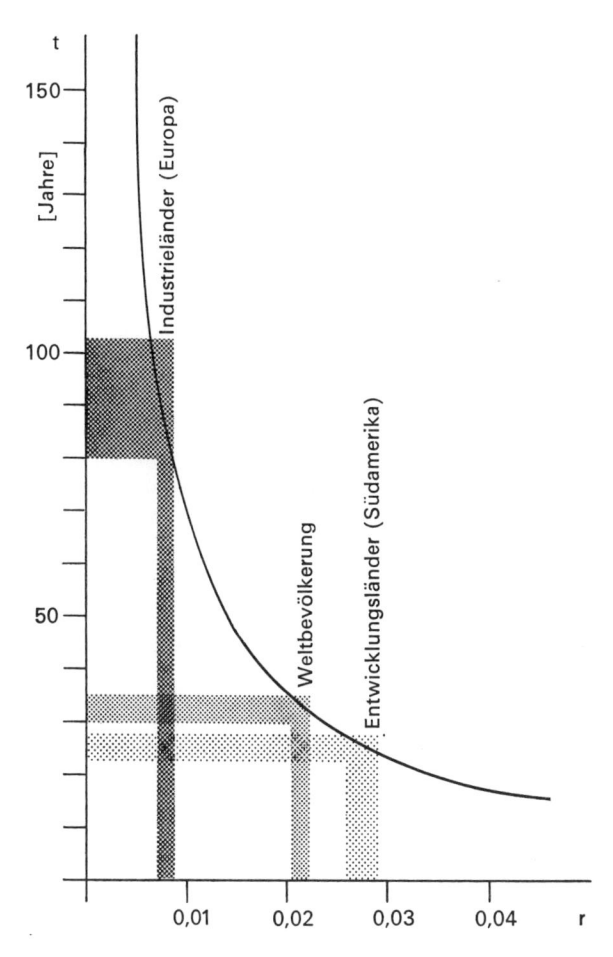

Abb. 3.4. **Vermehrungsrate r** und **Verdopplungszeit t** (Durchschnitt 1965/1970)

3.1 *Veränderlichkeit*

Die Zuwachsrate r läßt sich durch die sog. **Verdopplungszeit** anschaulich machen: das ist der Zeitraum, in welchem sich die Ausgangsbevölkerung N_0 gerade verdoppelt. Die Verdopplungszeit läßt sich mit Hilfe der Gleichungen (1) und (4) berechnen:

Verdopplung der Bevölkerungszahl bedeutet $R_0 = 2$, also

$$e^{rt} = 2$$
$$rt = \ln 2 = 0{,}693$$
$$t = \frac{0{,}639}{r}$$

Für die menschliche Weltbevölkerung ergibt sich bei einer Zuwachsrate von rd. 2%:

$$r = 0{,}02$$

t = 35 Jahre; in Entwicklungsländern mit höherer Zuwachsrate reduziert sich die Verdopplungszeit auf 24 bis 26 Jahre, in Industrieländern mit niedriger Zuwachsrate ist das Wachstum langsam (80 bis 100 Jahre Verdopplungszeit; s. Abb. 3.4).

3.1.1.2 Vermehrung und Verminderung

Bei der Zuwachsrate r handelt es sich um den Netto-Zuwachs, also um die Differenz zwischen Bevölkerungsvermehrung und -verminderung in der Zeiteinheit oder – läßt man Zu- und Abwanderung unberücksichtigt – um die Differenz von **Vermehrungsrate** b und **Sterblichkeitsrate** d:

$$r = b - d$$

b und d werden – wie r – in % oder º/oo der jeweiligen Bevölkerungszahl N angegeben und bezeichnen die Veränderung dieser Bevölkerungszahl in einem bestimmten Zeitabschnitt.

Die Bestimmung von r aus b und d ist eine grobe Schätzung und gilt an sich nur bei sehr kleinen Bevölkerungszahlen. Dennoch kann man z. B. den Netto-Zuwachs der Menschheit im Jahre 1959 aus der Geburtenrate von b = 0,036 und der Sterblichkeitsrate von d = 0,019 zu r = 0,017, also 1,7% errechnen. Eine wesentliche Rolle spielt allerdings auch die Altersstruktur der Bevölkerung (s. unten) oder ihre räumliche Verteilung (s. Abb. 3.4).

Zu einem Bevölkerungs*wachstum* kommt es nur, wenn b größer ist als d. Ist d größer als b, nimmt die Bevölkerung ab.
Nur wenn b und d genau gleich groß sind, bleibt die Bevölkerung unverändert (sog. *Nullwachstum:* r = 0).

(1) Vermehrung

Die Vermehrung einer Bevölkerung kommt durch Fortpflanzung und/oder durch Zuwanderung von außen zustande.

In einfachen Modellen wird die Zuwanderung häufig außer acht gelassen: man geht von der Vorstellung abgegrenzter Populationen aus.

Die **Fruchtbarkeit** oder **Fertilität** einer Bevölkerung hängt ab
- von der Zahl fortpflanzungsfähiger weiblicher Individuen in dieser Bevölkerung und
- von der durchschnittlichen Zahl von Nachkommen des einzelnen Weibchens:

Der *Weibchenanteil* oder *Sexualindex* i wird angegeben in % der Gesamtbevölkerung.

Bei gleicher Zahl von Männchen und Weibchen in der Population ist i = 0,50 (= 50 %).

In Bevölkerungen langlebiger Tiere mit zeitlich begrenzter Fortpflanzungsphase ist immer nur ein Teil der Weibchen fortpflanzungsfähig bzw. fortpflanzungsbereit. Der Sexualindex reduziert sich hier also vom Anteil der Weibchen schlechthin auf den Anteil der Weibchen, die sich gerade in der Fortpflanzungsphase befinden.

Nimmt man für den Menschen etwa bei einer Lebensdauer von 70 Jahren eine Fortpflanzungsphase zwischen dem 15. und dem 45. Lebensjahr an, so wären – eine gleichmäßige Altersverteilung vorausgesetzt – immer nur knapp die Hälfte der Frauen im fortpflanzungsfähigen Alter. Der Sexualindex wäre also allein auf Grund dieser Überlegungen von 0,5 auf rd. 0,2 zu korrigieren.

Die *Nachkommenzahl je Weibchen* (in dessen Lebenszeit) oder *Natalität* p ist vielfach nicht leicht zu bestimmen.

Bei vielen Kleintieren mit hoher Eiproduktion etwa kann man durch Sektion der Weibchen zwar feststellen, wie viele Eier das einzelne Weibchen produzieren kann (sog. potentielle Natalität), es bleibt aber unsicher, wie viele davon tatsächlich abgelegt werden (sog. reale Natalität).

Im einfachsten Falle errechnet sich also die *Fertilität* einer Population zu
$$f = p \cdot i$$
Eine Größe, die sowohl die mit dem Alter veränderliche Überlebensrate als auch die altersspezifische Geburtenrate langlebiger Weibchen berücksichtigt, werden wir unten mit der *Netto-Reproduktionsrate* kennenlernen.

(2) Verminderung

Vermindert wird die Bevölkerungszahl durch Tod und/oder durch Abwandern von Individuen.

Auch hier wird die Abwanderung gegenüber der Sterblichkeit oft vernachlässigt.

Die **Sterblichkeit** oder **Mortalität** einer Bevölkerung wird zunächst angegeben durch die Zahl der Toten dieser Bevölkerung in einem bestimmten Zeitraum. Bezieht man die Zahl der Toten auf die Ausgangsbevölkerung – in Prozent oder Promille –, so erhält man die *Sterblichkeitsrate* d (für diesen Zeitraum).

Häufig wird die Sterblichkeit allerdings dargestellt als **Überlebensrate** l, d. h. man zählt nicht die Toten, sondern die Überlebenden innerhalb eines Zeitabschnitts (z. B. in einem Jahr, in einer Altersklasse, in einem Entwicklungsstadium). Die Überlebensrate l ergänzt die Sterblichkeitsrate d zu 1,0 ($= 100\%$).

Beispiel:

Von 1000 Schmetterlingsraupen sterben in diesem Entwicklungsstadium 250. Dann ist die Sterblichkeitsrate dieses Stadiums d = 0,25 (= 25%), die Überlebensrate l = 0,75 (= 75%).

Die Verwendung der Überlebensrate hat den Vorteil, daß sich aus dem Produkt der einzelnen Überlebensraten aufeinanderfolgender Entwicklungsstadien oder Altersklassen die Gesamt-Überlebensrate errechnen läßt.

Abb. 3.5. **Fingiertes Beispiel der Entwicklung einer Schmetterlings-Bevölkerung innerhalb einer Generation**

Ausgangsbevölkerung	N_0 =	10 000	Falter
Sexualindex i = 0,52			(52% Weibchen-Anteil)
Natalität p = 100			(⌀ Eizahl je Weibchen)
Zahl der Nachkommen (Eier)	N_{Ei} =	520 000	
Verluste im Eistadium		104 000	Überlebensrate* l_1 = 0,80
als Junglarven		104 000	l_2 = 0,75
als Altlarven		52 000	l_3 = 0,83
als Puppen		78 000	l_4 = 0,70
Gesamtverluste		338 000	Gesamt-
			Überlebensrate l = 0,35
Überlebende Imagines (Ausgangsbevölkerung der nächsten Generation)	N_1 =	182 000	

---

* Die Sterblichkeit – und damit auch die Überlebensrate – wird jeweils auf die zu Beginn des Stadiums noch lebenden Tiere bezogen, also die Zahl der toten Puppen auf die Gesamtzahl der Puppen, nicht etwa auf die Ausgangszahl der Eier.

Beispiel (vgl. Abb. 3.5):

In einer Schmetterlingsbevölkerung mögen die Überlebensraten in den Entwicklungsstadien betragen:

- im Eistadium $\quad l_1 = 0{,}80$
- als Jungraupen $\quad l_2 = 0{,}75$
- als Altraupen $\quad l_3 = 0{,}83$
- als Puppen $\quad l_4 = 0{,}70$

Die Gesamt-Überlebensrate ist dann

$$l = l_1 \cdot l_2 \cdot l_3 \cdot l_4 = 0{,}35$$

d. h. von jeweils 1000 Eiern verbleiben im Falterstadium noch 350 lebende Tiere.

(3) **Kombination von Vermehrung und Verminderung**

Stellt man die Einzeldaten der Vermehrung und Verminderung einer Population über einen bestimmten Zeitraum zusammen, so kommt man zu einer **Bevölkerungsbilanz**.

Bevölkerungsbilanzen tierischer Populationen nennt man gewöhnlich mit dem englischen Fachausdruck *«life-tables»*. In der Demographie arbeitet man mit Geburtentafeln, Sterbetafeln, Überlebenstafeln.

Bevölkerungsbewegungen *innerhalb einer Generation* – wie sie bei Tieren, z. B. Insekten, mit synchroner Entwicklung und getrennten Generationen gut zu verfolgen sind – bezeichnet man verabredungsgemäß als **Oszillationen**. In diesem Falle läßt sich die Veränderung einer Ausgangsbevölkerung N_0 – etwa einer Schmetterlingsart – zur Bevölkerung N_1 der nächsten Generation in einer *Oszillationsgleichung* darstellen:

$$N_1 = N_0 \cdot p \cdot i \cdot l_1 \cdot l_2 \cdot l_3 \cdot l_4 \ldots$$

Darin stehen die Faktoren p (Natalität) und i (Sexualindex) für die *Vermehrungs*phase,
die Überlebensraten l_1, l_2, l_3, l_4 usw. in den Entwicklungsstadien für die *Verminderungs*phase innerhalb der Generation.
Ein fingiertes Beispiel einer derartigen Bevölkerung ist mit ihrer Bevölkerungsbilanz in Abb. 3.5,
mit der Darstellung ihrer *Oszillationskurve* in Abb. 3.6 wiedergegeben.
Derartige Darstellungen können – z. B. bei schädlichen Tieren – von praktischer Bedeutung sein, zeigen sie doch, welche Faktoren der Oszillationsgleichung die Gesamtentwicklung am stärksten beeinflussen (s. 3.1.1.4).
Steigerungsraten in der angegebenen Größenordnung sind übrigens gerade bei Insekten nicht außergewöhnlich. Die Bevölkerungszahlen können von Generation zu Generation sogar um mehrere Zehnerpotenzen zu- oder abnehmen.

3.1 Veränderlichkeit 109

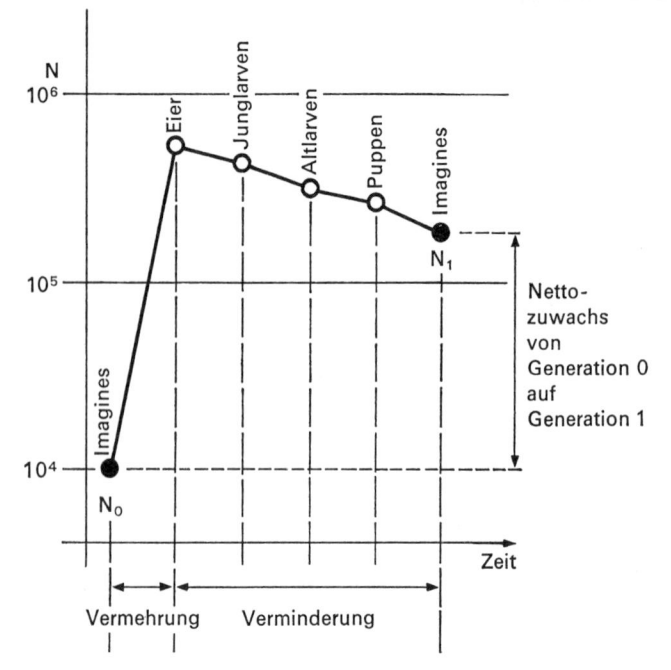

Abb. 3.6. Oszillationskurve
nach dem fingierten Zahlenbeispiel der Abb. 3.5

Bereits bei kurzlebigen Kleintieren kommt es – wie schon gesagt – nicht selten zu Überschneidungen der Generationen durch nicht-synchrone Entwicklung, vor allem bei kurzer Aufeinanderfolge von Generationen bei gleichzeitiger relativ langer Lebensdauer der Weibchen.

Nagetiere können beispielsweise unter günstigen Umständen mehrere Generationen im Jahr entwickeln: gleichzeitig können also Eltern, Kinder, Enkel und Urenkel fortpflanzungsfähig sein.

Bei größeren Tieren mit u. U. sehr langer Lebensdauer ist die Fortpflanzungsfähigkeit häufig auf bestimmte Phasen beschränkt. Sie wird erst nach einer mehr oder weniger langen Entwicklungszeit erreicht (beim Menschen etwa nach 15 Jahren) und nimmt mit zunehmendem Alter in der Regel wieder ab.

Die altersabhängige Änderung der Fruchtbarkeit läßt sich in *Fertilitätskurven* darstellen: diese Kurven steigen mit Erreichen der Fortpflanzungsfähigkeit (der Weibchen) steil an und fallen dann mehr oder minder schnell ab (beim Menschen etwa im Alter 45 auf Null).

Auch die Sterbe- bzw. Überlebensrate ändert sich bei langlebigen Tieren mit dem Alter. Sie läßt sich in Mortalitäts- oder besser in *Überlebenskurven* darstellen.

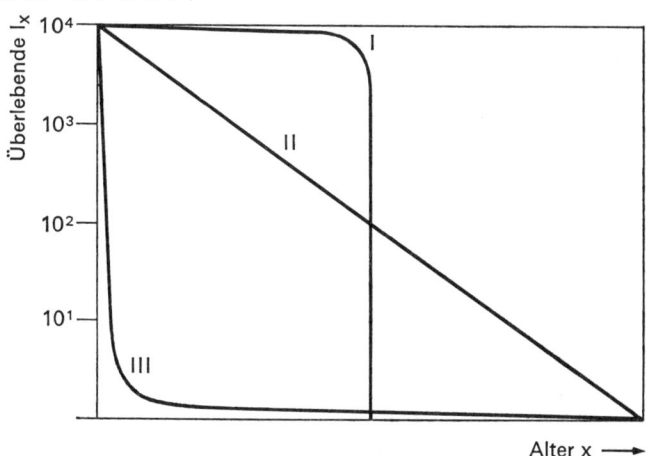

Abb. 3.7 A. Theoretische Überlebenskurven
(Erläuterung im Text)

Abb. 3.7 A gibt die drei typischen Formen von Überlebenskurven wieder:

(I) geringe Jugendsterblichkeit: kommt z. B. bei größeren Wirbeltieren und beim Menschen, außerdem auch bei Laborpopulationen vor
(II) konstante Sterberate über das ganze Leben hin: ist bei bestimmten Bakterien und Vögeln realisiert
(III) hohe Jugendsterblichkeit: ist charakteristisch für kleinere Organismen mit hoher Vermehrungsleistung (z. B. Insekten)

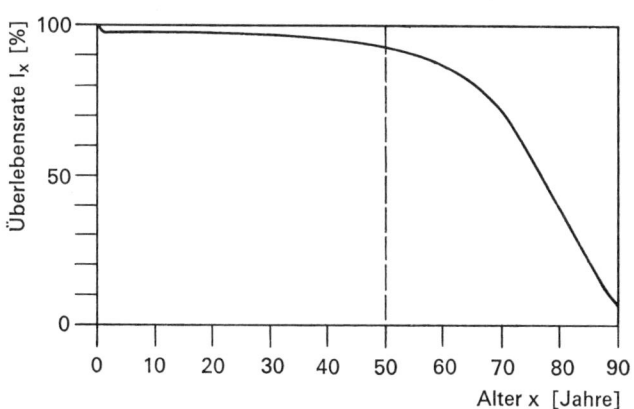

Abb. 3.7 B. Reale Überlebenskurve
Frauen in der Bundesrepublik Deutschland 1967/1969

In Abb. 3.7 B ist die Überlebenskurve von Frauen in der Bundesrepublik 1967/69 – eine Kurve des Typs (I) – dargestellt.

Kennt man die einem jeden Lebensalter x zukommende altersspezifische Geburtenrate m_x und die altersspezifische Überlebensrate l_x, so läßt sich die Zahl der Nachkommen, die von einem Weibchen mit dem Alter x zu erwartenden Nachkommen zu ($l_x \cdot m_x$) bestimmen. Aus der Summe dieser Nachkommenzahlen über die gesamte Lebensdauer des Weibchens hin errechnet sich die zu erwartende Gesamtzahl von Nachkommen eines Weibchens:

$$R_0 = \sum_{x=0}^{\infty} l_x \cdot m_x$$

Diesen aus der Demographie stammenden Wert R_0 bezeichnet man auch als **Netto-Reproduktionsrate**.

Bei Tierarten mit getrennten Generationen entspricht R_0 der Veränderung der Individuenzahl von einer Generation zur nächsten, wie wir oben bereits erfahren haben.

Als *Beispiel* der Bestimmung der Netto-Reproduktionsrate sei eine Mäuse-Population angenommen, deren Weibchen eine Überlebensrate l_x von 50% haben. Nach 4 Jahren sind alle tot.

Die mittlere Nachkommenzahl wird mit 6 je Weibchen angenommen, davon sind 3 Weibchen.

x (Jahre)	l_x	m_x (♀♀)	$l_x m_x$
0	1,0	0	0
1	0,5	3	1,5
2	0,25	3	0,75
3	0,125	3	0,375
4	0	0	0
		$R_0 = \sum l_x m_x =$	2,625

(Tabelle aus *Wilson/Bossert* 1973).

(4) **Altersstruktur und Bevölkerungsänderungen**

Wir sahen, daß die Individuen einer Population keineswegs gleich sind hinsichtlich ihrer Vermehrungsfähigkeit und Sterblichkeit: Fertilität und Mortalität einer Population hängen eng mit ihrem **Altersaufbau** zusammen.

Eine *stabile Altersstruktur* einer Population ist Voraussetzung für exponentielles Wachstum. In der Regel haben alle natürlichen Populationen – ausgenommen solche mit synchroner Vermehrung – eine solche gleichbleibende Altersverteilung, bzw. sie stellt sich über kurz oder lang ein (Näheres s. z. B. *Wilson/Bossert* 1973).

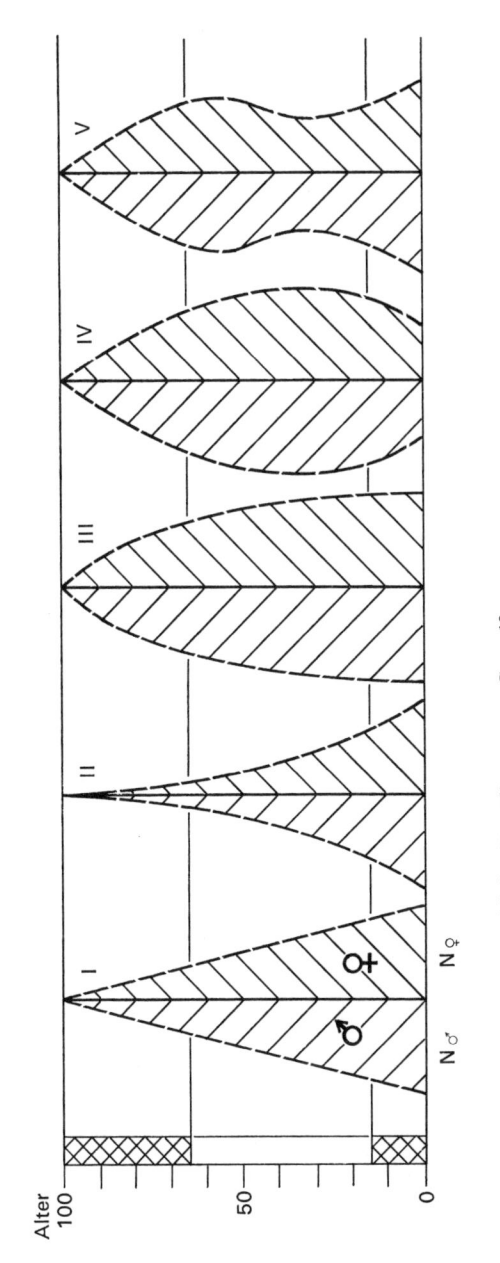

Abb. 3.8. **Alterspyramiden** menschlicher Bevölkerungen: Grundformen (Erklärung im Text)

3.1 Veränderlichkeit 113

In der Demographie hat sich eine bestimmte Form der Darstellung von Altersstrukturen herausgebildet: die **Alterspyramiden**. Auf der Abzisse wird der prozentuale Anteil der Altersklassen abgebildet, auf der Ordinate die Altersklassen (bei menschlichen Alterspyramiden in der Regel mit Klassenbreiten von 5 Jahren). Spiegelbildlich wird nach links die männliche, nach rechts die weibliche Bevölkerung aufgetragen.

Abb. 3.8 zeigt typische Formen der Alterspyramide einer menschlichen Population:

(I), (II) die *«Pyramiden»-Form* einer wachsenden Bevölkerung:
  (I) dreieckig: hohe Fertilität und Mortalität (z. B. Indien 1951);
  (II) «eingequetscht»: hohe Fertilität bei abnehmender Mortalität (z. B. Mauritius 1959);
(III) die *«Glocken»-Form* einer gleichbleibenden Bevölkerung mit niedriger Fertilität und niedriger Mortalität (z. B. Großbritannien 1959);
(IV), (V) die *«Urnen»-Form* einer schrumpfenden Bevölkerung:
  (IV) jähe Abnahme der Fertilität (z. B. Japan 1960);
  (V) niedrige Fertilität in bestimmten Jahrgängen (z. B. USA 1960: niedrige Geburtenrate in den Krisenjahren 1933 bis 1939).

Eine andere Anwendung derartiger Darstellungen zeigt Abb. 3.9: die Abschußplanung bei einer Wildpopulation. Die äußeren Umrisse der Alterspyramide zeigen die tatsächliche Stärke der Bevölkerung in den einzelnen Altersklassen. Damit der gewünschte Bestand (hell) erreicht wird, müssen die den schraffierten Bereichen entsprechenden Tiere abgeschossen werden.

Die altersabhängige Änderung vor allem der Fertilität kann *praktische Bedeutung* gewinnen, wenn es etwa um die Manipulation von Populationen geht.

Beispiele:

(1) Wirkt der Mensch auf eine tierische Population – z. B. eines schädlichen Insekts – ein, so ist der *Zeitpunkt dieser Einwirkung* für die weitere Bevölkerungsentwicklung sehr wichtig. Bei der Bekämpfung von Schädlingen ist es z. B. von Vorteil, wenn Weibchen betroffen werden, bevor sie in die Fortpflanzung eintreten, wenn sie also ihre Eier noch bei sich tragen. Für die Ausbeutung von Nutztieren andererseits ist es wesentlich, möglichst nur diejenigen Individuen herauszunehmen, die ihre Fortpflanzungsleistung schon erbracht haben (z. B. Fische nach dem Laichen).

(2) Für *menschliche Bevölkerungen* bringt die im Verhältnis zum Lebensalter recht kurze reproduktive Phase des Menschen eigene Probleme mit sich.

Zum einen wird durch den späten Eintritt in die Fortpflanzungsphase jede Maßnahme, die das Bevölkerungswachstum durch Fertilitäts-Änderungen zu steuern versucht, erst mit einer Verspätung von rd. 15 Jahren wirksam. D. h. käme heute eine allgemeine Geburtenbeschränkung zustande, würde die Menschheit – jedenfalls ihr fortpflanzungsfähiger Teil – dennoch etwa 15 Jahre lang weiter wachsen sie bisher.

Zum anderen führt das Erreichen eines immer höheren Lebensalters dazu, daß auf die reproduktive Phase ein immer längerer Lebensabschnitt folgt, daß also ein immer größerer Teil der Bevölkerung biologisch unnütz erscheint. (Von der Bedeutung des alten, erfahrenen Menschen für die nicht-genetische Informationsübertragung soll hier abgesehen werden.)

(3) Innerhalb der reproduktiven Phase kann durch äußere Umstände der Zeitpunkt tatsächlicher Fortpflanzung variiert werden. Dieser Zeitpunkt hat einen deutlichen Einfluß auf die Wachstumsrate der Population.

Beim Vergleich von Wild- und Laborpopulationen von Mäusen zeigte sich z. B., daß (bei Feldmäusen) im Labor die Wurffolge nur 20 Tage betrug gegenüber schätzungsweise 90 Tagen bei Wildpopulationen. Zwar ist im Labor die Größe des einzelnen Wurfes etwas kleiner als im Freiland, den-

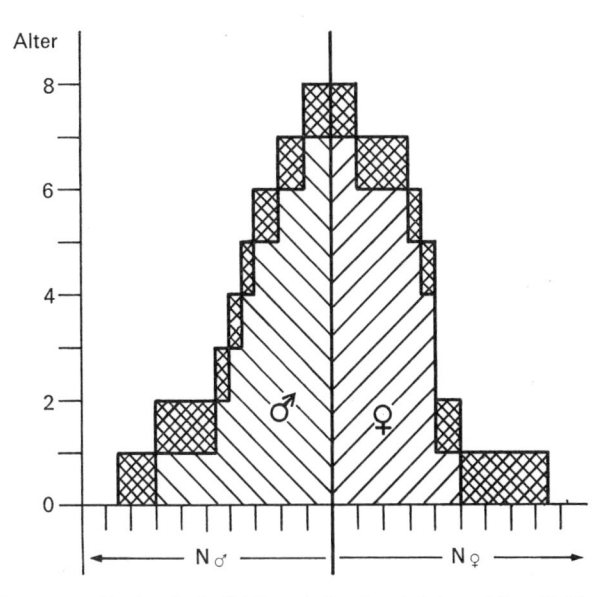

Abb. 3.9. **Alterspyramide** einer Rehwild-Population (nach *Schwerdtfeger* 1968) Die äußeren Umrisse zeigen die tatsächliche Stärke der Bevölkerung in den einzelnen Altersklassen. Damit der gewünschte Bestand (hell) erreicht wird, müssen die den dunklen Bereichen entsprechenden Tiere abgeschossen werden

3.1 Veränderlichkeit 115

noch ist die Wachstumsrate bei der Laborbevölkerung rund viermal so groß wie im Freiland. Was das bedeutet, zeigte ein Versuch mit Feldmäusen in einem Labor in Ungarn, wo ein Paar im Laufe eines Jahres 128 Kinder, 985 Enkel und 1444 Urenkel hatte, zusammen also 2557 Nachkommen.

Der Mensch kann sich beispielsweise mit 20 Jahren fortpflanzen oder erst mit 35 Jahren. Im ersten Falle kommt es in 100 Jahren zu fünf, im zweiten Falle nur zu drei Generationen. Nimmt man je Generation eine Verdopplung an (also vier Kinder), ist die Bevölkerungszahl nach 100 Jahren beim Fortpflanzungsalter 20 sechzehnmal, beim Fortpflanzungsalter 35 nur viermal so groß wie die Ausgangsbevölkerung.

3.1.1.3 Endliches Wachstum

Unsere Modelle unbegrenzten Bevölkerungswachstums (3.1.1.1) gingen zunächst von der Annahme aus, daß die Zuwachsrate der Bevölkerung konstant sei. Tatsächlich ist dies aber nur unter bestimmten Bedingungen (z. B. im Laborversuch) bzw. in bestimmten Bereichen des Wachstums (bei sehr niedrigen Bevölkerungszahlen) der Fall.

Wir sahen bereits, daß verschiedenste *Einflüsse aus der Umwelt* die Vermehrungsrate und die Sterblichkeitsrate und damit die gesamte Wachstumsrate der Bevölkerung ändern können.

So ist jeder einzelne Faktor der Oszillationsgleichung (3.1.1.2) der Einwirkung aus der Umwelt – einer im einzelnen sehr vielfältigen und verschiedenen Einwirkung – ausgesetzt.

Ein sehr wesentlicher Einfluß sowohl auf die Vermehrung als auch auf die Sterblichkeit geht von der *Bevölkerungszahl* N selbst aus.

Von der Bevölkerungszahl abhängige positive, d. h. fördernde Einflüsse lernten wir oben bereits unter dem Stichwort «Gruppeneffekt» (2.3.2.1), entsprechende negative Einflüsse unter dem Stichwort «Masseneffekt» (2.3.2.4) kennen.

Das *exponentielle Wachstum* nach

$$\frac{dN}{dt} = r \cdot N$$

wird von der Bevölkerungszahl N genau so bestimmt wie von der Zuwachsrate r. Das Zusammenwirken beider Faktoren läßt sich auch als positiver Regelkreis beschreiben.

Natürliche Populationen zeigen nun aber häufig ein Wachstumsbild, das etwa der Abb. 3.10 entspricht:

– nur im unteren Teil (bei kleinem N) folgt die Wachstumskurve dem exponentiellen Wachstum,
– bei größerem N wird das Wachstum zunehmend gedämpft, bis bei einer bestimmten Größe von N überhaupt kein Zuwachs mehr er-

folgt: die Kapazität K der Umwelt für diese Bevölkerung ist erreicht.

○ Kurve exponentiellen Wachstums (vgl. Abb. 3.3)
● Kurve endlichen Wachstums (gegen Grenze K)

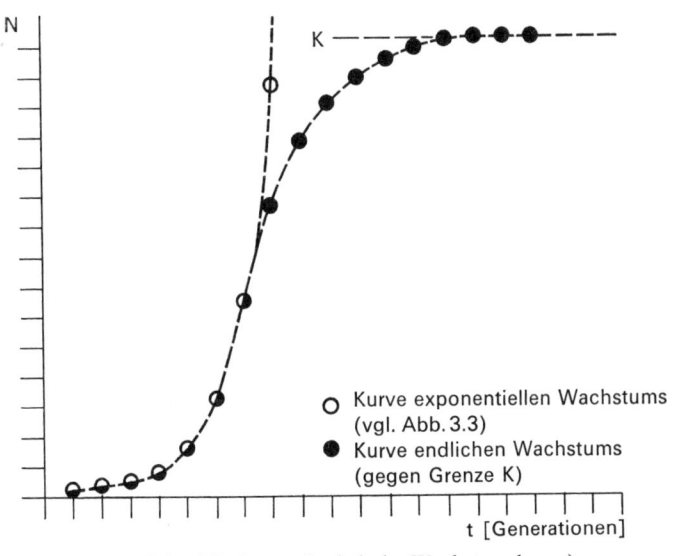

t [Generationen]

Abb. 3.10. **Endliches Wachstum** (logistische Wachstumskurve)

Logistische Wachstumskurve

Die in Abb. 3.10 dargestellte S-förmige (sigmoide) Kurve des *endlichen Wachstums* wird auch als logistische Wachstumskurve bezeichnet.
Ihre Formel wird aus der exponentiellen Wachstumskurve durch Hinzufügen eines Bremsfaktors gebildet:

$$\frac{dN}{dt} = \underbrace{r \cdot N}_{\substack{\text{Exponentielles} \\ \text{Wachstum}}} \cdot \underbrace{\left(\frac{K-N}{K}\right)}_{\substack{\text{Brems-} \\ \text{faktor}}}$$

Bei N < K ist der Bremsfaktor sehr klein: die Kurve verläuft rein exponentiell;

bei N = K wird $\frac{dN}{dt} = 0$, das bedeutet Null-Wachstum;

bei N > K wird $\frac{dN}{dt} < 0$, d.h. das Wachstum wird negativ, die Bevölkerungszahl nimmt ab.

3.1 Veränderlichkeit 117

Wichtiger als die mathematische Ableitung dieser Formel (s. z.B. *Wilson/Bossert* 1973) sind ihre *biologischen Konsequenzen:*
- Da die Umwelt in jedem Falle endlich ist, gibt es für *jede Bevölkerung* einer jeden Organismenart eine Wachstumsgrenze.
- Diese Grenze wird von demjenigen Requisit bestimmt, das zuerst ins Minimum gerät (Minimumgesetz, 2.2.2.4).
- In dem Maße, in dem sich eine Bevölkerung der von der Kapazität der Umwelt gegebenen Sättigungsgrenze nähert, nimmt die Wahrscheinlichkeit eines negativen Wachstums – d.h. eines Zusammenbruchs der Bevölkerungsvermehrung – exponentiell zu *(Watt* 1970).

Formen endlichen Wachstums

Endliches Wachstum kann sich in vielerlei Formen abspielen. Für eine Reihe von Möglichkeiten gibt es theoretische Modelle (z.B. von *Nicholson* 1954). Einige charakteristische Beispiele solcher Modelle sind in Abb. 3.11 dargestellt.

Die reine logistische Wachstumskurve (1) ist hier ein Fall von vielen: die Gegenwirkung (der Umweltwiderstand) setzt bei einer bestimmten Bevölkerungszahl ein und nimmt – und zwar *sofort,* ohne Verzögerung – mit N zu bis zum Erreichen der Grenze K.

Setzt die Gegenwirkung *verzögert* ein, so ist denkbar, daß die Bevölkerung noch bis zur Nähe der Grenze K oder sogar darüber hinaus zunimmt, ehe die Bremswirkung zum Tragen kommt. Im ersten Fall (2) würde die Wachstumskurve eine abrupte Angleichung an K zeigen, im anderen Fall (3) würde sie über K hinaus steigen und sich dann K wieder annähern, evtl. in Form von Schwingungen um K.

Eine weitere grundsätzliche Möglichkeit ist die, daß bei Erreichen einer Grenze K nicht nur das Wachstum der Bevölkerung gestoppt, sondern eine *Zusammenbruchsreaktion* ausgelöst wird (4), durch die die Bevölkerungszahl u.U. erheblich gesenkt werden kann: Eine Seuche, die die Bevölkerung reduziert, kommt oft erst bei einer gewissen Bevölkerungsdichte, die eine schnelle Übertragung möglich macht, zum Ausbruch.

Eine rückläufige Bevölkerungsbewegung kann allerdings auch *vor Erreichen einer Grenze* K eintreten, wenn beispielsweise (5) eine Bevölkerung von Blattläusen eine Zeitlang exponentiell wächst und dann – mit dem Auftreten geflügelter Tiere – genauso exponentiell wieder abnimmt (durch Abflug).

Die Umweltkapazität K muß im übrigen nicht – wie in den vorangegangenen Beispielen – konstant sein (Abb. 3.12).

Veränderungen von Umweltbedingungen können die Umweltkapazität K für eine bestimmte Organismenart erhöhen oder erniedrigen. Derartige Veränderungen können auch von der Bevölkerung selbst ausgehen, wenn sie beispielsweise nicht oder ungenügend ersetzbare Requisite

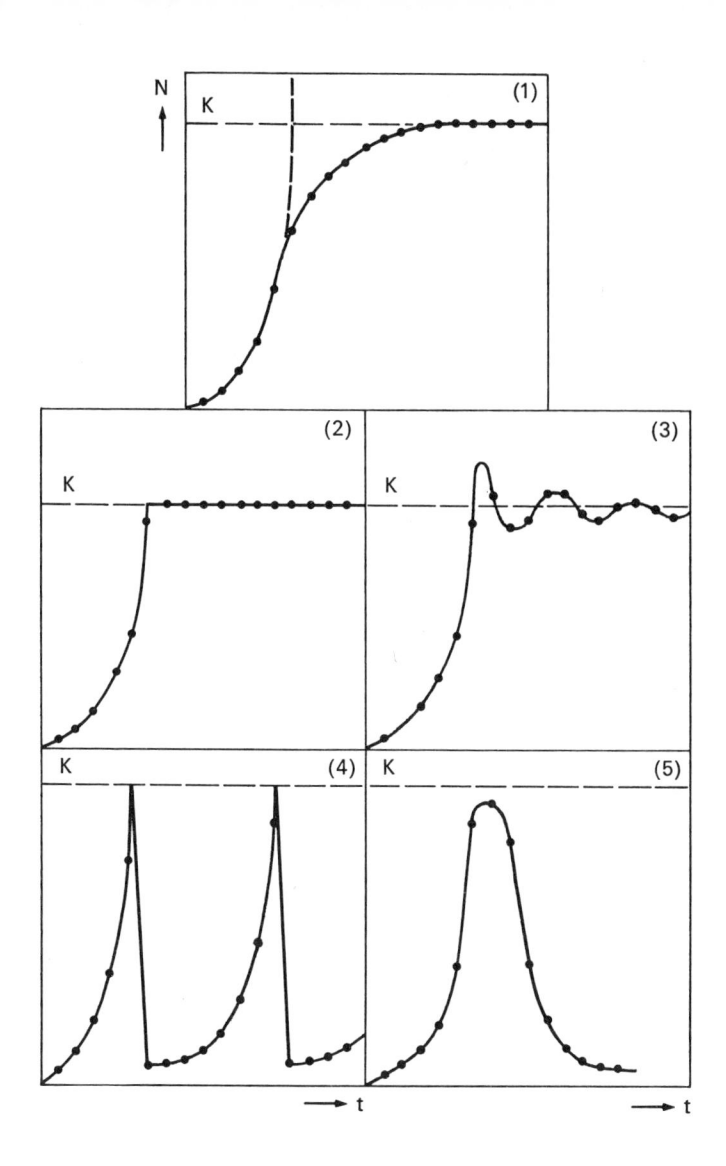

Abb. 3.11. **Formen endlichen Wachstums**
(Erläuterungen im Text)

verbraucht (z. B. Minderung der Nahrungsproduktion durch Überweidung) oder durch Verschmutzung der Umwelt ihre Lebensbedingungen verschlechtert (Beispiele auch in 2.3.1).

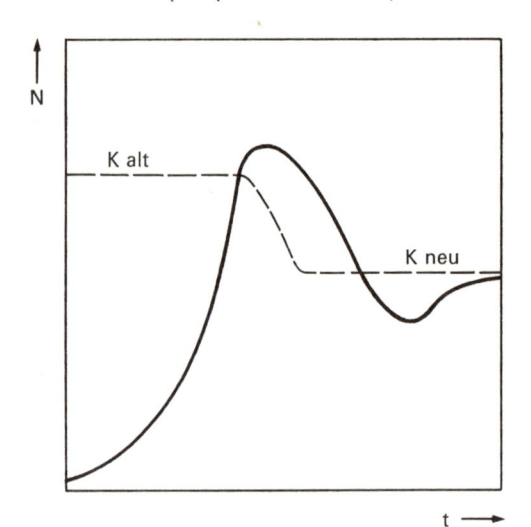

Abb. 3.12.
Änderung der Umweltkapazität K

Dichteabhängigkeit

In allen diesen Fällen, in denen die Bevölkerungszahl – bzw. die Bevölkerungsdichte – selbst Einfluß auf das weitere Wachstum der Bevölkerung nimmt, spricht man auch von *dichteabhängigen Einflüssen* auf das Bevölkerungswachstum.

Als *Bevölkerungsdichte* (oder *Abundanz*) einer Population bezeichnet man ihre Individuenzahl je Raum- oder Flächeneinheit (s. 4.2.2.3):
Die Dichte gibt Auskunft, in welchem Raum die Individuenzahl N einer Bevölkerung lebt, ob sie also viel Platz hat oder eng zusammenrücken muß.

Dichteabhängig können sowohl Einflüsse auf die Vermehrungsfähigkeit als auch auf die Sterblichkeit der Bevölkerung sein.

Auf dem Wege über die Nahrungskonkurrenz kann z. B. die Bevölkerungsdichte die Mortalität beeinflussen, sie kann aber auch zu ungenügend ernährten, schwächeren Einzelindividuen mit verminderter Fortpflanzungsfähigkeit führen und damit die Fertilität der Bevölkerung reduzieren.

Wir werden unten (3.3.2.1) die Dichteabhängigkeit als das – nach der Lehrmeinung – wesentliche Prinzip der **Regulation** der Bevölkerungsdichte kennenlernen.

Regelmechanismen sind in erster Linie Konkurrenz und Interferenz (3.3.1.2), mit gewissen Einschränkungen auch Feindeinwirkungen (3.3.1.1).

In gleicher Weise können dichteabhängige Änderungen der Konstitution der Individuen oder der Zusammensetzung der Population wirksam werden (Beispiele: 3.3.2.1).

3.1.1.4 Bevölkerungsschwankungen

Oben (3.1.1.2) lernten wir Bevölkerungsveränderungen als das Ergebnis von Vermehrungs- und Verminderungsvorgängen kennen: Je nach Überwiegen der Vermehrung oder der Verminderung kommt es zu einem Bevölkerungszuwachs oder zu einem Bevölkerungsrückgang. Nur in dem Falle, daß sich Vermehrung und Verminderung genau ausgleichen, ist ein Gleichstand der Bevölkerung (Null-Wachstum) erreicht. Es ist leicht einzusehen, daß bei der Vielzahl der Einflüsse, von denen Vermehrung und Verminderung einer natürlichen Bevölkerung abhängen (s. oben: Faktoren der Oszillationsgleichung), ein solcher Gleichgewichtszustand nur schwer zu treffen sein dürfte.

Ein Insektenpaar unseres Beispiels (Abb. 3.5) darf am Ende seines Lebens nur zwei Nachkommen hinterlassen, damit die Bevölkerung der Folgegeneration genau gleich der Ausgangsbevölkerung bleibt.
Bei der im Beispiel angenommenen hohen Vermehrungsrate müssen also im Laufe der Entwicklung sehr viele Nachkommen sterben – von 100 genau 98 –, damit die Bevölkerungszahl unverändert bleibt. Sterben nur 97, so bedeutet das bereits einen Zuwachs auf 150%, sterben 99, einen Rückgang auf 50% der Ausgangsbevölkerung.

In natürlichen Populationen ist also ein *Ungleichgewicht* zwischen Vermehrung und Verminderung die Regel. Die Folge ist ein ständiges *Auf und Ab der Bevölkerungszahlen*.

Populationsdynamik

Als Populationsdynamik werden bei uns nicht nur die ständigen *Veränderungen* einer Bevölkerung selbst bezeichnet, sondern im weiteren Sinne auch die *Lehre von diesen Veränderungen,* ihren Formen und Ursachen.

Die Bevölkerungsänderungen mit der *Zeit* – durch Vermehrung und Sterblichkeit – werden üblicherweise nicht in den Bevölkerungszahlen, sondern in der Bevölkerungsdichte ausgedrückt. Entsprechend bezeichnen wir diese Dichteänderungen als **Abundanzdynamik.**

Daneben kommt es zu ständigen Änderungen der Verteilung der Bevölkerung im *Raum*. Dieser Teil der Populationsdynamik wird auch als **Dispersionsdynamik** bezeichnet. Er tritt aber gewöhnlich hinter der Abundanzdynamik zurück.

3.1 Veränderlichkeit

Die Verteilung einer Bevölkerung im von ihr bewohnten Raum und ihre Veränderungen zu kennen, ist allerdings Voraussetzung jeder Arbeit mit ihr (z. B. bei der Entnahme von Stichproben, s. 4.2.2.2).

Zeitliche Trennung von Vermehrung und Verminderung führt, wie wir sahen, zu Schwankungen der Bevölkerungszahl oder -dichte *innerhalb* einer Generation, die **Oszillationen** genannt und in Oszillationskurven dargestellt oder mit Oszillationsgleichungen beschrieben werden (3.1.1.2).

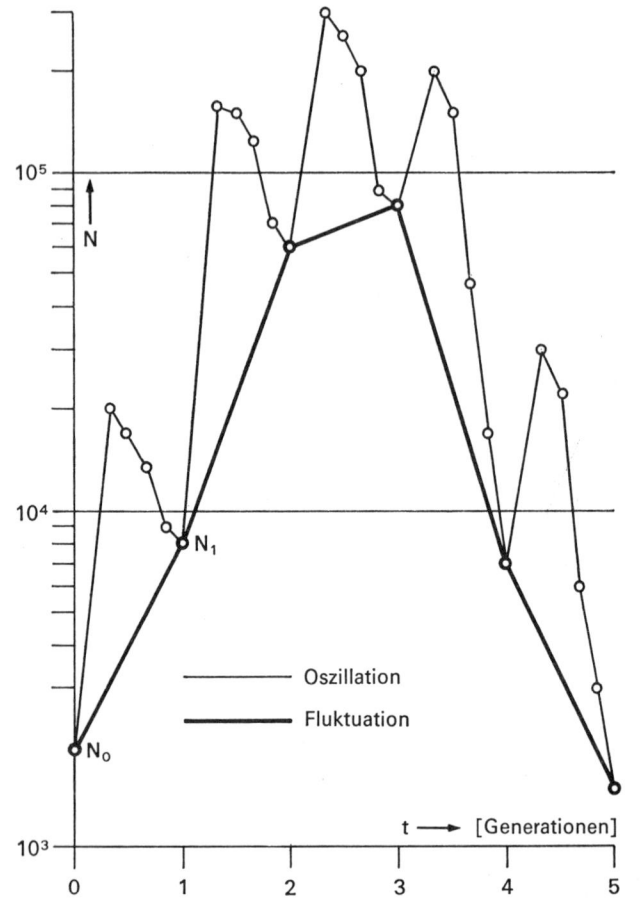

Abb. 3.13. **Zusammenhang zwischen Oszillation und Fluktuation**

Für die Bevölkerungsveränderungen *zwischen* den Generationen, also auch über längere Zeiträume hin, hat sich die Bezeichnung **Fluktuationen** oder – im deutschen Sprachgebiet – **Massenwechsel** eingebürgert.

Eine *Fluktuationskurve* (oder *Massenwechselkurve)* entsteht, wenn über eine Folge von Generationen hin die jeweils gleichen Entwicklungsstadien (z. B. Erwachsene, Eier, Larven, Puppen) miteinander verbunden werden.
Sind keine deutlich getrennten Generationen vorhanden, so kann man entsprechend Bevölkerungsaufnahmen zu bestimmten Zeiten, z.B. in jährlichem Abstand, miteinander verbinden. Die in Abb.1.2 dargestellte Entwicklung der menschlichen Gesamtbevölkerung ist ein Beispiel für eine derartige Fluktuationskurve über allerdings eine sehr lange Zeit mit entsprechend großen Aufnahmeabständen. In diesem Maßstab zeigt die Kurve eine reine Aufwärtsbewegung, erst bei genauerer Darstellung kürzerer Zeiträume erscheint auch hier das typische Auf und Ab der Fluktuationskurve.
Die Beziehungen zwischen Oszillationen und Fluktuationen sind in Abb. 3.13 dargestellt.

Innerhalb der Fluktuationen kann man Phasen niedrigerer Dichte und Phasen höherer Dichte unterscheiden. In der Praxis der Untersuchung und Beschreibung der Populationsdynamik vor allem schädlicher Kleintiere, z.B. Insekten oder Mäuse, nennt man Phasen besonders niedriger Dichte **Latenz:** in der Latenzzeit ist die betreffende Art nur schwer oder selten zu finden.

Phasen besonders hoher Dichte werden als **Massenvermehrungen** oder **Gradationen** (auch als *Ausbrüche)* bezeichnet. Bei Massenvermehrungen von Schädlingen spricht man auch von **Kalamitäten.**

In die Gradationsphase einbezogen ist sowohl der Anstieg wie der Rückgang der Dichte (Abb. 3.14). Eine verbindliche Abgrenzung von Latenz und Gradation gibt es allerdings nicht.
Nach der Steile des Anstiegs und Abfalls einer Massenvermehrung, nach der Höhe ihres Maximums und nach ihrer Dauer kann man *Gradationstypen* unterscheiden. Der in Abb. 3.14 dargestellte Gradationstyp wurde häufig bei Kiefern-Schadinsekten gefunden: einer dreijährigen Progradation folgt hier eine ebenfalls dreijährige Retrogradation. Die Amplitude der Gradation kann allerdings noch größer sein als hier dargestellt.
Gradationen verschiedenen Typs können in mehr oder weniger kurzen Abständen aufeinander folgen. Entsprechend unterscheidet man verschiedene *Massenwechsel-* oder *Fluktuationstypen:* nach Zahl, Form und Dauer der Ausbrüche, nach der Amplitude der Fluktuationen und nach dem mittleren Niveau des Massenwechsels (der mittleren Dichte).
Für Zwecke der praktischen Anwendung (z. B. Beschreibung der Massenvermehrungen von Schädlingen) hat sich diese Unterscheidung von

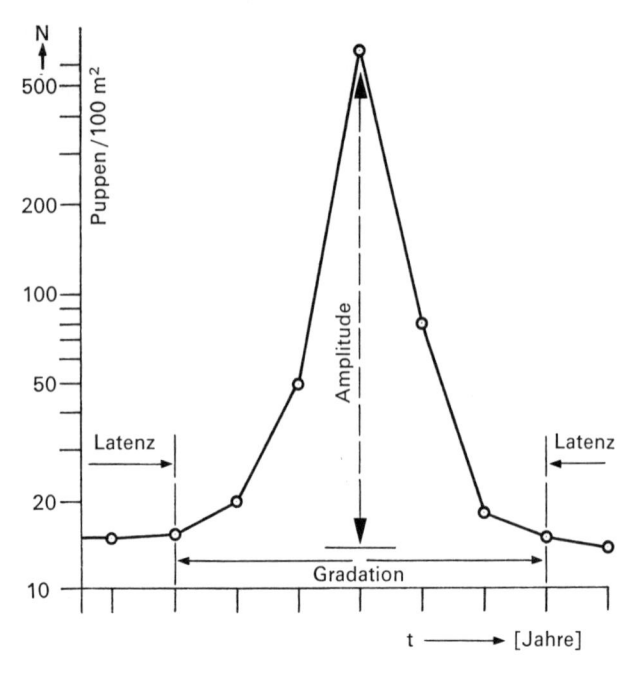

Abb. 3.14. **Gradationstyp** der Forleule in Ostdeutschland
Nach *Schwerdtfeger*

Fluktuationstypen als zweckmäßig erwiesen. Charakteristische – allerdings fingierte – Beispiele sind in Abb. 3.15 zusammengestellt:

(A) gelegentliche Ausbrüche in großen Zeitabständen
(B) häufige, sehr steile Ausbrüche von kurzer Dauer
(C) Ausbrüche von langer Dauer
(D) regelmäßige (zyklische) Fluktuationen

Tatsächliche Fluktuationsbilder sind freilich selten so eindeutig. Vor allem zyklische Fluktuationen sind sehr schwer nachzuweisen.
Bevölkerungen der gleichen Art können an verschiedenen Orten unterschiedlich fluktuieren. Dann unterscheidet man z. B. Latenzgebiete, Schadgebiete und Dauerschadgebiete dieser Art.
Als *Fluktuationsniveau* oder *mittlere Dichte* wird das geometrische Mittel aus den Bevölkerungsdichten angenommen. Beispiel: $N_0 = 1$, $N_1 = 10$, $N_2 = 100$: Mittel: $\sqrt[3]{1 \cdot 10 \cdot 100} = 10$ (entsprechend dem logarithmischen Maßstab der Ordinate).

Massenwechseltheorien

Die Erscheinungen auffälliger Fluktuationen führten frühzeitig zu Überlegungen, wie sie zustande kämen, d. h. welche Umwelteinflüsse im einzelnen – auf dem Wege über Fertilität und Mortalität – für die Fluktuationen verantwortlich seien.
Entsprechend den verschiedenen Denkmöglichkeiten gab es im Laufe der Zeit verschiedene theoretische Ansätze: z. B. eine Parasitentheorie, eine Biozönosetheorie, eine Witterungstheorie oder eine Nahrungstheorie. Alle diese Theorien beziehen sich auf *Komponenten der Umwelt* (s. 2.2.1), die tatsächlich auf eine natürliche Population mehr oder weniger *gleichzeitig,* wenn auch in unterschiedlicher Intensität, einwirken: alle Komponenten der ökologischen Umwelt, also auch die indirekten Beziehungen, müssen folglich – wie eingangs schon bemerkt – gleichermaßen berücksichtigt werden.

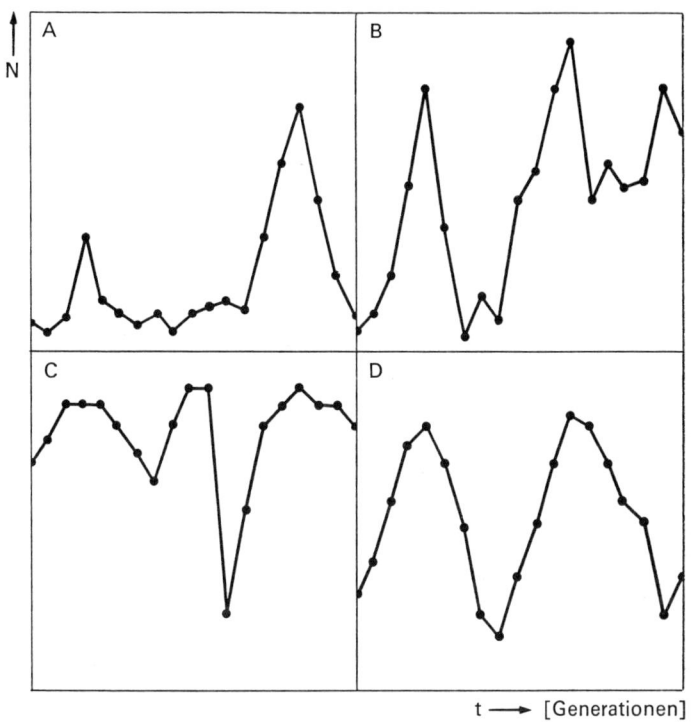

Abb. 3.15. **Massenwechsel- oder Fluktuationstypen**
(Erklärung im Text)

3.1 Veränderlichkeit

Massenwechsel-Analyse

Derjenige von allen einwirkenden Umwelteinflüssen, der den Verlauf der Fluktuationen am wesentlichsten bestimmt, wird als **Schlüsselfaktor** (key-factor) bezeichnet. Häufig kann man allerdings gar nicht von einem einzelnen Schlüsselfaktor sprechen, dann ist eine Kombination mehrerer Einflüsse wirksam. Außerdem können sich im Verlaufe einer zeitlichen Entwicklung verschiedene Schlüsselfaktoren in ihrer Funktion ablösen.

Es gibt eine Reihe von Versuchen, den Massenwechsel zu analysieren und den – oder die – Schlüsselfaktor(en) zu bestimmen. Voraussetzung ist in jedem Fall eine möglichst große Menge von Einzeldaten

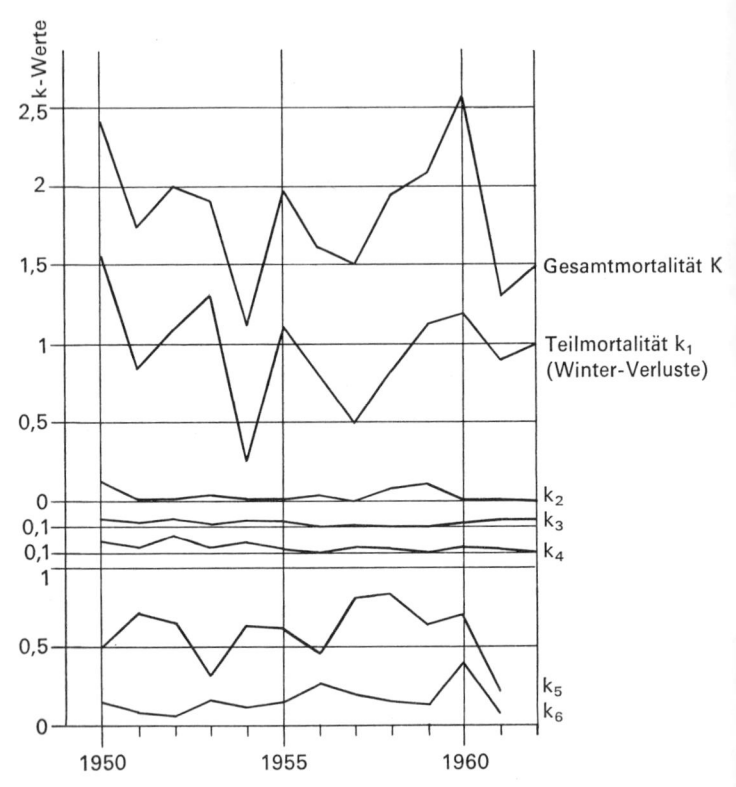

Abb. 3.16. **K-Wert-Analyse** nach Varley/Gradwell (1963)
Graphischer Vergleich der Kurve der Gesamtmortalität K mit den Kurven bestimmter Teilmortalitäten k_1, k_2 usw.

über die Populationsentwicklung über eine möglichst lange Zeit hin (in Form von möglichst genauen und möglichst langen Life-tables: s. 3.1.1.2).

Gewisse Aussagen lassen sich bereits aus dem *Gesamt-Fluktuationsbild* (Abb. 3.15) ableiten. Je regelmäßiger etwa der Kurvenverlauf ist – im Extremfall: zyklische Fluktuationen (Abb. 3.15: D) –, um so wahrscheinlicher ist, daß er von dichteabhängigen Einflüssen beherrscht wird. Ein sehr unregelmäßiger Ablauf weist dagegen auf Zufallseinflüsse, vor allem auf klimatische bzw. Witterungseinflüsse hin *(Ohnesorge* 1963, s. auch 3.3.2.1).

Ein weiterer Schritt ist der graphische Vergleich der Wirkung bestimmter einzelner Einflüsse mit der Gesamtwirkung: Man kann z. B. die Mortalität, die durch einen bestimmten Verursacher hervorgerufen wird (k), mit der Gesamtmortalität in der Generation (K) vergleichen. Derjenige k-Wert – oder diejenige Kombination verschiedener k-Werte –, dessen Kurvenverlauf über eine Reihe von Generationen die größte Ähnlichkeit mit der K-Kurve hat, dürfte der Schlüsselfaktor sein (in Abb. 3.16: k_1 – die Mortalität im Winter). Diese graphische Analyse wurde von *Varley* und *Gradwell* (1963) als *K-Wert-Analyse* beschrieben.

Rechnerische Analysen sind z. B. die Einzelfaktoren-Analyse von *Morris* (1959, 1963) oder die Determinations-Analyse von *Mott* (1966). In beiden Fällen werden die einzelnen Faktoren der Oszillationsgleichung mit geeigneten mathematischen Verfahren auf ihre Auswirkung auf das Fluktuationsbild untersucht. (Einzelheiten z. B. bei *Southwood,* 1966.)

3.1.2 Veränderlichkeit heterotypischer Kollektive

Ökologische Systeme werden von immer wiederkehrenden *Bestandteilen* gebildet. Diese Bestandteile sind untereinander verknüpft, vor allem durch Nahrungsbeziehungen (s. 3.2: Stoff- und Energiewechsel). In der Ökosystem-Forschung bezeichnet man diese Bestandteile als **Kompartimente:**

- *anorganische Kompartimente* sind die Stoffe, die Energie und die Raumstruktur,
- *organische Kompartimente* sind die drei sog. funktionellen Gruppen der Lebewesen.

3.1.2.1 Funktionelle Gruppen

Jeder Organismus in einem ökologischen System gehört einer der drei funktionellen Gruppen an:

I **Produzenten** (auch: Primärproduzenten), d. s. *autotrophe Organismen* (grüne Pflanzen), die allein die Fähigkeit haben, mit Hilfe der CO_2-Assimilation organisches Material aus anorganischem aufzubauen.

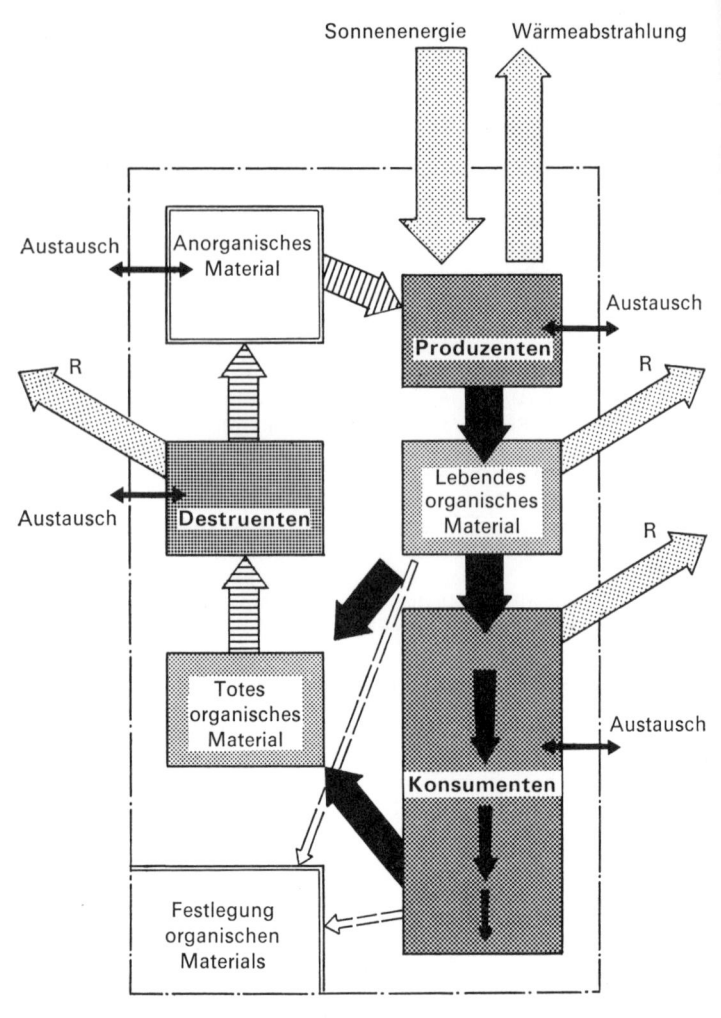

Abb. 3.17. Modell eines vollständigen Ökosystems (vereinfacht nach *Ellenberg* 1973)

II **Konsumenten** (Verbraucher, auch: Sekundärproduzenten), d. s. heterotrophe Organismen (meist Tiere), die auf organische Nahrung angewiesen sind; ihrem Ernährungstyp nach *Biophage*, also Pflanzen- oder Tierfresser bzw. Parasiten.

III **Destruenten** (Zersetzer), d. s. alle jene Organismen, die dazu beitragen, daß totes organisches Material abgebaut und schließlich in die anorganischen Bestandteile zerlegt wird. Zu ihnen gehören die *Zerkleinerer:* dem Ernährungstyp nach Abfall-, Kot-, Leichenfresser usw. (Saprophage, Detritophage, Nekrophage, Koprophage usw.), und die *Mineralisierer (Reduzenten),* die Mikroorganismen, vor allem Bakterien.

Abb. 3.17 stellt schematisch ein einfaches Ökosystem dar. In ihm sind die drei funktionellen Gruppen mit dem Vorrat an anorganischem Material in einem *Material-Kreislauf* verknüpft. Angedeutet ist ferner der Energie-Zufluß und -Ausfluß (R: Atmung der Organismen) sowie die zeitweilige Festlegung organischen Materials und schließlich der die Grenzen des Ökosystems überschreitende Austausch von Lebewesen, von anorganischem und organischem Material.

Unvollständige Ökosysteme: Fehlen von funktionellen Gruppen

Das dargestellte System ist *vollständig*, denn es enthält alle drei funktionellen Gruppen (und damit einen kompletten Material-Kreislauf, s. 3.2.2).

Unvollständig sind Systeme, denen eine der funktionellen Gruppen fehlt.

Vom Standpunkt des Funktionierens des Ökosystems im ganzen kann am ehesten die Gruppe der *Konsumenten* fehlen. Systeme, die nur aus Produzenten (grünen Pflanzen) und Destruenten (Aufarbeitung des pflanzlichen Abfalls) bestehen, sind denkbar, wenn auch wegen der Beweglichkeit – und damit Allgegenwärtigkeit – der Tiere unter natürlichen Verhältnissen kaum vorstellbar.

Nicht-notwendig sind die Konsumenten (einschließlich des Menschen!) allerdings nur insoweit, als sie im Nahrungskreis eines Ökosystems reine Nutznießer sind. Global kann auf Tiere natürlich nicht verzichtet werden, denkt man nur etwa an ihre Rolle bei der Blütenbestäubung, Samenübertragung und anderen Vergesellschaftungsformen, die sie im Laufe der Evolution eingegangen sind.

Unvollständige Systeme mit fehlender (oder zu schwacher) *Destruenten*gruppe führen zur Anhäufung organischen Materials, z. B. in Form von Dauerhumus oder Torf.

Unsere Vorräte an sog. fossilen Brennstoffen, Kohle, Erdöl, Erdgas, sind auf diese Weise – durch Verhindern der Destruententätigkeit – zustande

3.1 Veränderlichkeit 129

gekommen. Abbau und Energieausnutzung durch den Menschen schließen den unterbrochenen Kreis.

Schließlich gibt es ökologische Systeme – mit einer jeweils sehr speziellen Organismenwelt –, denen die *Produzenten* fehlen. Sie werden als **abhängige Systeme** bezeichnet, weil Konsumenten und Destruenten auf die fortwährende Zufuhr organischen Materials von außen angewiesen sind. Als Beispiele werden die Tiefsee oder auch große Höhlen genannt.

Austauschbarkeit: Besetzung funktioneller Gruppen

Vom Standpunkt des Funktionierens des Ökosystems interessiert das *Vorhandensein* der Kompartimente, also auch der funktionellen Gruppen der Organismen. In welcher Weise diese funktionellen Gruppen mit Individuen, Populationen oder Arten ausgefüllt sind, ist zweitrangig.

Es ist allerdings anzumerken, daß die derzeitigen Kenntnisse der Ökosystemforschung auf diesem Sektor lediglich Bruchstücke sind, die meist aus überschaubaren, also recht einfachen Systemen stammen.

In einander ähnlichen Systemen an verschiedenen Orten können also die entsprechenden Stellen von verschiedenen Organismen-Spezies besetzt werden: dies entspricht dem früher (2.2.3.3) vorgestellten Konzept der ökologischen Nischen (= Planstellen).

Im allereinfachsten Falle könnte also ein vollständiges Ökosystem nur drei Planstellen oder Nischen für je eine Organismenart enthalten, also eine Art in jeder funktionellen Gruppe. In aller Regel sind aber auch in *armen Ökosystemen* in jeder funktionellen Gruppe mehrere bis viele Nischen ausgebildet und besetzt, zumindest bei den Destruenten und auch bei den – beweglichen – Konsumenten. Am ehesten tritt Nischenarmut bei den Produzenten zutage, z. B. in speziellen Biotopen (Hochgebirge, Schilfgürtel z. B. des Neusiedler Sees). Beim Anbau von Kulturpflanzen wird versucht, die gesamte Produzentengruppe auf nur eine Art einzuschränken *(Monokulturen)*. Im Gegensatz dazu enthalten *reiche Ökosysteme* in jeder der funktionellen Gruppen eine große Vielfalt von Spezies (z. B. die tropischen Regenwälder oder die Laubmischwälder der gemäßigten Zonen).

Die **Veränderlichkeit** besteht also darin, daß die jeweilige Artenbesetzung einer funktionellen Gruppe jederzeit **austauschbar** ist: die einzelne Organismenart ist durch eine andere Art (in der gleichen oder einer ähnlichen Nische) zu ersetzen, ohne daß damit die Funktion des ganzen Systems gestört ist.

Beispiele wurden bereits mehrfach vorgeführt, etwa bei der Verdrängung von Arten durch überlegene Konkurrenten (z.B. Strudelwürmer: Abb. 2.15; Ersatz unterlegener Beutel-Räuber durch echte Raubtiere [Hunde] usw.). Auch die Verdrängung nicht-nutzbarer Primärproduzenten durch Kulturpflanzen gehört hierher.

Eine solche Veränderung innerhalb einer funktionellen Gruppe hat allerdings meist auch Veränderungen in anderen funktionellen Gruppen und damit eine Veränderung des Gesamtsystems zur Folge.

Beispiel:
Der Verdrängung des Kängurhus durch Schafe in Australien mußten auch Veränderungen bei den Destruenten folgen (Austausch von Dungfressern, vgl. 2.2.3.1).

3.1.2.2 Entstehung und Entwicklung von Ökosystemen

Alle ökologischen Systeme unterliegen – wie der Einzelorganismus – einer zeitlichen Veränderung: sie entstehen, entwickeln sich, altern und vergehen schließlich.

(1) Die Entstehung ökologischer Systeme

Wie ein ökologisches System entsteht, läßt sich beobachten, wenn Neuland von Organismen besiedelt wird, z.B. bei der natürlichen Entstehung (Inseln) oder künstlichen Gewinnung von Land (z.B. aus dem Meer), aber auch nach flächenhafter Vernichtung des Lebens nach Naturkatastrophen (z.B. Ausbruch des Krakatau 1883).

Bei einer Neubesiedlung spielt zunächst der *Zufall* eine Rolle: Welche Organismen kommen überhaupt an? Wer kommt (von konkurrierenden Arten) zufällig zuerst an?

Die ankommenden Arten unterliegen sogleich einer strikten *Filterwirkung* der Umweltbedingungen. Da es sich in der Regel um kleinere Ausgangspopulationen der Pionierarten handelt, im Extremfall sogar nur um Einzelexemplare, die die Bevölkerung begründen, wirkt sich hier die oben (2.1.3.1) beschriebene Einschränkung der genetischen Mannigfaltigkeit aus: die Gründerpopulationen haben entweder die Möglichkeit schneller Evolution, oder sie sterben alsbald wieder aus. Durch die fortschreitende Besiedlung werden auch die Umweltbedingungen verändert, die Existenz weiterer Arten wird möglich: die Pionierarten werden zurückgedrängt, durch andere Arten ersetzt, die Arten-Vielfalt nimmt zu.

In der Anfangsphase der Besiedlung – also in der Entstehungsphase eines Ökosystems – sind diejenigen Organismenarten im Vorteil, die über eine hohe Vermehrungsfähigkeit verfügen und damit wenig für die Erhaltung des einzelnen Individuums tun müssen, die also entsprechend hohe Verluste in Kauf nehmen können. Typische Pionier- oder Kolonisationsarten gehen verschwenderisch mit ihren Einzelindividuen um.

Erst später – mit fortschreitendem Alter des Ökosystems – kommen jene Arten hinzu, die geringe Vermehrungsraten haben und demzufolge einen größeren Aufwand zur Erhaltung des Einzelindividuums treiben müssen, z.B. bei Tieren durch Brutfürsorge oder Brutpflege.

Die typischen Vertreter dieser beiden Evolutionsstrategien werden auch als *r-Spezies* bzw. als *K-Spezies* bezeichnet (nach der Vermehrungsrate r bzw. der Umweltkapazität K [3.1.1.4], *Mac Arthur/Wilson* 1967). r-Spezies (z.B. gewisse Insekten) kommen bereits in frühen, K-Spezies (z.B. große Säugetiere) erst in späten Entwicklungsstadien des Ökosystems vor. Der Mensch ist eine typische K-Spezies.

(2) **Sukzessionen**

Veränderungen ökologischer Systeme mit der Zeit, die in bestimmter *Richtung* ablaufen, nennt man **Sukzessionen**. Innerhalb einer Sukzession ergibt sich eine regelmäßige Abfolge von Entwicklungsschritten (Sukzessionsstadien), die dadurch zustande kommt, daß die Organismengesellschaft die Umweltverhältnisse verändert (vgl. 2.3.1) und damit die Voraussetzungen zur weiteren Entwicklung schafft.

Begrifflich davon zu trennen sind andere Veränderungen mit der Zeit, die nicht gerichtet, sondern rhythmisch, d.h. *wiederkehrend,* im Ablauf etwa eines Jahres oder eines Tages verschiedene Erscheinungsformen des Systems (Aspekte) aufeinander folgen lassen. Beispiele für solche *Aspektfolgen* sind das alljährlich in gleicher Weise sich wiederholende Auftreten bestimmter blühender Pflanzen (z.B. der Frühlings-Aspekt im Buchenwald) oder kurzlebiger Tiere (z.B. Insekten einer Wiese: Abb. 3.18).

In einer Sukzession folgen Stufen aufeinander, die jede für sich ein funktionierendes ökologisches System darstellt und über mehr oder weniger lange Zeit erhalten bleiben kann. Die Entwicklung strebt allerdings einem *Endzustand* zu, einem Zustand der *Reife des Ökosystems* mit einer entsprechenden, charakteristischen Erscheinungsform. Aus der Vegetationskunde stammt der Ausdruck **Klimax (Klimaxgesellschaft)** für diesen Endzustand. Die Klimax stellt den unter den gegebenen Umweltverhältnissen zu erreichenden *Reifezustand* einer Organismengesellschaft dar. Die Bezeichnung Endzustand ist insofern nicht ganz richtig, als sich auch die Klimaxgesellschaft noch verändern kann: sie kann altern und sterben, kann ihre Umweltverhältnisse verändern und damit wieder neue Entwicklungen in Gang setzen.

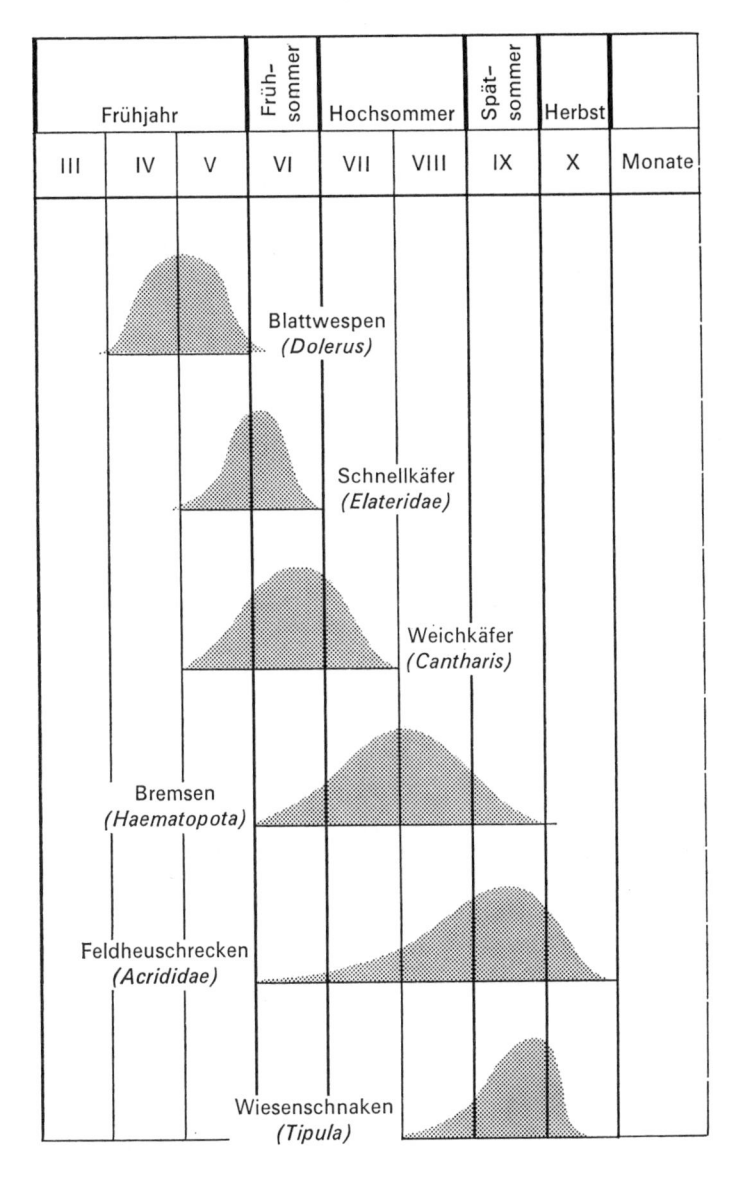

Abb. 3.18. Aspektfolge
Jahreszeitliches Auftreten bestimmter Insekten in einer Wiese

3.1 *Veränderlichkeit*

Primäre progressive Sukzession

Teich mit Seerosen und Röhricht

Seggen-Ried

Weiden-Faulbaum-Gebüsch

Erlen-Bruchwald **Natürliche Schlußgesellschaft**

Kohldistel-Wiese **Anthropogene Schlußgesellschaft**

Sekundäre progressive Sukzession (Aufhören menschlicher Einflüsse)

Regressive Sukzession (Kahlschlag – Entwässerung – Mahd – Düngung)

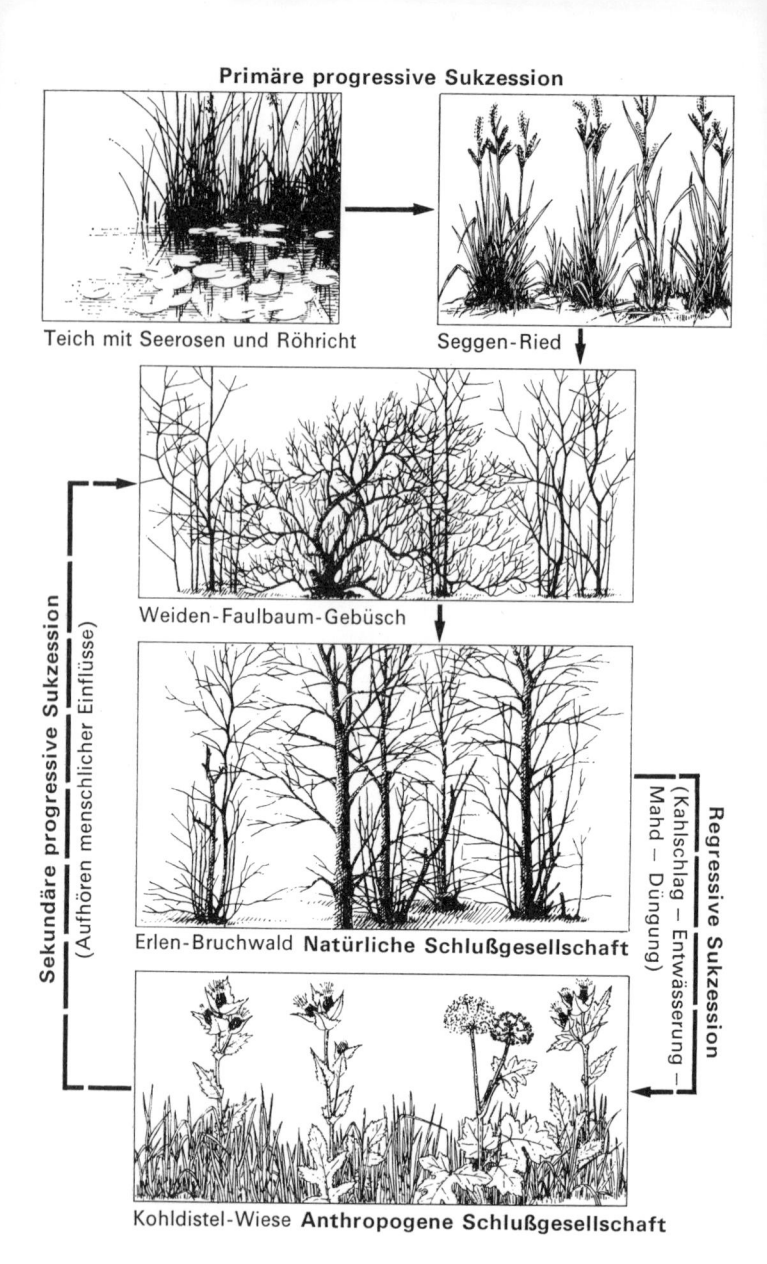

Abb. 3.19. **Sukzessionen von Pflanzengesellschaften** (ausgehend von verlandenden nährstoffreichen Seen)

Eine Sukzession von Pflanzengesellschaften (und damit von Lebensgemeinschaften) führt von der Erstbesiedlung eines Areals durch eine Pioniergesellschaft über die verschiedenen Stadien von Kraut-, Stauden- und Strauchvegetation am Ende meist zum Wald. Diese Waldgesellschaft hat die für die gegebenen klimatischen und standörtlichen Verhältnisse typische Zusammensetzung.
In Abb. 3.19 sind typische Stadien einer Sukzession, die von einem verlandenden See ausgeht, dargestellt. Klimaxgesellschaft ist in diesem Fall ein Erlen-Bruchwald.
Zu charakteristischen Sukzessionen kommt es auch unter dem Einfluß des Menschen auf Organismengesellschaften. Im Gegensatz zu den natürlichen *(progressiven)* Sukzessionen spricht man in diesen Fällen von *regressiven Sukzessionen*. An ihrem Ende steht jeweils eine anthropogene Schlußgesellschaft – im Beispiel Abb. 3.19 eine Kohldistel-Wiese –, die allerdings nicht als «reife» Gesellschaft anzusehen ist, weil sie sich bei Aufhören des menschlichen Einflusses sogleich wieder progressiv in Richtung auf die natürliche Schlußgesellschaft ändert.
Diese Tatsache hat Konsequenzen für Naturschutz und Landschaftspflege, z. B. im Brachland-Problem oder bei der Erhaltung von Gesellschaften, die nicht die natürlichen Schlußgesellschaften sind, wie etwa die Lüneburger Heide.
In Synusien von Destruenten (s. 2.1.4) läuft ein anderer Typ von Sukzessionen ab: er ist überall dort zu beobachten, wo organisches Material abgebaut wird, z. B. an einem abgestorbenen Baum oder an einer tierischen Leiche. Hier finden sich in charakteristischer Reihenfolge Organismengesellschaften ein, deren Zusammensetzung vom jeweiligen Zustand des Substrates – der zunehmenden Austrocknung oder dem fortschreitenden Abbau – bestimmt wird. Derartige Sukzessionen laufen gewöhnlich sehr viel schneller ab als etwa eine Sukzession von Pflanzengesellschaften.
Produktionsökologisch wird dieser Typ als *heterotrophe Sukzession* von der autotrophen Sukzession (einer Pflanzengesellschaft) unterschieden.

3.2 Stoff- und Energiewechsel in ökologischen Systemen

Alle Organismen in einem ökologischen System stehen zueinander in **Nahrungsbeziehungen** (3.2.1): sie fressen andere oder werden selbst gefressen. Auf dieser Grundlage sind die funktionellen Gruppen, aber auch die Organismen oder Organismenkollektive innerhalb der funktionellen Gruppen in sog. *Nahrungsketten* bzw. *Nahrungsnetzen* miteinander verknüpft.
Über Nahrungsketten wird **Material** (3.2.2) und **Energie** (3.2.3) weitergegeben. In jüngster Zeit interessiert man sich außerdem für die über solche Verknüpfungen weitergegebene **Information** (3.2.4). Dabei ist wichtig, daß der Gehalt an Information zugleich ein Maß für die *Ordnung* oder die *Organisationshöhe* des Systems ist.

Die energetische Betrachtungsweise hat sich als die zentrale herausgestellt. Alle Vorgänge im Ökosystem lassen sich als *Energiefluß* bzw. als dessen Veränderungen beschreiben und in ihrer Abhängigkeit von den Hilfsquellen (den sog. Resourcen) – Material, Energie, Raum, Zeit und Information – darstellen *(Watt* 1970).

3.2.1 Nahrungsbeziehungen

(1) Nahrungsketten

In einer **Nahrungskette** sind Produzenten und verschiedene Konsumenten organischen Materials *linear* verknüpft. Jedes Glied dieser Kette, das auch als *Nahrungsstufe* oder als *trophisches Niveau* bezeichnet wird, ist von dem vorhergehenden (dem nächstniedrigen) Niveau abhängig. Am Anfang der Kette stehen stets Produzenten, also grüne Pflanzen, die allein organisches Material (durch Photosynthese) aufbauen können. Alle Folgeglieder der Kette – Konsumenten und Destruenten – sind von ihnen abhängig.

Die trophischen Niveaus bieten Planstellen für Organismen bestimmter, jeweils gleicher Ernährungsweise. Beispiele für die Besetzung dieser Planstellen sind in Abb. 3.20 dargestellt.

Die *Zahl der Glieder* in einer Nahrungskette ist begrenzt. Das hängt mit dem Energieverlust beim Übergang von einem trophischen Niveau zum anderen zusammen (s. 3.2.3).

Typen von Nahrungsketten

Der im Beispiel dargestellte Nahrungsketten-Typ ist nur einer von vielen. Die wesentlichsten Typen sind:

(1) der *Pflanzenfresser-Räuber-Typ* (Abb. 3.20),

dabei kann der Pflanzenfresser auch ein Tier sein, das sich von Plankton, von Früchten, Samen, Blütenstaub usw. ernährt;

(2) der *Parasiten-Typ*,

eine Variante von (1), entsprechend der Definition des Parasiten (2.3.2.3), bei der auf den Primärparasiten Sekundär-, Tertiärparasiten usw. folgen;

(3) der *Detritus-Typ*,

der alle Nahrungsketten enthält, in denen *totes* organisches Material abgebaut wird (Detritus = organischer Abfall), also Pflanzenreste, Leichen, Kot usw. Die Typen (1) und (2) sind dagegen Biophagen-Nahrungsketten.

Land-System

Gewässer-System

Planstelle:

→ Produzent
→ Phytophager
→ Zoophager I
→ Zoophager II
→ Zoophager III

Abb. 3.20. **Nahrungsketten**

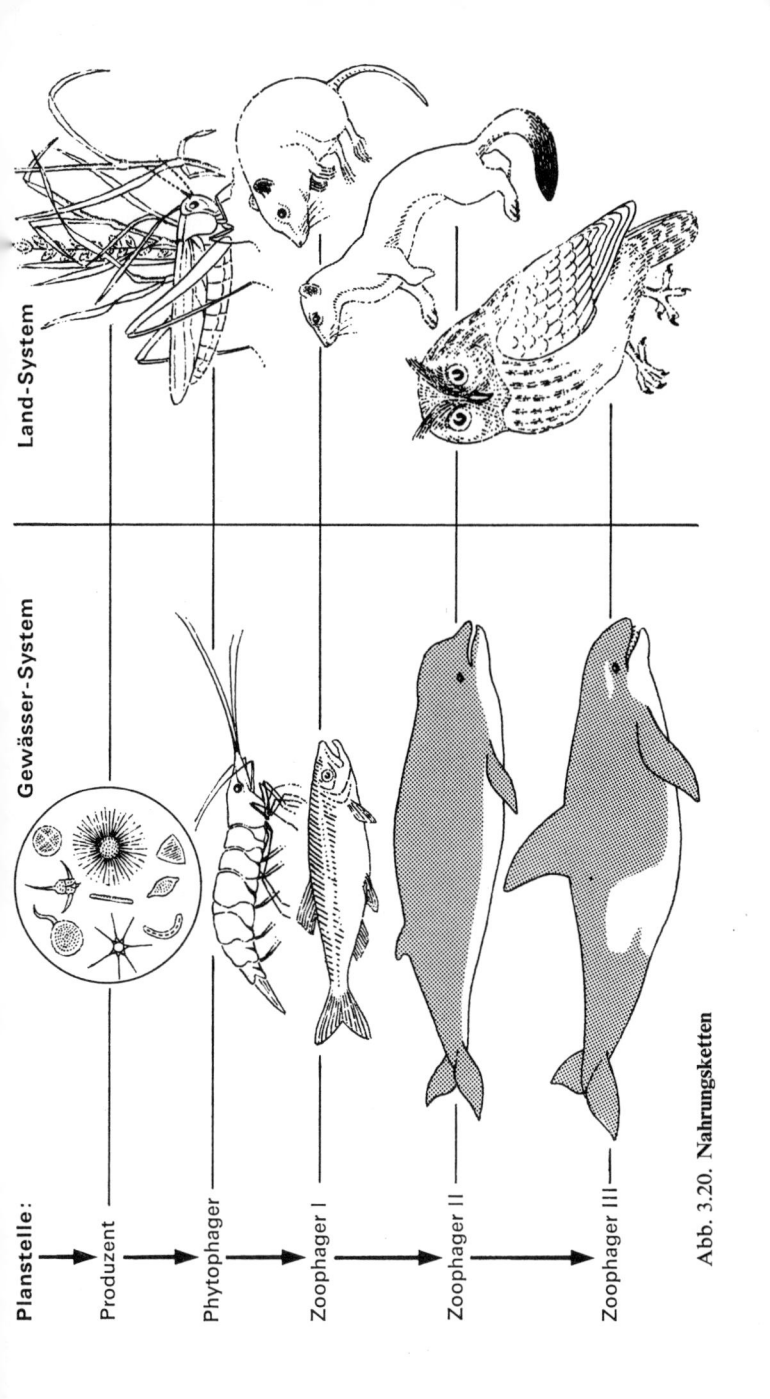

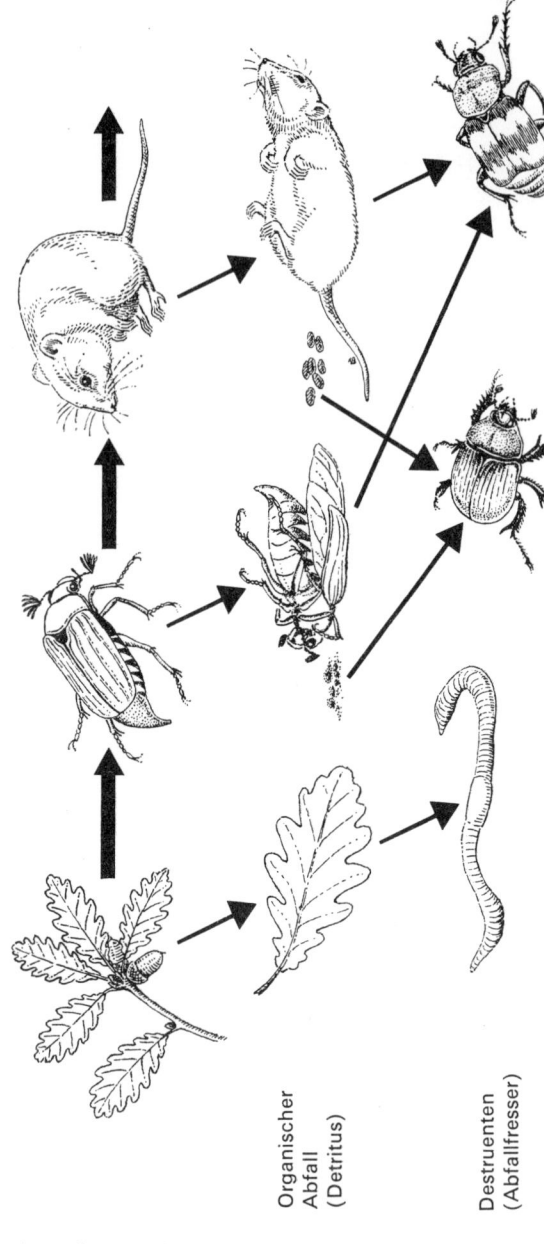

Abb. 3.21. Abzweigung von Detritus-Nahrungsketten

138   3 Funktionelle Betrachtung ökologischer Systeme

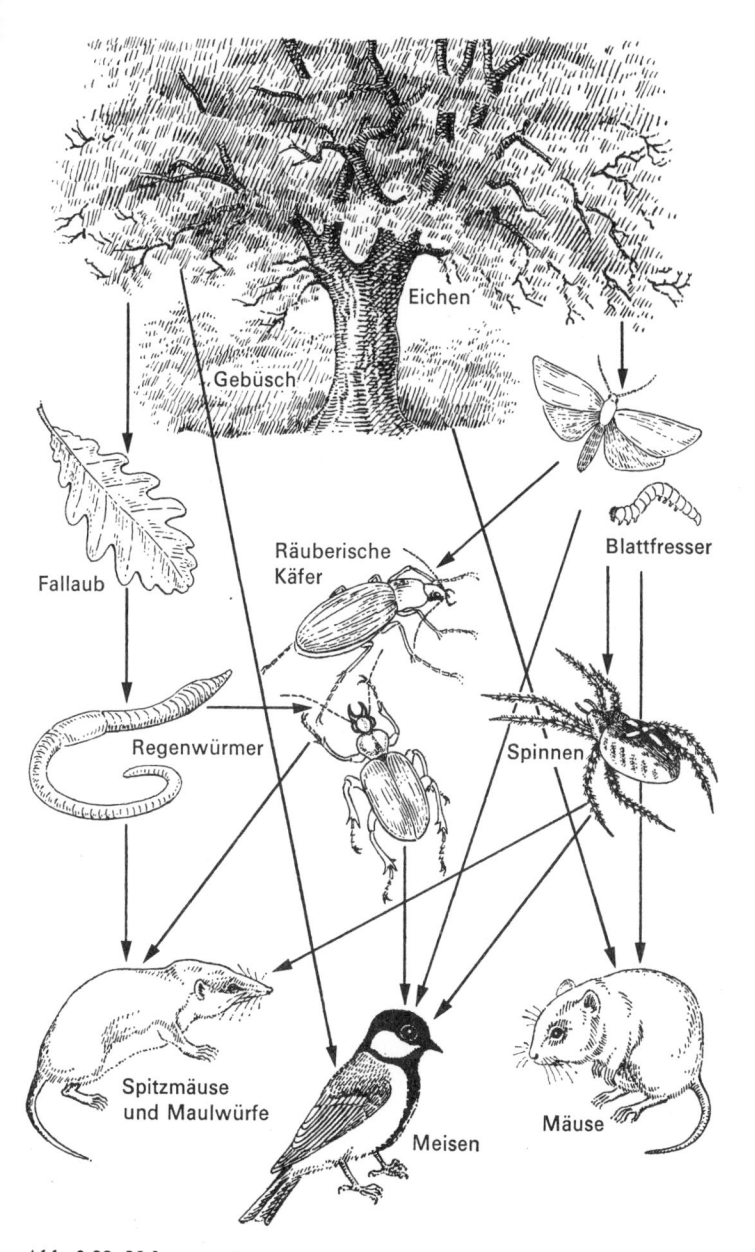

Abb. 3.22. Nahrungsnetz
Ausschnitt aus den Nahrungsbeziehungen in einem Eichenwald
Nach *Varley* (1970)

In Nahrungsketten des Typs (1) nimmt die *Körpergröße* der beteiligten Tiere in der Regel von einem trophischen Niveau zum anderen deutlich zu, bei den Typen (2) und (3) nimmt sie dagegen ab.

Sowohl parasitische als auch Detritus-Nahrungsketten können auf allen trophischen Niveaus an eine Hauptkette vom Typ (1) anschließen, also Seitenketten bilden. Die Konsequenz ist eine **Verzweigung** des Stoff- und Energietransports auf jedem Niveau in mindestens eine Kette vom Typ (1) und eine Kette vom Typ (3). Dargestellt wird das in dem typischen Y-förmigen Flußdiagramm (Abb. 3.21; s. auch Abb. 3.26).

(2) **Nahrungsnetze**

In natürlichen Ökosystemen – und besonders in terrestrischen Systemen mit ihrer großen Artenfülle – kommt es darüber hinaus noch zu zahlreichen Verknüpfungen der beteiligten Organismen untereinander, die sich nicht mehr linear anordnen lassen. Man spricht hier von **Nahrungsnetzen** statt von Nahrungsketten. (Die Bezeichnungen «Artengefüge» oder «biozönotische Konnexe» meinen das gleiche.)

Beispiele für derartige Verknüpfungen:

Tiere, die keine Nahrungsspezialisten sind, können sich u. U. sowohl von Pflanzen als auch von Tieren oder sogar von totem Material ernähren (Extremfall: sog. *Allesfresser;* auch der Mensch gehört dazu). Solche Spezies müssen also gleichzeitig verschiedenen trophischen Niveaus zugeordnet werden.

Die Organismen der Detritus-Nahrungsketten stehen ihrerseits Räubern zur Verfügung (Beispiel: Regenwurm). Ketten des Typs (3) münden so wieder in die Hauptkette vom Typ (1) ein.

Die am Ende von Nahrungsketten stehenden großen Räuber müssen sich aus energetischen Gründen in der Regel von vielen verschiedenen Beutearten ernähren, sind also an mehrere bis viele Nahrungsketten zugleich angeschlossen. Beim Waldkauz z. B. enden schätzungsweise 30 verschiedene Nahrungsketten *(Southern* 1954).

In Abb. 3.22 wird versucht, derartige Verknüpfungen anhand der auffallendsten Tiere in einem Eichenwald darzustellen.

(3) **Zahlenpyramiden der trophischen Niveaus**

An die Vorstellung der Nahrungsketten knüpfen die häufig abgebildeten sog. **Nahrungspyramiden** an, in denen die trophischen Niveaus in bestimmten Zahlenverhältnissen zueinander dargestellt sind.

Diese Zahlen können sich z. B. beziehen

– auf die *Individuenzahlen,* die in Nahrungsketten des Typs (1) von Stufe zu Stufe deutlich abnehmen, in Ketten der Typen (2) und (3) dagegen zunehmen;

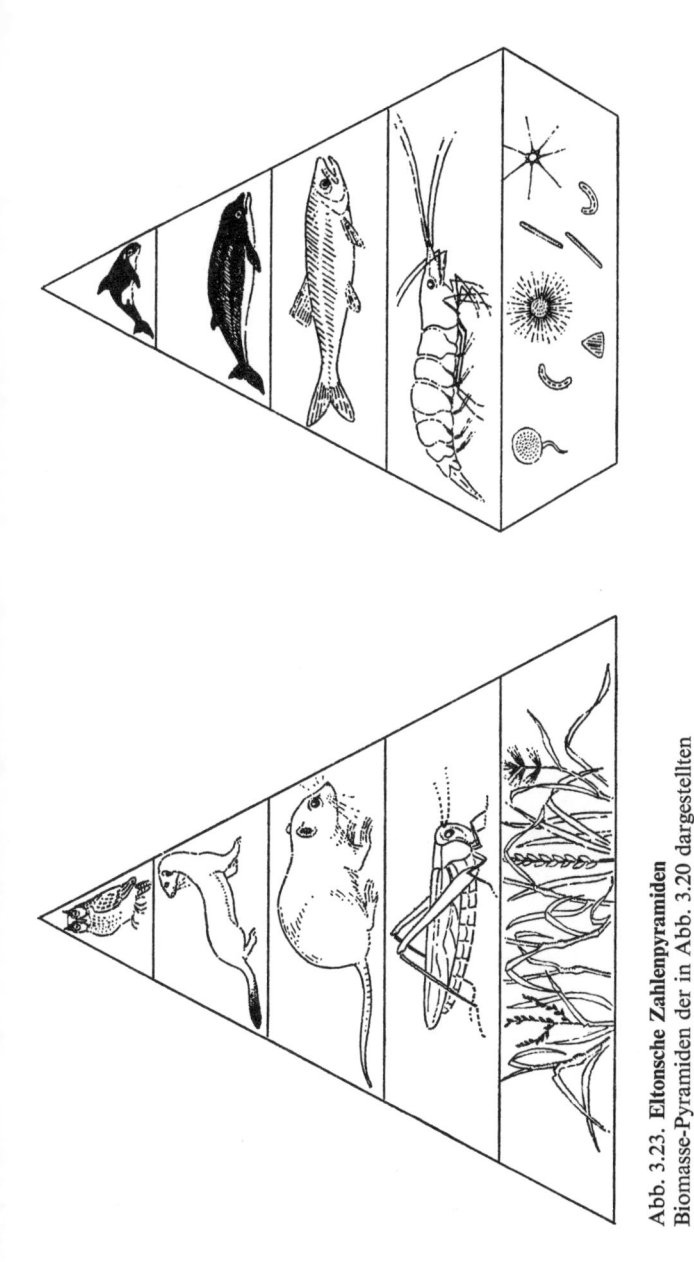

Abb. 3.23. **Eltonsche Zahlenpyramiden**
Biomasse-Pyramiden der in Abb. 3.20 dargestellten
Nahrungsketten in einem Land- (links) und einem Gewässer-System (rechts)

3.2 Stoff- und Energiewechsel in ökologischen Systemen 141

- auf die *Biomasse* aller Organismen eines trophischen Niveaus (Abb. 3.23): diese Biomasse-Pyramiden entsprechen in der Regel den Pyramiden der Individuenzahlen; es gibt allerdings auch Fälle (z. B. im Flachwasser), in denen relativ wenige Individuen kleiner Produzenten (Algen) – mit geringer aktueller Biomasse – dank ihrer schnellen und starken Vermehrung eine viel größere Menge von Pflanzenfressern (mit entsprechend größerer Biomasse) zu ernähren vermögen (s. auch 3.2.3.2);
- auf die *Produktion* bzw. die *Energiegehalte* der trophischen Niveaus usw.

3.2.2 Stoffkreislauf

Materie kann (im Gegensatz zur Energie: 3.2.3) immer wieder verwendet werden, kann also in mehr oder minder umfangreichen **Kreisläufen** durch Organismen und unbelebte Umwelt immer von neuem in ein Ökosystem einbezogen werden.

Die *biologischen Phasen* – der Einbau anorganischer Materialien in die Körpersubstanz von Lebewesen und der anschließende Abbau von organischem zu anorganischem Material (Abb. 3.17) – sind meist kurz. In unvollständigen Ökosystemen kann es zu einer längeren Festlegung organischer Materialien kommen (3.1.2.1).

Global werden diese Material-Kreisläufe als **biogeochemische Zyklen** bezeichnet. In ihnen kommen Festlegungsphasen von längerer Zeit oder von Dauer vor. Für die Verfügbarkeit des Materials ist die Art der Festlegung wichtig.

Die Zyklen sind unterschiedlich weit: Wasser, Sauerstoff und Kohlenstoff sind in globalen Kreisläufen zu betrachten, Nährstoffe (vor allem Stickstoff und Phosphor) in sehr viel engeren Kreisläufen.

In den sog. *atmosphärischen* Kreisläufen (Wasser, Kohlenstoff, Stickstoff, Sauerstoff) bilden die jeweils nicht biologisch gebundenen Mengen große *Reservoire* (Pools), die jederzeit verfügbar sind.

In den sog. *Ablagerungs-Kreisläufen* (z. B. Phosphor, Schwefel, Eisen, Magnesium, Spurenelemente) ist das Material in der Festlegungsphase *nicht* ohne weiteres *verfügbar* (z. B. in Gesteinen, in der Tiefsee).

Die *Erforschung* dieser Kreisläufe geschieht in mühsamer Kleinarbeit mit Hilfe markierter Substanzen (Tracer).

Beispiele für biogeochemische Zyklen

Kohlenstoff

Die Organische Chemie ist die Chemie des Kohlenstoffs. Die einzige Möglichkeit, Energie in biologischen Systemen festzulegen, nimmt ihren Ausgang bei der organischen Bindung von anorganischem CO_2 mit Hilfe der Sonnenenergie (Photosynthese).

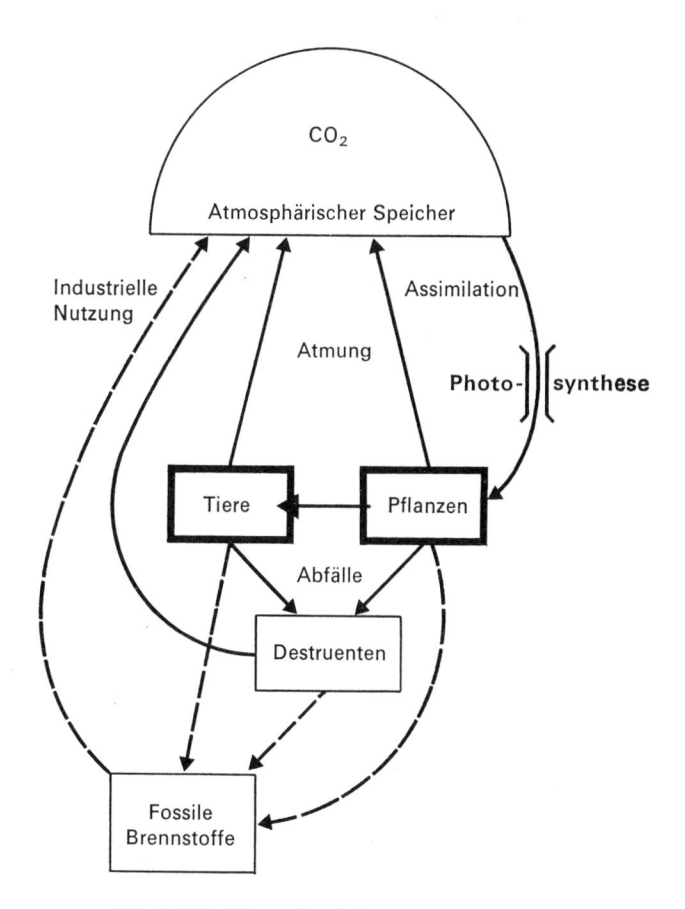

Abb. 3.24 A. **Biogeochemische Zyklen:** Kohlenstoff-Kreislauf

In Abb. 3.24 A ist der Kohlenstoff-Kreislauf als ein atmosphärischer Kreislauf mit Speicher in der Atmosphäre dargestellt. Im biologischen Bereich stellt er sich als Kombination zweier gegenläufiger Prozesse dar:

– der *Assimilation* von CO_2 durch autotrophe Pflanzen und
– der *Atmung (Dissimilation)*, durch die autotrophe und heterotrophe Organismen die Energie für ihre Lebensvorgänge gewinnen; energiereiche organische Verbindungen werden dabei schließlich wieder zu CO_2 und Wasser abgebaut (vgl. Abb. 3.25).

3.2 Stoff- und Energiewechsel in ökologischen Systemen

Engpaß: Nur die grünen Pflanzen haben die Fähigkeit zur Photosynthese.

Festgelegt wird Kohlenstoff in Kalkgestein und in den sog. *fossilen Brennstoffen* (Torf, Kohle, Erdöl, Erdgas).

Alle diese Energievorräte, die heute industriell genutzt werden, sind auf dem gleichen Wege – durch biologische Festlegung von Sonnenenergie – und anschließende Konservierung organischen Materials entstanden.

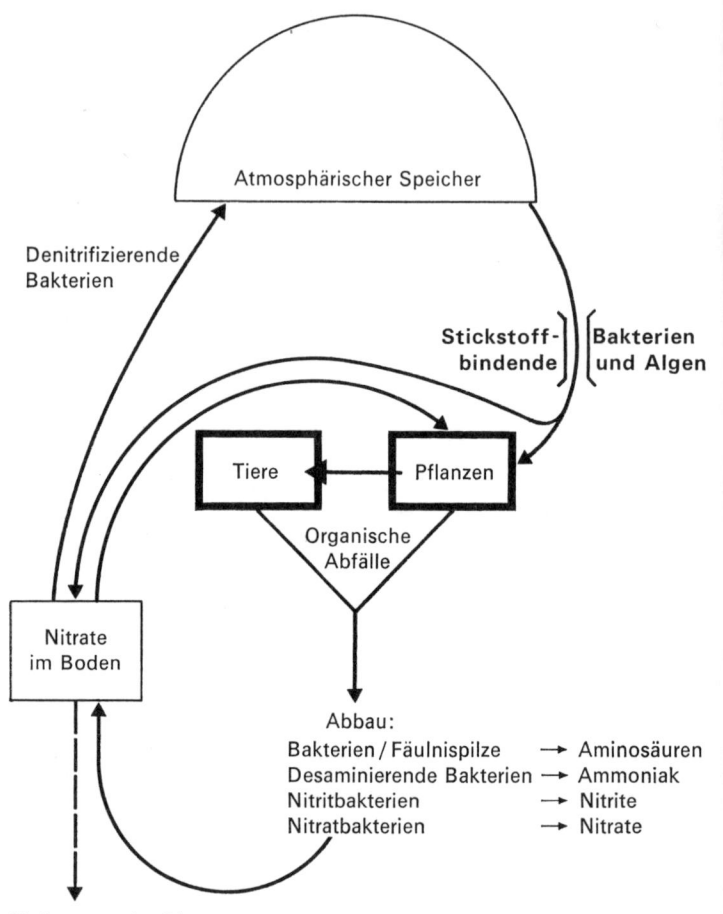

Abb. 3.24 B. **Biogeochemische Zyklen:** Stickstoff-Kreislauf

Stickstoff

Die biologische Bedeutung des Stickstoffs liegt in der Eiweiß-Chemie, also bei den wesentlichen Baumaterialien der Organismen.

Der Stickstoff-Kreislauf (Abb. 3.24 B) ist ebenfalls ein atmosphärischer Kreislauf. Trotz des globalen Speichers in der Atmosphäre ist dieser Kreislauf jedoch eng. Es kommt häufig zu örtlichen Versorgungsschwierigkeiten.

Engpaß: Nur wenige Organismenarten (bestimmte Blaualgen und Bakterien) vermögen atmosphärischen Stickstoff zu binden (z. B. die Knöllchenbakterien in den Wurzeln von Schmetterlingsblütlern, s. 2.3.2.2).

Der biologische Abbau geschieht stufenweise ebenfalls mit Hilfe vor allem von Bakterien.

Verluste treten – großenteils irreversibel – durch Auswaschung und Ablagerung in der Tiefe des Meeres ein.

Phosphor

Die biologische Bedeutung des Phosphors liegt vor allem bei der Energie-Übertragung durch Phosphorylierung im ADP/ATP-System.

Der Phosphor-Kreislauf ist ein typischer Ablagerungs-Kreislauf (Abb. 3.24 C). Weil Phosphor im anorganischen Bereich selten bzw. schwer zugänglich ist, kommt es für die Organismen wesentlich auf die Anreicherung und Speicherung an.

Phosphorverluste enden – z. B. bei Übernutzung oder Erosion – durch Auswaschung im Meer. Von dort ist eine Rückgewinnung sehr schwer. Bekannte Ausnahme ist die Aufspülung aus den Tiefen des Meeres z. B. an den Küsten Perus, die dort eine Nahrungskette zur Folge hat, welche mit den Guanovögeln endet.

Bezüglich weiterer Beispiele biogeochemischer Zyklen wird auf die Fachliteratur verwiesen.

3.2.3 Energiedurchfluß

Konnte man im Bezug auf den Materialdurchgang zumindest bei bestimmten ökologischen Systemen von geschlossenen Systemen sprechen, die sich ohne größere Zufuhr oder Verluste längere Zeit erhalten können, so sind in energetischer Hinsicht *alle* Ökosysteme *offen*. Alle Energie kommt praktisch von außen (von der Sonne) und verliert sich wieder durch Abstrahlung an den Weltraum.

Die von der Sonne auf die äußere Erdatmosphäre auftreffende Energiemenge wird mit $13 \cdot 10^{20}$ kcal (= $54,4 \cdot 10^{20}$ kJ) im Jahr angegeben. Auf die Erdoberfläche umgerechnet sind das $2,55 \cdot 10^6$ kcal/m² (= $10,68 \cdot 10^6$ kJ/m²) im Jahr.

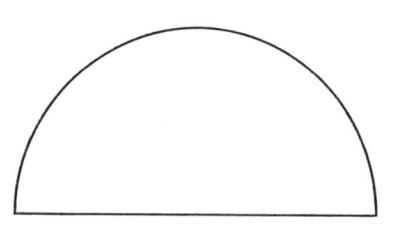

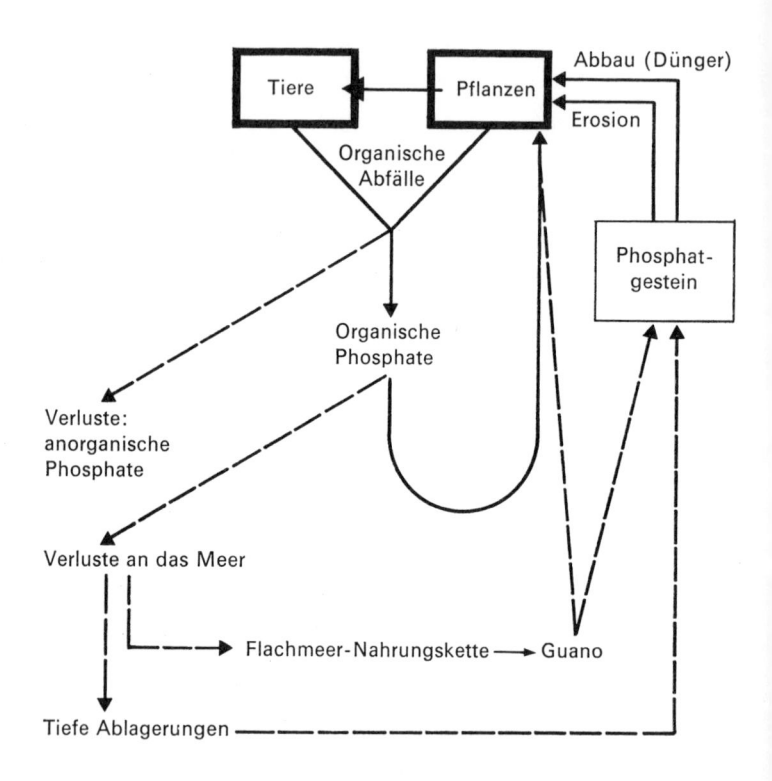

Abb. 3.24C: **Biogeochemische Zyklen:** Phosphor-Kreislauf

Von dieser Energiemenge kommt allerdings nur etwa die Hälfte tatsächlich auf der Erdoberfläche an (s. unten), macht dort aber rd. 99,98 % der Gesamtenergie aus. Aus anderen Energiequellen – Gezeitenenergie, Nuklear-, Thermal- und Gravitationsenergie – stammen lediglich 0,02 %.

Es kann demnach keine energetisch *autarken* Ökosysteme geben. Und es gibt auch keine reversiblen Vorgänge im Ökosystem: alle natürlichen Vorgänge sind *irreversibel* (d. h. nicht umkehrbar), weil – sowohl global als auch im Bezug auf das einzelne Ökosystem – als Durchgang von Energie zu verstehen. Dieser Durchgang geht verschieden schnell vor sich: der Teil der eingestrahlten Energie, der zur *Produktion* energiereicher chemischer Verbindungen verwandt wird, wird in seinem Durchlauf *verlangsamt*.

Was also zunächst wie eine Speicherung von Energie in Organismen aussieht, ist tatsächlich ein **Energiestau,** eine Verzögerung des Energieflusses durch ein mehr oder weniger kompliziertes Nahrungsnetz. Im Extremfall kann dieser Energiestau allerdings fast in eine Sackgasse führen: bei den fossilen Brennstoffen, in denen Energie über Jahrtausende oder Jahrmillionen festgelegt wurde und weiterhin festgelegt bliebe, würde diese Sackgasse nicht durch den wirtschaftenden Menschen geöffnet.

Thermodynamische Grundlagen

Zwei Hauptsätze der mechanischen Wärmetheorie besagen,
– daß sich energetische Zustandsformen (z. B. mechanische Arbeit, chemische Energie, Wärme) ineinander *überführen* lassen,
– daß aber ein solcher Übergang stets mit mehr oder weniger großen *Verlusten* an Energie verbunden ist.

Ein Maß für diese Verluste an Energie, die nicht mehr zurückgewonnen werden kann, ist die **Entropie.** Der Energiezustand, in dem die Verluste auftreten, ist die *Wärme*.

Wärme ist der ungeordnetste Energiezustand. Da Unordnung der wahrscheinlichste Zustand eines Systems ist und dieser Zustand stets angestrebt wird, streben alle anderen Energieformen diesen Zustand an. Mit der Abnahme des Energiegehalts nimmt die Entropie und die Unordnung im System zu. Entropie ist also ein Maß für die *Unordnung,* entsprechend die negative Entropie oder *Negentropie* ein Maß für die *Ordnung* im System (3.2.4).

3.2.3.1 Energiefluß im Ökosystem

Abb. 3.25 stellt grob die gegenläufigen Vorgänge
– der *Speicherung chemischer Energie* durch Umwandlung von Strahlungsenergie der Sonne mit Hilfe der Photosynthese und

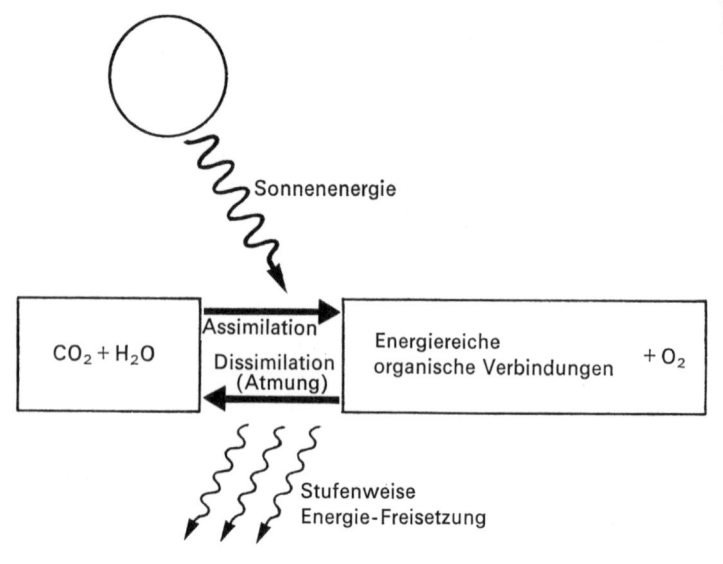

Abb. 3.25. **Grundvorgänge** der Energiespeicherung und Energiefreisetzung mit Hilfe energiereicher organischer Verbindungen

- der *stufenweisen Freisetzung* dieser Energie durch die Atmung der in Nahrungsketten verbundenen Organismen dar.

Einzelheiten der Vorgänge der Energiebindung und -freisetzung sind in der entsprechenden Fachliteratur nachzulesen.

In der Nahrungskette wird organische Substanz, d.h. chemisch gebundene Energie weitergegeben. Bei jedem Übergang von einem trophischen Niveau zum nächsten geht dabei Energie verloren, die nicht in das System zurückgeholt werden kann. Jede neue Energiezufuhr muß vom Primärproduzenten her die ganze Kette wieder neu durchlaufen.

Die **Aufspaltung des Energieflusses** beim Übergang von einem *Individuum* des einen zu einem Individuum des nächsten trophischen Niveaus ist in Abb. 3.26 dargestellt.

Sie zeigt die uns schon geläufige Abzweigung von *Detritus-Nahrungsketten:*

- mehr oder weniger große Teile der Beute werden vom Feind gar nicht erst aufgenommen,
- ein Teil der aufgenommenen Nahrung wird als Abfallprodukt des

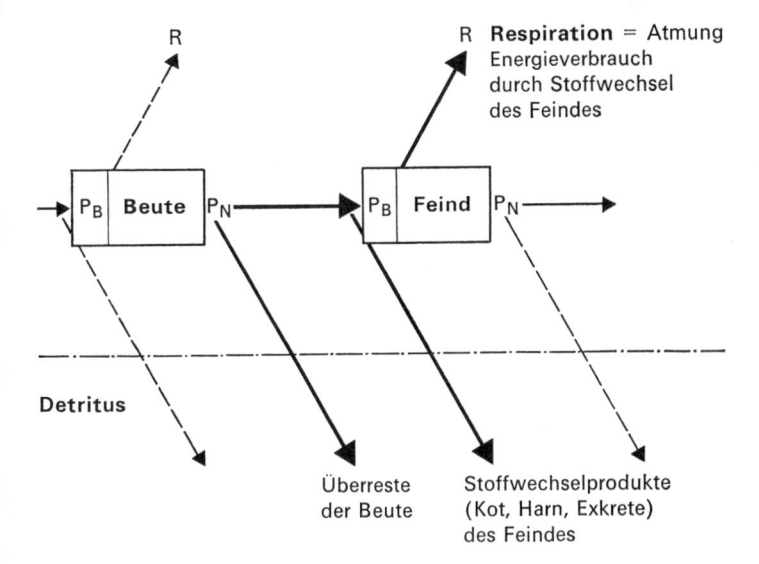

Abb. 3.26. Verzweigung des Biomasse- bzw. Energie-Stroms
beim Übergang zwischen zwei Individuen verschiedener trophischer Niveaus

Stoffwechsels vom Feind wieder ausgeschieden (Kot, Harn, auch Exkrete).

Im *Kollektiv* kommt noch hinzu (s. Abb. 3.21) die Biomasse, die den direkten Weg in die Detritus-Nahrungskette nimmt, ohne von Pflanzenfressern oder Räubern gefressen zu werden: Fallaub, Nadelstreu, Holz, tierische Leichen, Larvenhäute usw.

Die dem Feind verbleibende Energiemenge wird als seine **Brutto-Produktion** (P_B) bezeichnet. Aus ihr muß er den Energiebedarf seiner eigenen Lebensvorgänge decken: die durch **Atmung** (Respiration R) verbrauchte Energie geht dem System – in Form von Wärme – verloren.

Der nach Abzug des Eigenverbrauchs verbleibende Rest, die **Netto-Produktion** (P_N), ist der Teil der gebundenen Energie, die einem weiteren Verbraucher, also einem Angehörigen des nächsten trophischen Niveaus zur Verfügung steht. Zu dieser Netto-Produktion gehört alles, was vom Organismus in Wachstums- und Entwicklungsvorgänge, in Fortpflanzung und Bildung von Reservestoffen investiert wird.

Die hier am Beispiel einer tierischen Beute-Feind-Beziehung dargestellten Verhältnisse sind grundsätzlich auf allen trophischen Niveaus die

3.2 Stoff- und Energiewechsel in ökologischen Systemen

gleichen. Im Falle der Produktion durch die grünen Pflanzen, der Primärproduktion, benutzt man die Bezeichnungen *Brutto-Primärproduktion* (BPP) und *Netto-Primärproduktion* (NPP).

Für ein ganzes Ökosystem läßt sich ein **Energiefluß-Diagramm** wie in Abb. 3.27 aufstellen. Aus ihm kann man den Energieabfall zwischen den trophischen Niveaus, den Energiefluß in die Detritus-Ketten und den Energieverlust durch die Atmung der Organismen der Haupt-Nahrungskette ablesen.

Derartige Energiefluß-Diagramme finden sich in der Fachliteratur in verschiedener Form. Sie beziehen sich aber immer wieder auf nur ganz wenige bekannte und durchgerechnete Beispiele. Die Zahlenangaben der Abb. 3.27 beruhen z. B. auf der klassischen Untersuchung des subtropischen Quellsees Silver Springs (Florida) durch *Odum* (1957).

Land-Ökosysteme sind sehr viel komplizierter und daher auch nur in Ansätzen bekannt (z. B. ein mitteleuropäischer Buchenwald; *Ellenberg* 1971).

Energieverluste bis zur Brutto-Primärproduktion

Die eingestrahlte Sonnenenergie wird teils von Wolken usw. reflektiert, teils von der Erdatmosphäre absorbiert oder diffus zerstreut, und nur knapp die Hälfte der Energiemenge, die auf die äußere Erdatmosphäre trifft, kommt an der Erdoberfläche an.

Im Einzelfall hängt diese Energiemenge von der Lage (geographischen Breite) des untersuchten Ökosystems ab, verändert sich aber auch im Tages- oder Jahreslauf, mit der Bewölkung usw.
Abb. 3.27 A gibt die von *Odum* (1957) in Florida gefundenen Verhältnisse wieder.

Im dargestellten Fall trifft rd. ein Viertel der Energie auf grüne Pflanzen. Der größte Teil davon kann von der Pflanze nicht genutzt werden, am Ende findet sich nur der geringe Teil von 1,2% der auf die Erdoberfläche gelangten Energie in der Brutto-Primärproduktion wieder. Auch in anderen untersuchten Ökosystemen stellte man ähnliche Zahlenverhältnisse fest, so daß allgemein gesagt werden kann:
Die auf die Erdoberfläche eingestrahlte Energiemenge reduziert sich zur Brutto-Primärproduktion um rd. zwei Dezimalen.

Energieverluste im Ökosystem

Mehr als die Hälfte der Brutto-Primärproduktion wird von den Pflanzen selbst zur Aufrechterhaltung ihrer Lebensfunktionen verbraucht (veratmet):
Abb. 3.27 B geht von der Brutto-Primärproduktion aus, die gleich

```
                    Sonnenenergie
                    ○ ← Verluste in der
                         Erdatmosphäre

              Energie-Einstrahlung
              auf die Erdoberfläche

         ┌─────────────────────────────┐
         │  1 700 000 kcal/m² Jahr     │
         │  (= 7 118 000 kJ/m² Jahr)   │
         └─────────────────────────────┘

                   = 100 %

nicht        75,9 %        24,1 % von der Pflanzendecke
absorbiert                         absorbiert

Wärme  22,9 %    1,2 %    Brutto-
                           Primärproduktion

         ┌─────────────────────────────┐
         │    20 810 kcal/m² Jahr      │
         │    (= 87 000 kJ/m² Jahr)    │
         └─────────────────────────────┘
```

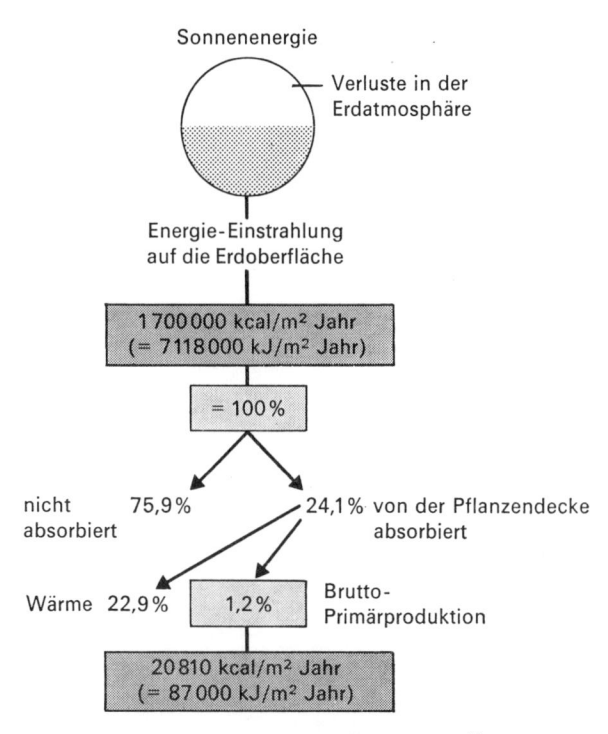

Abb. 3.27 A. **Energieeinstrahlung in ein Ökosystem**
(Daten nach *Odum* 1957)

100 % gesetzt wird, und verfolgt über vier trophische Niveaus der Haupt-Nahrungskette hin die jeweiligen Energieverluste durch *Atmung* sowie die Energieabgaben in die *Detritus-Nahrungsketten*.

Bei konkreten Produktivitätsangaben ist auf die Dimension der Daten zu achten. Gebräuchlich sind die Dimensionen kcal/m² Jahr (kJ/m² Jahr), aber auch von kcal/m² Tag (kJ/m² Tag) oder cal/cm² Tag (J/cm² Tag) usw.

Vergleicht man die Brutto- oder die Netto-Produktivitätswerte zweier aufeinanderfolgender Nahrungsstufen miteinander, so erhält man den sog. **ökologischen Wirkungsgrad**. Im vorliegenden Fall beträgt der ökologische Wirkungsgrad 4 bis 17 %, im Durchschnitt also rd. 10 %. Auch das läßt sich in die allgemeine Aussage kleiden:

Bei jedem Übergang zwischen trophischen Niveaus reduziert sich die Energiemenge um rd. eine Dezimale.

Brutto-Primärproduktion

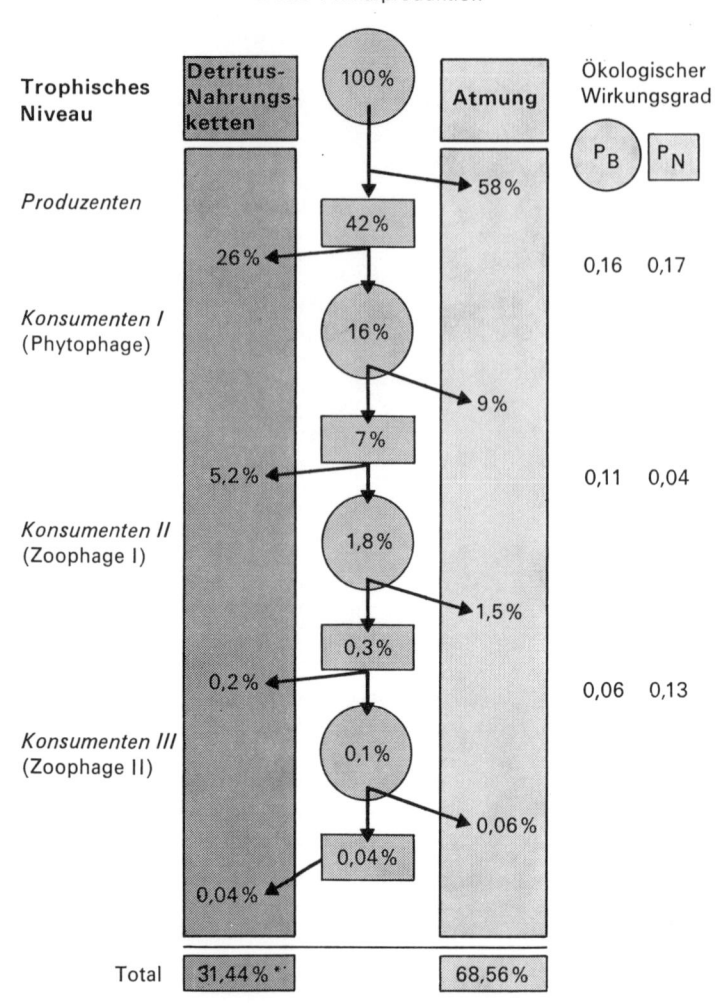

Trophisches Niveau	Detritus-Nahrungsketten		Atmung	Ökologischer Wirkungsgrad P_B P_N
		100%		
Produzenten			58%	
	26%	42%		0,16 0,17
Konsumenten I (Phytophage)		16%	9%	
	5,2%	7%		0,11 0,04
Konsumenten II (Zoophage I)		1,8%	1,5%	
	0,2%	0,3%		0,06 0,13
Konsumenten III (Zoophage II)		0,1%	0,06%	
	0,04%	0,04%		
Total	31,44%*		68,56%	

* inkl. Export (mit Fließwasser)

Abb. 3.27B. **Energiedurchlauf durch ein Ökosystem**
(relative Zahlen nach Angaben von *Odum* 1957)

3.2.3.2 Produktionsökologie

Der Zweig der Ökologie, der sich mit der Aufstellung von Energiebilanzen und ihrer Analyse beschäftigt, wird auch als *Produktionsökologie* bezeichnet.

Als *Produktion* wird gewöhnlich die produzierte Menge (bzw. ihr Energie-Äquivalent) je Fläche (oder Raum) angegeben, z. B. in kcal/m^2 (kJ/m^2), als *Produktivität* die Produktion in der Zeiteinheit, also z. B. in kcal/m^2 Tag (kJ/m^2 Tag).

Die *Daten einer Energiebilanz* werden durch direkte Messung oder durch Rückrechnung bestimmt:
- Die *eingestrahlte Energie* kann direkt gemessen werden.
- Die *Netto-Produktion* wird gemessen als **Biomasse**, d.h. als Lebend- oder Trockengewicht der Organismen oder Organismenkollektive. Der Energiegehalt der Biomasse wird durch ihre quantitative Umwandlung in Wärme bestimmt (Verbrennen im Kalorimeter).
- Die *Atmung* kann mit geeigneten Methoden (z. B. in einer Warburg-Apparatur) direkt gemessen oder in Näherung bestimmt werden.
- Die *Brutto-Produktion*, die real niemals in Erscheinung tritt, wird aus Netto-Produktion plus Atmung rückgerechnet.

Die Abgabe von Biomasse bzw. Energie an die Detritusketten kann teilweise kontrolliert werden, z.B. durch Zählungen und Messungen des Laubfalls, der tierischen Leichen, der Kotproduktion usw.
Sie kann auch bestimmt werden durch die Differenz aus Brutto-Produktion dieser und Netto-Produktion der vorangegangenen Nahrungsstufe.
Für die Umrechnung von *Biomasse in Energie* kann man − mit einiger Streuung, die bei Pflanzen größer ist als bei Tieren − folgende Mittelwerte annehmen:

- pflanzliche Biomasse   rd. 4 kcal/g   (= rd. 17 kJ/g),
- tierische Biomasse   rd. 5 kcal/g   (= rd. 21 kJ/g),
- reservestoffhaltige Biomasse
  (Samen, überwinternde Tiere usw.)   rd. 7–8 kcal/g (= rd. 29–33 kJ/g)

(Biomasse: g aschefreies Trockengewicht).

Für die Umrechnung des bei der *Atmung verbrauchten Sauerstoffs* in Energie (sog. oxykalorisches Äquivalent) gilt:
- 1 ml O_2 = 4,83 cal (= 20,22 J)   und
- 1 mg O_2 = 3,38 cal (= 14,15 J).

Ein besonderes Problem ergibt sich aus der Tatsache, daß Biomasse-Bestimmungen oder Atmungsmessungen meist an einzelnen Individuen durchgeführt werden. Anhand der Daten über Größe und Zusammensetzung der Kollektive (vgl. 4.2.2) müssen diese Werte dann hochgerechnet werden.

Länge von Produktionswegen

Die Regel vom 90%igen Energieverlust bei jedem Übergang auf ein anderes trophisches Niveau hat zur Konsequenz, daß natürliche Nahrungsketten nur eine begrenzte – und sehr kleine – Zahl von Gliedern haben können. Räuberische Tiere im dritten Glied einer Nahrungskette haben nur noch den 1000. Teil der Primärproduktion zur Verfügung, im vierten Glied gar nur den 10000. Teil. Sie müssen sich demzufolge an möglichst viele Nahrungsketten anschließen, um ihren Energiebedarf zu decken.

Ein häufig zitiertes *Beispiel* macht diese Zusammenhänge deutlich:

zur Produktion von   1 t Thunfisch
                          ↑
sind nötig: 10 t Heringe
                          ↑
                        100 t Zooplankton
                          ↑
                        500 t Phytoplankton

Auf einer Fläche, die zur Produktion von 500 t Phytoplankton ausreicht, können also zehnmal so viele Individuen leben, die sich von Heringen ernähren, als solche, die von Thunfisch leben.

Je kürzer die Nahrungskette, um so besser ist die energetische Situation für die dort angeschlossenen Organismen: um so mehr oder um so größere Individuen vermögen je Flächeneinheit zu leben.

Ein *Beispiel* für den Vorteil abgekürzter Nahrungsketten bieten die großen Bartenwale (Abb. 3.28), die auf einem sehr niedrigen trophischen Niveau an die Nahrungskette angehängt sind und damit sogar die Regel durchbrechen, nach der die Größe der Nahrung immer im Verhältnis zur Körpergröße steht (Regel vom relativen Brockengrößen-Anspruch).

Auf den *Menschen* bezogen bedeutet das *(Watt* 1968), daß zur Ernährung eines Individuums die folgende Produktionsfläche ausreicht:

1 bis 4 m²   bei Algenzucht,
600 m²   bei Kartoffelanbau,
4 000 m²   bei Produktionsveredlung: Fleisch,
30 000 m²   bei Produktionsveredlung: Eier.

Entsprechend viele (oder wenige) Menschen können von der Flächeneinheit leben.

Umschlagrate (Verhältnis Produktion zu Biomasse)

Die im Vergleich zu höheren Pflanzen um vieles höhere Produktionsleistung von Algen hängt mit ihrer hohen Vermehrungsrate zusammen.

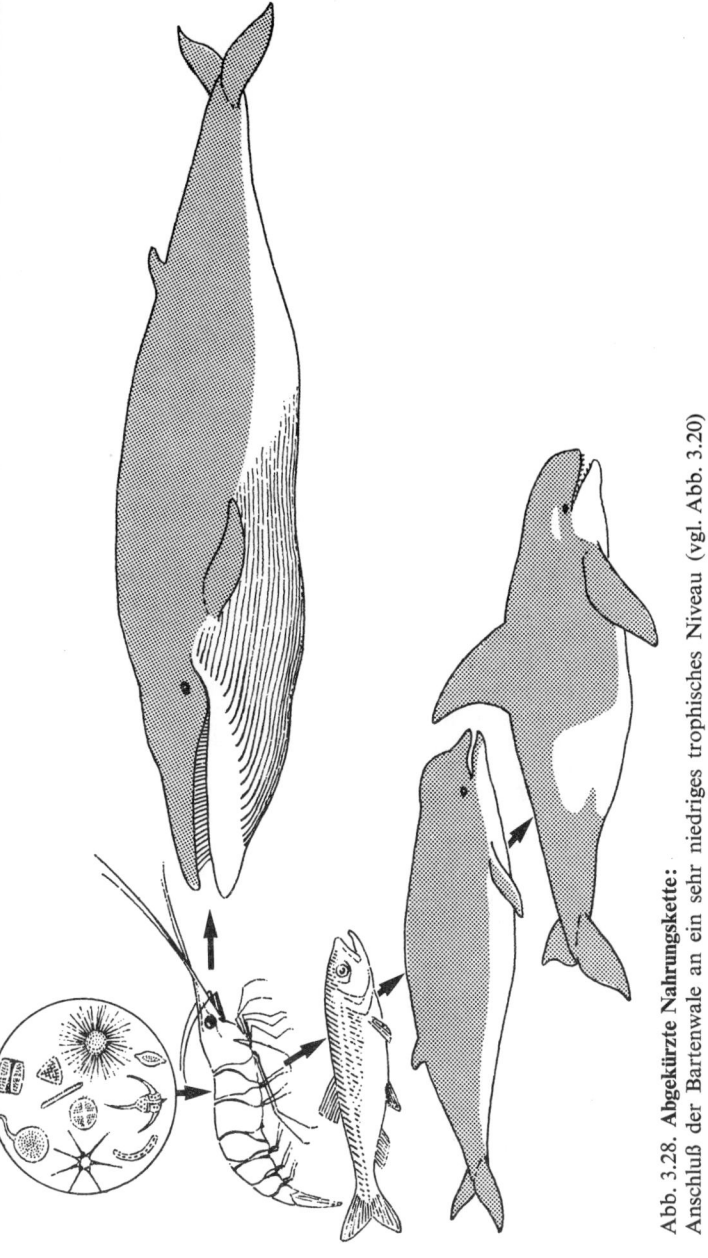

Abb. 3.28. **Abgekürzte Nahrungskette:** Anschluß der Bartenwale an ein sehr niedriges trophisches Niveau (vgl. Abb. 3.20)

3.2 Stoff- und Energiewechsel in ökologischen Systemen

Eine vergleichsweise geringe Menge von Algen produziert in der Zeiteinheit ein Vielfaches ihrer eigenen Biomasse. Davon können sich Phytophage ernähren, die eine viel größere Biomasse haben.

Die Biomasse-Pyramide zeigt in diesen Fällen eine charakteristische Verengung an der Basis (Abb. 3.23).

Das Verhältnis von Produktion zu vorhandener Biomasse (P/B) wird auch als *Umschlagrate* bezeichnet: mit einer schnellen Folge kurzer Generationen ist ein fortgesetztes Auswechseln der Bestandteile des Kollektivs verbunden.

Beispielsweise hat ein Kleinkrebs mit 7 Generationen im Jahr eine Umschlagrate von 13,1,
beim Elefanten mit seiner langen Lebensdauer und den wenigen Fortpflanzungsphasen beträgt das P/B-Verhältnis dagegen nur 0,05.

Verschiedene Produktionswege

Die Verteilung des gesamten Energieflusses im Ökosystem auf die verschiedenen Wege im Nahrungsnetz kann sehr unterschiedlich sein und hängt wesentlich von der Art und Anzahl der im System und auf den einzelnen trophischen Niveaus vorhandenen Organismenarten ab.

Im Beispiel der Abb. 3.27 B werden rd. 69% der Brutto-Primärproduktion im Laufe der Haupt-Nahrungskette veratmet, rd. 31% der Energie laufen in die Detritus-Nahrungsketten ein. Von der Netto-Primärproduktion sind 62% Abfall, nur 38% werden von Phytophagen aufgenommen.
In anderen *aquatischen Ökosystemen* (Flachwasser-Systemen) können bis zu 90% der NPP in den Detritus-Weg laufen. Entsprechend gering ist der Anteil an Phytophagen in diesen Systemen. *Korallenriffe* andererseits haben eine große Artenfülle von Konsumenten, der höhere Produktionsanteil entfällt hier auf die direkte Verbraucher-Nahrungskette.
Entsprechende Beispiele aus dem terrestrischen Bereich sind *Wald-Ökosysteme* einerseits. Auch hier läuft ein hoher Anteil der NPP frühzeitig (als Pflanzenabfälle) in den Detritus-Weg. Entsprechend verteilt sich die Biomasse, nämlich

— auf Produzenten   rd. 275 000 kg/ha,
— auf Konsumenten rd.   4 kg/ha,
— auf Destruenten   rd.   1 100 kg/ha
(Eichen/Hainbuchen-Wald; *Ellenberg* 1968).

Im *Weideland* andererseits wird ein sehr hoher Anteil der pflanzlichen Produktion von Pflanzenfressern aufgenommen. Die Destruenten-Nahrungsketten beginnen wesentlich erst beim Kot dieser Pflanzenfresser.
Für die *Nutzung* von ökologischen Systemen sind derartige Kenntnisse der Produktionswege von großer Bedeutung.

3.2.4 Information, Ordnung, Organisationshöhe

Auf vielen Wegen kann, wie wir sahen, der Energiefluß ein Ökosystem durchlaufen.
Bereits bei der Organisation der zentralen Verbraucher-Nahrungskette lassen sich viele verschiedene Möglichkeiten vorstellen, von denen einige in Abb. 3.29 skizziert sind.

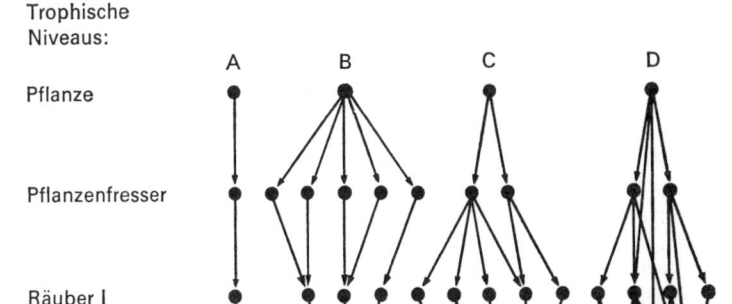

Trophische Niveaus:

Pflanze

Pflanzenfresser

Räuber I

Räuber II

Räuber III

Abb. 3.29. **Verkettung von Organismenarten**

	Trophische Niveaus	Beteiligte Arten (Punkte)	Nahrungsbeziehungen (Pfeile)
A	5	5	4
B	5	12	15
C	5	12	16
D	5	11	22

(A) stellt die einfache, unverzweigte Nahrungskette über fünf trophische Niveaus dar.
In (B) und (C) wird durch mehrere Organismen-Arten auf einzelnen Niveaus die Zahl der beteiligten Arten und zugleich die Zahl der Nahrungsbeziehungen untereinander erhöht. Dabei wird etwa das Niveau in (B) der Phytophagen, in (C) der Zoophagen betont.
In (D) erhöht sich gegenüber (B) und (C) nicht die Zahl der beteiligten Arten, wohl aber die Zahl der Nahrungsbeziehungen, d. h. die trophischen Niveaus sind stärker – z. B. durch Allesfresser – miteinander verknüpft.

3.2 Stoff- und Energiewechsel in ökologischen Systemen

Eine gegebene Zahl von Gliedern – hier: von Organismenarten – kann also auf sehr verschiedene Weise miteinander verbunden sein. Es kommt folglich nicht auf die bloße Anzahl von Arten in einem Ökosystem an, auch nicht auf die Verteilung der Individuenzahl auf diese Arten (vgl. 3.3.2.3), sondern vielmehr auf die *Intensität der Verkettung* der Glieder.

Einen zahlenmäßigen Ausdruck für den **Verknüpfungsgrad** der Bestandteile einer Organismengemeinschaft hat man nun mit Hilfe einer Formel gefunden, mit der man den *Informationsgehalt* irgendeines Systems bestimmen kann. Mit der gleichen Formel läßt sich auch der *Entropie*gehalt eines Systems bestimmen.

Die Begriffe *Information, Ordnung* und *Entropie* sind folgendermaßen miteinander verbunden:

Der **Information**sgehalt eines Systems entspricht dem Gehalt an Nachrichten über den Zustand dieses Systems: ist der Informationsgehalt groß, ist die Unbestimmtheit des Zustandes klein (und umgekehrt).

Unbestimmtheit entsteht durch zufällige Einflüsse; sie ist um so größer, je geringer die **Ordnung** im System ist.

Ordnung im System bedeutet also hohen Informationsgehalt. Im biologischen System wird Ordnung auch als **Organisationsgrad** bestimmt: im Sinne von höher oder weniger hoch organisierten Organismen oder Gemeinschaften.

Aufbau und Erhaltung von Ordnung erfordern ständige Arbeit, also Zufuhr von **Energie.** Erhaltene Ordnung bedeutet entsprechend: gespeicherte Energie (Energiestau) in Form von Biomasse.

Gespeicherte Energie, d.h. gebremster Energiedurchfluß, bedeutet geringere **Entropie.** Die Verschwendung von Energie wird geradezu durch die Umschlagrate («biomass turnover») bestimmt. Geringere Entropie heißt wiederum: höhere **Negentropie,** die wir bereits als Ordnungsmaß kennengelernt haben (3.2.3).

Das Verhältnis von durchlaufender Energie (Produktion) zu gespeicherter Energie (Biomasse) wurde oben als Umschlagrate (P/B) eingeführt.

Das umgekehrte Verhältnis (B/P) drückt den Anteil gespeicherter Energie aus und kann als Maß für die Ordnung benutzt werden:

$$O = \frac{B}{P}$$

Bei konstantem Energiezufluß (Sonnenenergie) ist auch die Gesamtproduktion P konstant:

$$B = O \cdot const$$

d.h. die Biomasse ist direkt proportional der Organisationshöhe. Größte individuelle Biomasse – und zugleich höchste Lebensdauer (= gebremster Energiefluß) – findet sich auf den obersten trophischen Niveaus.

Biologische Information ist im *Erbmaterial* einer Bevölkerung (bzw. der Art) gebunden. Diese Information bleibt erhalten, solange die Bevölkerung (Art) als Ganzes existiert. Der kurzfristige Austausch der Individuen bedeutet allerdings einen ständigen und erheblichen Energieaufwand. Im Laufe der *Evolution* haben Informationsgehalt, Ordnung und Organisationshöhe sowohl von Einzelorganismen wie von Gemeinschaften – und zwar im Bezug auf die strukturelle Ordnung wie auf das Funktionieren – langsam aber stetig zugenommen. Während man aber beim *Aufbau* von Ordnung mit sehr langen Zeiträumen rechnet – die Artbildung oder der Aufbau von Lebensgemeinschaften dauert bis zu 10^6 bis 10^8 Jahren –, geht der umgekehrte Vorgang, der *Verlust* von Ordnung sehr viel schneller vor sich, vor allem unter dem Einfluß des Menschen (Zerstörung von Biotopen und damit von Lebensgemeinschaften, Ausrottung von Arten; *Riedl* 1973).

Verknüpfungsgrad = Mannigfaltigkeit

Die oben angesprochene Formel, mit der ein Maß der Verknüpfung der Bestandteile eines ökologischen Systems gefunden werden kann, führt zu einem Ausdruck für die **Mannigfaltigkeit** des heterotypischen Kollektivs.

Die Mannigfaltigkeit *(Diversität)* ist auf diese Weise zutreffender auszudrücken als etwa durch die Artenzahl allein oder in Verbindung mit den jeweiligen Individuenzahlen (s. 3.3.2.3).

Es handelt sich um die sog. **Shannon-Wiener-Formel** der Informationstheorie:

$$H_S = - \sum_{i=1}^{S} p_i \cdot \log p_i$$

H_S ist hier ein Maß für die Mannigfaltigkeit eines Systems aus S Bestandteilen. Dabei können S verschiedene Arten, funktionelle Gruppen, Trophieebenen, Ernährungstypen usw. sein.
p_i ist der Anteil der Art (Gruppe usw.) i (i = 1, 2, 3, 4 ... S) an der Gesamtzahl der Individuen (= 1,0).
$\log p_i$ ist der zugehörige Logarithmus. Dabei ist es gleich, zu welcher Basis er genommen wird (also $\log_{10}$, $\log_2$ oder $\log_e$). In unseren Rechenbeispielen werden dekadische Logarithmen verwendet.

Rechenbeispiel:
2 Arten (A, B) mit Anteilen (an der Individuenzahl) A: 90%, B: 10%.

$p_A = 0,9$	$\log p_A = 0,9542 - 1$	$p_A \cdot \log p_A = -0,041$
$p_B = 0,1$	$\log p_B = 0,0000 - 1$	$p_B \cdot \log p_B = -0,100$
		$\sum p_i \cdot \log p_i = -0,141$
		$H_S = 0,141$

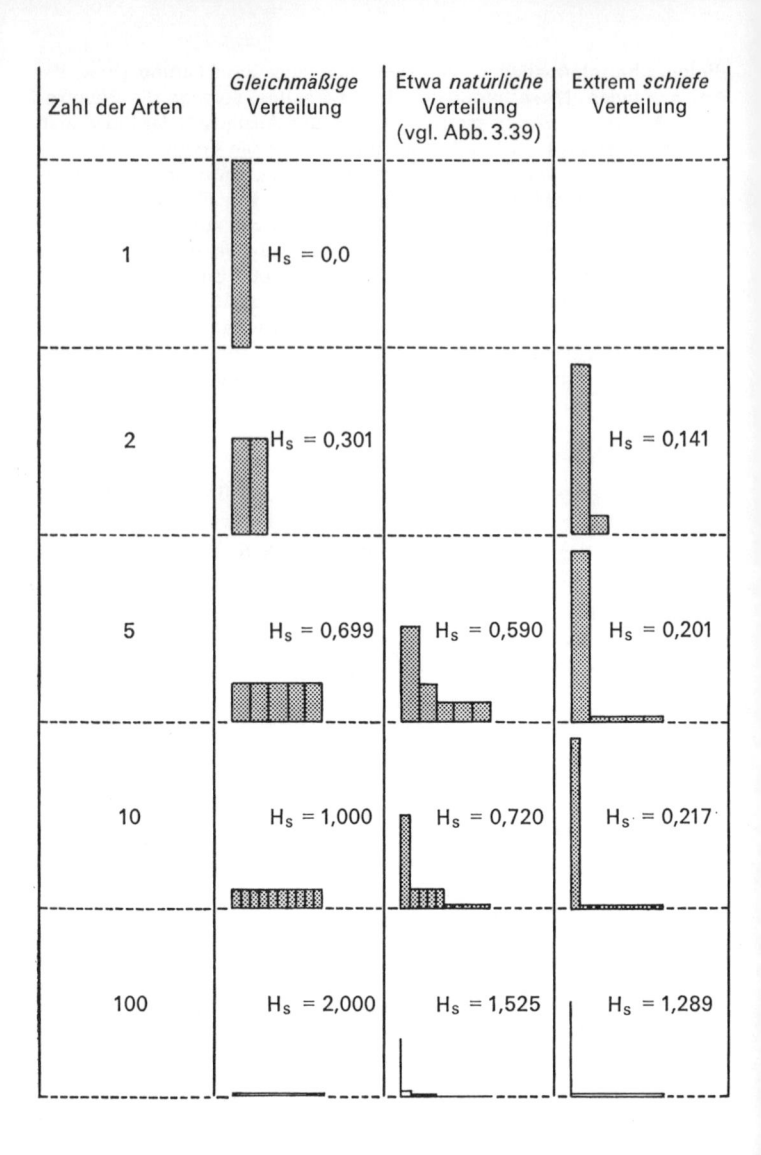

Zahl der Arten	*Gleichmäßige* Verteilung	Etwa *natürliche* Verteilung (vgl. Abb. 3.39)	Extrem *schiefe* Verteilung
1	$H_S = 0,0$		
2	$H_S = 0,301$		$H_S = 0,141$
5	$H_S = 0,699$	$H_S = 0,590$	$H_S = 0,201$
10	$H_S = 1,000$	$H_S = 0,720$	$H_S = 0,217$
100	$H_S = 2,000$	$H_S = 1,525$	$H_S = 1,289$

Abb. 3.30. **Diversitätsindex H_S nach der Shannon-Wiener-Formel** bei verschiedenen Artenzahlen und unterschiedlicher Verteilung der Individuen auf diese Arten

Im Falle nur einer einzigen Komponente (z. B. Gemeinschaft, die nur eine Art enthält) ist $H_S = 0,0$.

Das bedeutet zugleich:
- keine Mannigfaltigkeit,
- keine Verknüpfung,
- keine Unsicherheit, welcher Gruppe irgendein Individuum zugehört.

Mit steigendem H_S-Wert nehmen alle diese Größen zu.

In Abb. 3.30 ist an einem rein rechnerischen *Beispiel* dargestellt, in welchem Maße der H_S-Wert durch die Zahl der beteiligten Komponenten (Arten) einerseits und durch die Art der Verteilung der Individuen auf die Komponenten andererseits bestimmt wird:
Der H_S-Wert nimmt in jedem Falle mit der Zahl der Komponenten zu. Er ist allerdings am größten bei ganz gleichmäßiger Verteilung aller Individuen auf die Arten – ein Zustand, der in der Natur kaum jemals erreicht wird. Natürliche Verteilungen sind mehr oder weniger schief. Im Beispiel ist eine extrem schiefe Verteilung angenommen mit einer dominierenden Art (Spalte 3) bzw. eine etwa natürlichen Verhältnissen entsprechende Verteilung mit wenigen stark und vielen schwach vertretenen Arten.

In einem *Anwendungsbeispiel* könnte etwa die Frage untersucht werden, in welcher Weise durch bestimmte Vogelschutzmaßnahmen der H_S-Wert einer Vogel-Gemeinschaft gesteigert werden kann.
Angenommen wird eine Gemeinschaft von 100 Individuen, die verteilt sind auf 20 Arten.
Bei etwa natürlicher Verteilung ergibt sich ein H_S von 1,15.
Dieser Wert bleibt erwartungsgemäß unverändert, wenn durch breit gestreute Maßnahmen alle Arten gleichmäßig gefördert werden.
Eine Steigerung des H_S-Wertes (auf 1,21 bzw. 1,23) wird erreicht durch die zusätzliche Einbürgerung oder Wiedereinbürgerung von zwei (seltenen) Arten bzw. die spezielle Förderung der schwächer vertretenen (seltenen) Arten allein.
Durch die praxisübliche Förderung einiger weniger – und nicht seltener – Arten, wie z. B. durch das Anbringen von Nisthöhlen, wird dagegen der H_S-Wert sogar gesenkt (im Beispiel bei Förderung von 5 der häufigsten Arten auf 1,06).

3.3 Gleichgewicht

Es ist typisch für ökologische Systeme, daß ihr Funktionieren nicht durch Koordination, sondern durch Gegeneinanderwirken (Antagonismus) der Bestandteile erreicht wird. Die gegeneinander wirkenden Kräfte müssen sich gegenseitig ausgleichen (kompensieren), wenn ein Gleichgewicht erreicht werden soll.

Es wird hier also zunächst notwendig sein, einige allgemeine Bemerkungen zum *Antagonismus* und seinen Haupterscheinungsformen zu machen (3.3.1). Sie führen bereits auf die Frage der Koexistenz, des Miteinander-Lebens der Kontrahenten.
Unter dem Stichwort *Gleichgewicht* (3.3.2) wird diese Frage noch einmal aufgegriffen, und zwar im Übergang (3.3.2.2) zwischen Überlegungen zum Gleichgewicht in homotypischen Kollektiven (Populationen; 3.3.2.1) und in natürlichen multispezifischen Systemen (Gemeinschaften; 3.3.2.3).
Schließlich wird das Problem des *Ungleichgewichts* anzusprechen sein (3.3.3), das uns in seiner aktuellen Form – Ungleichgewicht, verursacht durch den Menschen – auf unser Ausgangsmodell (1.1) zurückführt.

3.3.1 Antagonismus

Die beiden grundsätzlichen Möglichkeiten des Antagonismus (läßt man den Spezialfall der Interferenz außer acht) wurden oben (2.3.2.3) beschrieben als

– Einwirkung von Feinden *(Opponenz)* und als
– Einwirkung von Konkurrenten *(Konkurrenz)*.

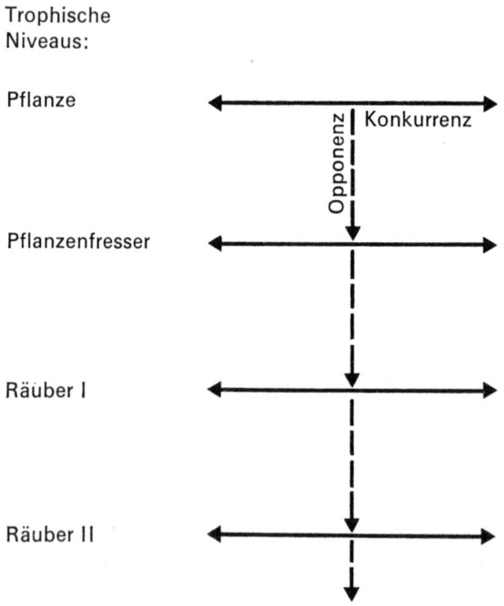

Trophische Niveaus:

Pflanze

Pflanzenfresser

Räuber I

Räuber II

Abb. 3.31.
Wirkung von Gegenspielern:
Feindwirkung (Opponenz) und Konkurrenz

Wir können jetzt hinzufügen, daß sich
- die Opponenz stets zwischen Organismen auf *verschiedenen trophischen Niveaus*,
- die Konkurrenz dagegen auf dem *gleichen trophischen Niveau* abspielt (Abb. 3.31).

Als Feinde werden hier alle Organismen verstanden, die von lebender Beute leben, also auch Pflanzenfresser.

3.3.1.1 Feindwirkung (Opponenz)

(1) Allgemeines zur Wirkungsweise von Feinden

Versucht man, die Beziehungen zwischen einem Feind und seiner Beute zu untersuchen, so konzentriert man sich zweckmäßig zunächst auf diese beiden Organismenarten allein, betrachtet also ein – aus dem natürlichen Zusammenhang gelöstes und stark vereinfachtes – System, das aus *zwei Populationen* besteht.

In erster Linie interessieren dabei die Individuenzahlen der beiden Populationen und ihre Änderungen, d.h. die *Dichteänderungen* beim Zusammentreffen von Feind und Beute. Ganz allgemein läßt sich sagen: die Feindpopulation, die von der Beute lebt, verursacht damit Sterblichkeit in der Beutepopulation (und beeinflußt evtl. auch deren Fruchtbarkeit). Zugleich vermindert sie damit ihre eigene Sterblichkeit und verbessert die eigene Vermehrungsfähigkeit.

Die *Dichteänderungen* der beiden Populationen sind also voneinander *abhängig:*
- Wird die Beutepopulation größer, bietet sie dem Feind zunehmend mehr Nahrung: die Feindpopulation wächst ebenfalls.
- Nimmt die Feindpopulation zu, reduziert sie die Beutepopulation in immer stärkerem Maße.
- Wird die Beute von sehr zahlreichen Feinden zu stark dezimiert, mangelt es schließlich den Feinden an Nahrung, ihre Zahl geht ebenfalls zurück.

Die sich hieraus ergebenden Fluktuationen werden uns später (3.3.2.2) noch beschäftigen. Hier geht es zunächst um das Prinzip der **Dichteabhängigkeit:** Wir lernten bereits die Möglichkeit kennen (3.1.1.3), daß sich die Einwirkung eines Umweltfaktors parallel zur Bevölkerungsdichte – dichteabhängig – ändert.

In Abb. 3.12 wurden einige Beispiele solcher dichteabhängigen Wirkungen dargestellt. Je nachdem, ob die Gegenwirkung schnell oder langsam, sofort oder mit Verzögerung einsetzt, ergibt sich ein jeweils anderes und charakteristisches Bild der Dichteänderung der Population.

Diese einfachen und klaren Modelle dichteabhängiger Wirkung von Feinden (und übrigens auch von Konkurrenten) kommen unter einschränkenden Voraussetzungen zustande: Sie gehen davon aus, daß die Feindwirkung allein beim – zufälligen – Zusammentreffen von Feind und Beute eintritt. Die Häufigkeit dieses Zusammentreffens ist abhängig von den beiderseitigen Populationsdichten.

Allenfalls wurden bestimmte Aktivitäts-Parameter in die Modelle aufgenommen (z. B. in Form der sog. «area of discovery» bei *Nicholson*), denn selbstverständlich wird die Chance des Zusammentreffens auch mit der Aktivität der Partner größer. Die starke Vereinfachung solcher Annahmen war aber immer schon Gegenstand der Kritik.

Tatsächlich sind natürliche Feind-Beute-Beziehungen, wie wir sogleich noch sehen werden, sehr viel komplizierter. Es gibt zwar auch Fälle offenbar sehr einfacher Verhältnisse.

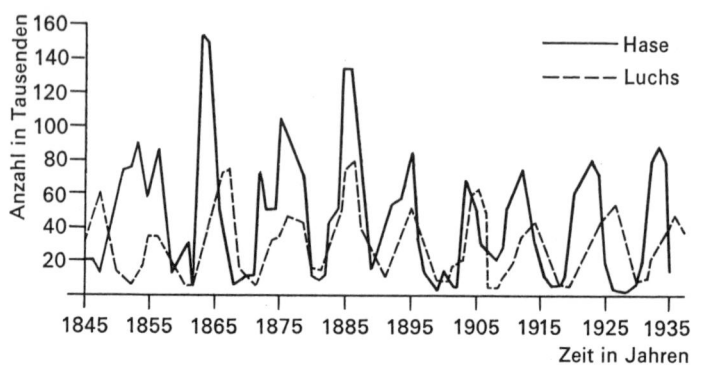

Abb. 3.32. **Feind-Beute-Beziehung** von Luchs und Schneehase in Kanada

In der Literatur häufig zitiertes Beispiel sind die langfristigen parallelen Fluktuationen von Luchs und Schneehase in Kanada (Abb. 3.32), die sich aus dem Zusammenspiel der beiderseitigen Dichteänderungen – wie oben skizziert – erklären lassen.

In der Regel kann man aber sagen, daß das einfache Zahlenverhältnis der Kontrahenten zwar immer eine Rolle spielt, daß darüber hinaus jedoch die biologischen Eigenschaften der beteiligten Organismen – z. B. ihre Beweglichkeit, ihre Suchfähigkeit, Abwehrkraft, Möglichkeit zur Verhaltensänderung usw. (s. unten) – und ihr Eingegliedertsein in eine meist sehr komplizierte Umwelt die Feind-Beute-Beziehung bestimmen. Man spricht zwar (vor allem bei der Diskussion von Regulationsmechanismen, 3.3.2) von der dichteabhängigen Wirksamkeit von Feinden, sagt aber zugleich, diese **Dichteabhängigkeit** sei **unvollkommen**. Das heißt nichts anderes, als daß nur unter bestimmten Umständen, etwa in bestimmten Bereichen der Dichte des einen Partners, die Dichteänderung durch die Dichte des anderen Partners zu erklären ist. In anderen Dichtebereichen ist das nicht der Fall: dort überdecken die schon genannten biologischen Eigenheiten die Dichteabhängigkeit.

Ein Beispiel für derartige Fälle wird unten (Abb. 3.33) gegeben. Es sei aber schon hier darauf hingewiesen, daß die Kenntnis, in welchem Maße und ggf. in welchem Bereich ein Feind dichteabhängig wirksam sein kann, durchaus praktisch bedeutsame Konsequenzen haben kann, beispielsweise, wenn es um den Einsatz dieses Feindes zur biologischen Bekämpfung eines Schädlings geht.

Abb. 3.33. **Abhängigkeit der Wirksamkeit** eines Feindes von der Beutedichte. Übersättigungseffekt bei einem Wirbeltierfeind (z. B. insektenfressenden Vogel)

Volterra-Modell

Vom Prinzip der reinen Dichteabhängigkeit, d.h. von der Voraussetzung zufälligen Zusammentreffens der Partner, das von der beiderseitigen Häufigkeit bestimmt wird, gehen theoretische Überlegungen aus, die zu den ersten Modellvorstellungen in der Populationsökologie zu rechnen sind.

Sie wurden angestellt und veröffentlicht von *Volterra* (1926) und sollen hier wegen einer praktisch bedeutsamen Konsequenz vorgestellt werden. Die Dichteänderung einer Population N ist, wie wir früher (3.1.1.1) sahen,

$$\frac{dN}{dt} = r \cdot N$$

wobei wir die Zuwachsrate r als Differenz von Geburtenrate b und Sterberate d auffassen können (3.1.1.2), also

$$\frac{dN}{dt} = (b - d) N$$

Das Volterra-Modell beruht auf den Annahmen:

– Die Populationsdichte der Beute beeinflußt nur die Geburtenrate des Feindes, nicht seine Sterberate.
– Die Populationsdichte des Feindes beeinflußt nur die Sterberate der Beute, nicht ihre Geburtenrate.

N_B, N_F sind die Populationsdichten von Beute und Feind,
B_B, B_F sind die Geburtenraten von Beute und Feind,
D_B, D_F sind die Sterberaten von Beute und Feind.

Dabei ist $\quad B = b \cdot$ Proportionalitätskonstante,
$\qquad\qquad D = d \cdot$ Proportionalitätskonstante.

Dann ist die *Dichteänderung der Feindpopulation*:

$$\frac{dN_F}{dt} = (B_F \cdot N_B - D_F) \cdot N_F = B_F \cdot N_F \cdot N_B - D_F \cdot N_F$$

d. h. $\quad B_F\quad$ ist proportional N_F und N_B,
$\qquad\;\; D_F\quad$ ist nur proportional N_F,

und die *Dichteänderung der Beutepopulation*:

$$\frac{dN_B}{dt} = (B_B - D_B \cdot N_F) \cdot N_B = B_B \cdot N_B - D_B \cdot N_B \cdot N_F$$

Aus den beiden Gleichungen läßt sich mathematisch herleiten, daß eine Feind- und eine Beutepopulation unter den angegebenen Voraussetzungen

- regelmäßige Dichteschwingungen (zyklische Fluktuationen) zeigen – entsprechend Schneehase/Luchs in Abb. 3.32 –, wobei die Periode nur von D_F und B_B abhängt, und
- daß Gleichgewichtszustände (Nullwachstum: $dN/dt = 0$) allein von B und D, nicht aber von den beiderseitigen Populationsdichten abhängen.

Werden in einem System, auf das die Volterra-Gleichungen zutreffen, die beiden Partner von *außen* in gleicher Weise in ihrer Populationsdichte beeinflußt, so sind die Folgen für die Feindpopulation nachhaltiger als für die Beutepopulation. Dies entspricht der Erfahrung, daß sich etwa nach Insektizid-Einsätzen die Schädlingspopulationen viel schneller erholen als ihre Feinde.

Angenommen, die Dichte beider Partner wird – etwa durch Vergiften – in gleicher Weise auf die Hälfte reduziert. Dann ändert sich in der *Feind*population:
die *Geburtenrate* proportional $N_F \cdot N_B = 0{,}5 \cdot 0{,}5 = 0{,}25$,
die Sterberate proportional $\quad N_F = 0{,}5$,

in der *Beute*population aber ändert sich
die Geburtenrate proportional $\quad N_B = 0{,}5$,
die *Sterberate* proportional $\quad N_B \cdot N_F = 0{,}5 \cdot 0{,}5 = 0{,}25$.

Numerische und funktionelle Reaktion

Die Feindpopulation hat in dem zuletzt vorgeführten Beispiel dem Dichteanstieg der Beutepopulation dadurch folgen können, daß sich ihre eigene Vermehrung mit dem zunehmenden Nahrungsangebot steigert. Naturgemäß vergeht zwischen Beuteanstieg und nachfolgendem Anstieg der Feindpopulation eine mehr oder weniger lange Zeit.

Diese Zeit hängt mit den speziellen Fortpflanzungsbedingungen der einzelnen Feindart zusammen. Bei Raubmilben z. B. mit kurz aufeinanderfolgenden Generationen ist sie kurz, bei Wirbeltieren (s. oben: Luchs) relativ lang. Besonders deutlich ist diese Verzögerung auch bei parasitischen Insekten und ihren Wirten, wenn die Partner gut abgegrenzte Generationen, womöglich jeweils nur eine im Jahr haben. In einem solchen Fall vermag etwa eine Schlupfwespe dem Dichteanstieg ihrer Wirtsart immer erst ein Jahr später zu folgen.

Derartige Fälle, in denen die Feindpopulation durch Änderung ihrer eigenen Zahl folgt, bezeichnet man als **numerische Reaktion** (des Feindes auf die Dichteänderung der Beute). Wenn dies durch – langsam – gesteigerte Fortpflanzung geschieht, spricht man auch von *verzögert-numerischer* Reaktion.

Es ist dies aber nicht die einzige Möglichkeit für eine Feindart, einer Beuteart dichteabhängig zu folgen. Kurzfristig kann eine numerische

Reaktion *(sofort-numerisch)* durch Ortsveränderungen von Feinden, also etwa durch Zuzug von Feinden zustandekommen.

Als Beispiel wäre hier der oft beobachtete Fall zu nennen, daß sich insektenfressende Vögel am Platze einer Insektenkalamität versammeln, also etwa Stare aus einiger Entfernung in einen von Raupen befressenen Wald einfliegen.

Eine andere Möglichkeit ist durch Verhaltensänderungen von Feinden gegeben. Feinde, die nicht auf bestimmte Beute spezialisiert sind, können sich kurzfristig auf ein Beuteangebot einstellen. Ihre Zahl ändert sich dabei nicht (im Gegensatz zu den Fällen numerischer Reaktion). Man spricht hier von **funktioneller Reaktion** des Feindes.

Beispielsweise stellen sich viele räuberische Insekten, aber vor allem auch Wirbeltiere, also etwa Vögel, schnell auf Beute ein, die besonders zahlreich und darum leicht zu erbeuten ist.

Diese letzten Beispiele führen von dem Ausgangsmodell, in welchem das Zahlenverhältnis von Feind und Beute die Häufigkeit des Zusammentreffens bestimmte, deutlich fort. Sie beziehen physiologische und Verhaltens-Eigenschaften der beteiligten Arten ein, auf die im folgenden noch näher eingegangen werden soll.

(2) **Biologische Eigenheiten von Feind und Beute**

Aktivität

Die Häufigkeit des Zusammentreffens von Feind und Beute wird wesentlich von den Aktivitäten der beiden Partner bestimmt.

Dabei handelt es sich vor allem um die Aktivität des Feindes. Es gibt aber auch Fälle, in denen wenig aktive Feinde (z. B. lauernde Räuber: Hecht) auf die Aktivität ihrer Beute angewiesen sind.

Die Aktivität hängt ihrerseits von Umweltgegebenheiten ab (z. B. von der Temperatur oder vom Sonnenschein bei Insekten oder wechselwarmen Wirbeltieren), aber auch von der Populationsdichte sowohl der Beute wie des Feindes.

So nimmt z. B. die Aktivität von parasitischen Insekten bei hoher Wirtsdichte deutlich zu. Andererseits kann bei hoher Feinddichte die gegenseitige Störung (z. B. von Parasiten untereinander: Interferenz) hemmend wirken.

Beutebindung

Alle Feinde – Pflanzenfresser, Räuber oder Parasiten – sind mehr oder weniger eng an bestimmte Gruppen von Beutearten gebunden, sie sind mehr oder weniger starke *Nahrungsspezialisten*.

Die Reihe reicht von den hochgradigen *Spezialisten,* die eng an eine bestimmte Beuteart angepaßt sind, über *gruppenspezifische* Feinde, die also ihre Beute in einem bestimmten Verwandtschaftskreis suchen, bis hin zu den *Allesfressern.*

Beide – Spezialisten und Nicht-Spezialisten – haben ihre Eigenheiten, die das Verhältnis zu ihrer Beute bestimmen.

Spezialisten sind hochwirksam, weil sie an ihre Beute meist vorzüglich angepaßt sind. Sie sind andererseits so starr, daß sie von Veränderungen der Beutepopulation – die sie u. U. selbst hervorgerufen haben – selbst betroffen werden.

Die typischen Fluktuationen der numerischen Reaktion (s. oben) kommen durch Spezialisten zustande, die durch ihre eigene Vermehrung eine Dichtezunahme der Beute (oder des Wirtes) beenden, dann aber selbst als Folge des Beutemangels auf eine geringe Dichte zurückgehen (s. Abb. 3.37).

Nicht-Spezialisten sind anpassungsfähig (im Sinne einer funktionellen Reaktion). Sie sind damit aber auch unberechenbar, weil nicht vorherzusagen ist, ob und wann sie sich auf eine bestimmte Beute einstellen.

Wird eine Beute knapp, stellen sie sich um, müssen also nicht – wie die Spezialisten – der Beute auf ein geringes Dichteniveau folgen. Die Beute, die gerade bei niedriger Dichte besonders intensiv beeinflußt werden kann, wird hier allerdings weitgehend verschont.

Beutefinden, Beutewahl

Feinde müssen nach ihrer Beute suchen. Das ist bei Spezialisten und Nicht-Spezialisten grundsätzlich gleich. Die Spezialisten müssen lediglich u. U. intensiver und mit größerer Aktivität suchen.

Für pflanzliche Parasiten (z. B. Pilze) gelten alle diese Aussagen nicht. Sie geraten passiv an einen Wirt, an dem sie leben können – oder nicht.

Problematisch wird die Beutewahl, wenn verschiedene Beutearten nicht allein ihrer Häufigkeit nach vom Feind angenommen werden. Es kann vorkommen, daß bestimmte Beute vor anderer *bevorzugt* wird. Diese bevorzugte Beute kann durchaus diejenige sein, die seltener vorkommt.

Eine Rolle spielt hier auch die *Gewöhnung* an bestimmte Beute oder die *Lernfähigkeit,* mit der sich der Feind an eine neue Beute anpassen kann. Beides ist besonders ausgeprägt bei Wirbeltieren (z. B. insektenfressenden Vögeln). Hier kommt es allerdings auch zu *Übersättigungseffekten:* im Überfluß vorhandene Beute wird verschmäht zugunsten weniger häufig vorkommender Arten. Damit wird die dichteabhängige Einwirkung abgebrochen. Anders gesagt: der Feind folgt nur in einem ganz bestimmten Dichtebereich der Beutedichte. Bei zu geringer Beutedichte macht er sich nicht die Mühe, nach ihr zu suchen; bei sehr hoher Dichte geht sein Interesse zurück. Die Folge ist ein typischer Kurvenverlauf der Wirksamkeit des Feindes (Abb. 3.33), den man kennen muß, wenn es etwa um den praktischen Einsatz eines derartigen Feindes gegen einen bestimmten Schädling geht.

Abwehrfähigkeit der Beute

Der Erfolg eines Feindes hängt auch von der *Abwehrfähigkeit* seiner Beute (im weitesten Sinne) ab. Es ist dies ein vielfältiges Gebiet, das hier lediglich mit einigen Stichworten gestreift werden soll.

Vielfach hängt der Erfolg eines Feindes von einer bestimmten körperlichen Verfassung (**Konstitution**) der Beute ab. So werden geschwächte Beuteorganismen besonders leicht überwältigt (das gilt ebenso für alte oder kranke Tiere wie für Pflanzen, z. B. wenn Bäume von Borkenkäfern angegriffen werden).

Besonders gegenüber dem Angriff von Parasiten oder Krankheitserregern sind einzelne Individuen oder auch ganze Kollektive (z. B. Pflanzenbestände) besonders empfänglich *(disponiert)*. Im Falle fehlender **Disposition** spricht man auch von **Immunität,** d. h. der immune Organismus ist gegen den Angriff eines bestimmten Feindes von vornherein geschützt.

Erst im Falle einer vorhandenen Disposition kann man von der Widerstandsfähigkeit (**Resistenz**) eines Organismus gegenüber einem Feind sprechen. Diese Widerstandsfähigkeit kann beispielsweise rein passiv sein durch bestimmte Schutzeinrichtungen (Stacheln, abschreckende Stoffe usw.), es kann aber auch aktiver Widerstand geleistet werden (z. B. von einer Pflanze durch Gallbildung).

Die Vielfalt der Erscheinungen wird durchaus nicht nach einer einheitlichen Terminologie beschrieben. Die Definitionen der hier verwendeten Begriffe können also verschieden sein, je nachdem sie etwa vom Mikrobiologen, Tier- oder Pflanzenarzt verwendet werden.

(3) Vielfalt der Feindbeziehungen

Feind-Beute-Beziehungen spielen sich in aller Regel nicht – wie eingangs angenommen – in einem System ab, das nur aus diesen beiden Komponenten besteht.

Mehrere Feinde, u. U. verschiedene Typen (z. B. Räuber und Parasiten), leben von einer Beuteart. Dann kommt es zu einer gegenseitigen Überlagerung der Feindwirkung (**multiple Opponenz**).

Beispiel: Vögel fressen von Schlupfwespen parasitierte Raupen (Abb. 3.34). Die Auswirkungen dieses Einflusses sind schwer abzuschätzen. So kommt es etwa auch darauf an, ob die Vögel diese parasitierten Raupen rein zufällig oder gar bevorzugt aufnehmen.

Anteil parasitierter Raupen

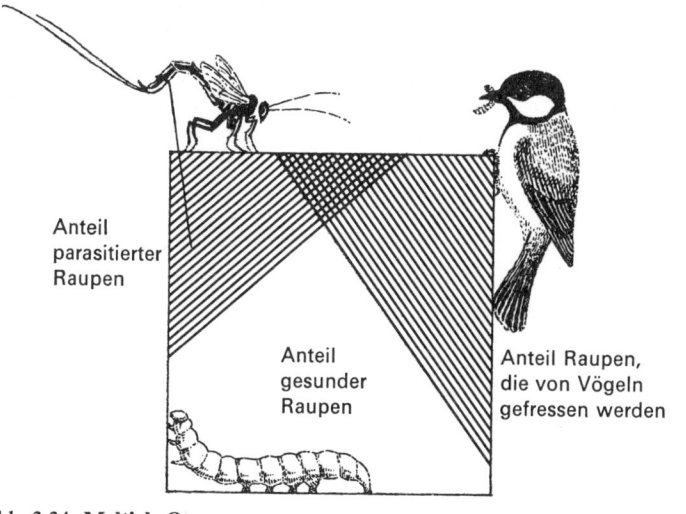

Anteil gesunder Raupen

Anteil Raupen, die von Vögeln gefressen werden

Abb. 3.34. **Multiple Opponenz**
Überschneidung der Einwirkung von Räubern (Vögeln) und Parasiten auf eine Raupen-Bevölkerung

Den umgekehrten Fall, daß *mehrere Beutearten* einem Feind zur Verfügung stehen, haben wir bereits kennengelernt. Es kommt hier zur Beutewahl, zum Ausweichen auf Alternativbeute bei Übersättigung usw.

Schließlich sind Feinde gewöhnlich ihrerseits wiederum Ziel von Angriffen *anderer Feinde* (des nächsthöheren trophischen Niveaus), von Räubern oder Hyperparasiten.

Im eben genannten Beispiel werden Schlupfwespen (in ihrem Wirt) von Vögeln gefressen. Sie fallen – quasi aus Versehen – einem höheren Räuber zum Opfer. Die Wirkung auf die Population ist aber nicht anders als etwa beim – gezielten – Angriff eines Hyperparasiten.

Im Verhältnis mehrerer Feinde zueinander ist zuweilen nicht genau zu unterscheiden, ob es sich noch um echte Feindwirkung handelt oder schon um Konkurrenz, die im folgenden Kapitel zu besprechen ist.

Bei parasitischen Insekten etwa kommt es nicht selten vor, daß ein Beutetier von mehreren Parasiten zugleich angegriffen wird. (Handelt es sich um Parasiten der gleichen Art, spricht man von *Superparasitismus,* bei Parasiten verschiedener Art von *Multiparasitismus.)* Dabei kann es unter den — konkurrierenden — Parasiten zu Auseinandersetzungen kommen, die gewöhnlich nur einer von ihnen überlebt.

3.3.1.2 Konkurrenz

(1) **Allgemeines zur Wirkungsweise von Konkurrenten**

Vom Wesen der Konkurrenz war bereits die Rede (2.3.2.3), ebenso von ihrem grundsätzlichen Einfluß auf die Besiedlung ökologischer Nischen (2.2.3.2) und auf die Verbreitung einer Organismenart (2.4.1.2).

Konkurrenz kommt dadurch zustande, daß zwei Organismen gleiche oder sehr ähnliche Ansprüche an einen Umweltfaktor stellen, der nur in begrenztem Maße verfügbar ist. Die Konkurrenz ist um so schärfer, je ähnlicher die konkurrierenden Arten in ihren Ansprüchen sind, also bei verwandten Arten und — am stärksten — unter den Angehörigen der gleichen Art (innerartliche Konkurrenz). Nach kürzerer oder längerer Zeit gewinnt einer der Konkurrenten die Oberhand, der Schwächere wird völlig unterdrückt oder in Bereiche abgedrängt, in die der überlegene Konkurrent nicht zu folgen vermag. Beispiele dafür sind oben gegeben worden.

Die Besonderheit der Konkurrenz gegenüber der Feindwirkung ist, daß sie sich zwischen Angehörigen des *gleichen trophischen Niveaus* abspielt. Anders als bei Feind und Beute steht hier nicht von vornherein fest, wer der Überlegene und wer der Unterlegene ist.
Überlegen ist diejenige Population, die sich so vermehren kann, daß die Bevölkerungszunahme der konkurrierenden Art dadurch abgebremst und schließlich rückgängig gemacht wird.

Damit ist gesagt, daß nicht unbedingt die *stärkeren Einzelindividuen* überlegen sein müssen.
Oft gibt die *Geschwindigkeit* den Ausschlag, mit der das Requisit in Besitz genommen wird, um das die Konkurrenz geht. Auch ein *Zeitvorsprung* (bei der Besiedlung oder bei der Entwicklung) kann zur Überlegenheit des einen oder des anderen Konkurrenten führen.
Ein interessantes *Beispiel* für die vielfältigen und komplizierten Möglichkeiten, die es hier gibt, liefern die parasitischen Schlupfwespen eines bei uns an Kiefern schädlichen Kleinschmetterlings, des Kiefernknospentriebwicklers. Dieser Wickler wird als Larve und als Puppe von einer ganzen Reihe von Parasiten heimgesucht, unter denen eine Art ganz besonders aktiv ist und intensiv sucht, also einen sehr hohen Parasitierungsanteil erreicht. Dabei hinterläßt sie aber offenbar deutliche Duftspuren, die sich andere, weniger erfolgreiche Parasiten zunutze machen, um die Wirte zu finden. Es kommt zur Mehrfachparasitierung. Da sich hier die später gekommenen «Diebsparasiten» *(Cleptoparasiten)* stets schneller entwik-

keln, sind sie der Art, die an sich einen Zeitvorsprung hat, überlegen. In der Praxis bedeutet das, daß ein für sich allein hochwirksamer Parasit durch den Cleptoparasitismus fortgesetzt gehindert wird, höhere Populationsdichten zu erreichen.

(2) Geordnete Konkurrenz

Wird das Minimum-Requisit, um das also die Konkurrenz geht, unkontrolliert und verschwenderisch verbraucht, so wird dadurch die Gesamtheit der Konkurrenten – gleich ob Angehörige verschiedener Arten oder Artgenossen – gefährdet.

Schmetterlingsraupen etwa, die in einer Baumkrone mit beschränktem Nahrungsvorrat in einer Dichte fressen, die höher ist, als der Nahrungsvorrat zuläßt, können durch frühzeitigen Kahlfraß eine Katastrophe verursachen: die ganze Population verhungert.

Ungeordnete Konkurrenz (scramble) bedeutet also: fortgesetzte Minderung des Minimum-Requisits, völlig unorganisierte Verteilung, dabei Vergeudung, katastrophale Folgen.

Geordnete Konkurrenz (contest) vermeidet derartige für die ganze Population katastrophale Folgen: der Verbrauch des Minimum-Requisits wird von vornherein auf einen Teil der Population beschränkt, der damit sicher erhalten bleibt. Der Rest geht u. U. zugrunde, mit seinem Verlust wird aber der gesunde Bestand der Population im ganzen erkauft.

Mechanismen geordneter Konkurrenz:

Ein verbreiteter Mechanismus, der hierher zu zählen ist, obwohl er dazu beiträgt, Konkurrenzsituationen gar nicht erst entstehen zu lassen, ist die **gebremste Vermehrung**. Beispiele finden sich vor allem unter Tieren, die ihr Nahrungssubstrat bewohnen.

Bei Reismehlkäfern *(Tribolium)* kommt es bei bestimmter Dichte zu einem Fruchtbarkeitsrückgang. Er wird ausgelöst durch Verunreinigung des Nahrungssubstrates durch die eigenen Ausscheidungen (also durch Umweltverschmutzung).

Ein sehr wirksamer Mechanismus zum Vermeiden von Überbevölkerungen sind **Wanderungen** von Teilen der Population. Das Abwandern hat die Funktion eines Überdruckventils.

Wandern wird ausgelöst durch beginnende Konkurrenz (Nahrungsmangel: bei bestimmten Vögeln), in den bekannteren Fällen – bei Wanderheuschrecken und Lemmingen – aber bereits *vor* Eintreten der Konkurrenzsituation. Hier wird durch die mit zunehmender Dichte verbundene gegenseitige Störung (also durch Interferenz) der Wandertrieb hervorgerufen.

Bei den Heuschrecken, Lemmingen und gewissen Vögeln geht der abwandernde Teil der Population über kurz oder lang zugrunde. In anderen Fällen (z. B. bei Meisen) wandert ein Teil in ungünstigere Biotope ab und versucht von dort, in die Optimalbiotope zurückzukehren, sobald sich eine Gelegenheit bietet.

Ein sehr deutlicher Regelmechanismus im Sinne einer geordneten Konkurrenz ist die bei vielen Tieren ausgebildete **Rangordnung**. Sie sorgt dafür, daß gegebenenfalls der schwächere Teil der Population eliminiert wird, die stärksten Tiere überleben.

Ein Beispiel für einen sehr feinen Regelmechanismus auf der Basis echter Nahrungskonkurrenz liefern unsere Meisen. Ihr Verhalten bei der Fütterung der Jungen begünstigt die ältesten, stärksten Nestlinge. Bei Nahrungsverknappung werden die schwächeren Geschwister so lange zurückgedrängt – und verhungern –, bis ein Gleichgewicht zwischen Nahrungsangebot und Zahl der Verbraucher erreicht ist.
Die Rangordnung spielt aber auch bei der Interferenz und ihren Folgen eine Rolle. Streß ist bei rangniederen Tieren am größten *(sozialer Streß):* das gilt für die Lemminge oder Feldmäuse genauso wie für Affen oder Menschen.

Schließlich dient das **Revierverhalten (Territorialverhalten)** vieler Tiere der Vermeidung von Konkurrenz. Das vorhandene Areal wird dabei in optimaler Weise auf die Population aufgeteilt. Dabei muß dann ein kleinerer oder größerer Teil leer ausgehen.

Beispiele gibt es zahlreich im Tierreich. Ein interessanter Hinweis auf die Bedeutung dieses Mechanismus kommt von den Feldmäusen. Hier wird in der kritischen Phase des Dichteanstiegs der Bremsmechanismus außer Kraft gesetzt (durch Verhaltensänderungen, Bilden von Großfamilien usw.). Die Folge sind Massenvermehrungen mit katastrophalen Zusammenbrüchen.

(3) Vielfalt der Konkurrenz-Beziehungen

Wie für die Feind-Beziehungen gilt auch hier, daß isolierte Zweier-Systeme von Konkurrenten unter natürlichen Bedingungen kaum jemals vorkommen. Zumindest wirkt bei einer interspezifischen Konkurrenz zweier Partner auf beiden Seiten zugleich auch eine innerartliche Konkurrenz mit.
In der Regel werden beide Konkurrenten von *dritter Seite,* also etwa durch Feinde, beeinflußt. Wird so vor allem der überlegene Konkurrent gebremst, kann man sich vorstellen, daß auch der Unterlegene eine Überlebenschance hat, daß es also zu einer *Koexistenz* beider Konkurrenten kommt (s. 3.3.2.2).

Eine solche Bremswirkung auf den überlegenen Konkurrenten ist vorstellbar, wenn man polyphage Feinde mit funktioneller Reaktion annimmt: d.h. wenn Räuber die häufigere der konkurrierenden Arten bevorzugt fressen. Beispiele dafür gibt es z.B. in Meeres-Ökosystemen.
Systeme vieler konkurrierender Arten können auf diese Weise *artenreicher* erhalten werden.

Ein bekanntes Beispiel stammt von *Darwin* (1859), der feststellte, daß sich in einem Grasland unter fortgesetztem Feindeinfluß (durch Mähen oder durch Beweidung) 20 Pflanzenarten auf Dauer halten konnten. Hörte der Feindeinfluß auf, reduzierte sich die Zahl auf 9 Arten: die überlegenen hochwachsenden Arten unterdrückten die bodennahen.

Einen anderen Mechanismus, der die dauerhafte Koexistenz eines artenreichen Komplexes konkurrierender Parasiten ermöglicht, lernten wir im Falle des *Cleptoparasitismus* beim Kiefernknospentriebwickler kennen. Hier wird der hochwirksame, durch seine Suchfähigkeit und -aktivität überlegene Konkurrent daran gehindert, diese Überlegenheit auszunutzen.

Durch den «Trick» des Cleptoparasitismus vermögen sich nicht nur die weniger wirksamen Arten zu erhalten, sie hindern überdies den überlegenen Konkurrenten, seine volle Wirksamkeit anzuwenden, den Wirt erheblich zu mindern und damit die Existenz des ganzen Parasitenkomplexes zu gefährden.

3.3.2 Ökologisches Gleichgewicht

Ökologische Systeme sind *offene Systeme:* nicht nur von ihrem Stoff- und Energiewechsel her, sondern auch wegen des ständigen Zu- und Abganges von Individuen (Populationen) und Arten (Gemeinschaften).
Was ist unter diesen Umständen ein Gleichgewicht? Es kann nur in der Tatsache gesehen werden, daß *trotz* der Veränderlichkeit in den Bestandteilen das *ganze System* für kürzere oder längere Zeit in einem bestimmten Zustand erhalten bleibt. Zugänge und Abgänge müssen sich etwa die Waage halten: es kommt zu einer **Konstanz der Bestandteile** oder **Homöostase** (Homeostase).
Das sog. biologische Gleichgewicht ist also, wie es für offene Systeme charakteristisch ist, ein *dynamisches* oder **Fließgleichgewicht.** Zu seiner Natur gehört, daß der Gleichgewichtszustand nie ganz exakt eingehalten werden kann, gehört also ein *Pendeln* um einen mittleren Zustand (Gleichgewichtszustand, steady state).
Auch wenn wir von der **Stabilität** eines ökologischen Systems sprechen, meinen wir eben diese Fähigkeit, einen Gleichgewichtszustand

zu erhalten oder – nach einer Störung – wiederherzustellen. Als Maß für diese Fähigkeit könnte man etwa die Stärke der Schwankungen (die Amplituden) oder die Zeitdauer bis zum Ausgleich einer Störung annehmen (3.3.2.3).

Selbstregulation

Lange bevor die Regeltechnik Einzug auch in die Biologie hielt, sprach man bereits von der *Regulationsfähigkeit* ökologischer Systeme und meinte damit die Einhaltung eines Gleichgewichts.

Im früher diskutierten *Biozönose*-Konzept (2.1.4) wird die Fähigkeit zur Selbstregulation als eine wesentliche Eigenschaft einer Lebensgemeinschaft genannt. Der damit erreichte Zustand wurde als *biozönotisches Gleichgewicht* bezeichnet (s. 3.3.2.3).

Unsere Vorstellungen von der Selbstregulation biologischer Systeme haben allerdings an Klarheit gewonnen, seit mit der *biologischen Kybernetik* Denkweisen und Darstellungsmethoden der Technik Eingang in die Biologie gefunden haben.

Grenzen des Gleichgewichts

Die Fähigkeit zur Selbstregulation, zur Erhaltung des Gleichgewichts also, ist begrenzt. Zum einen beschränkt sich die Regulationsfähigkeit ökologischer Systeme darauf, Zahlenverhältnisse vorhandener Bestandteile zu erhalten. Gehen Bestandteile verloren, z. B. einzelne Arten in einer Organismengemeinschaft, so müssen sie *von außen* ersetzt werden.

Zum anderen müssen bei der Fortentwicklung eines Systems auch immer Grenzen überschritten werden. Alle biologischen Systeme verändern sich ständig in Vorgängen der Entwicklung, der Reifung, des Alterns usw. Dabei werden Stufen durchschritten, die jede für sich immer doch ein charakteristisches und vollständiges, funktionsfähiges Gleichgewicht darstellen.

Die einzelnen Schritte der Sukzession einer Pflanzengesellschaft (3.1.2.2) etwa stellen jeweils gut zu beschreibende (und sogar benannte) Gemeinschaften dar, die als vollständige ökologische Systeme funktionieren, auch wenn es sich nur um Durchgangsstadien (auf dem Wege zur Klimaxgesellschaft) handelt.

Wird so den Veränderungen von Umweltbedingungen Rechnung getragen, indem sich Gleichgewichtszustände ändern und auf anderer Ebene neu aufbauen, so gibt es schließlich doch auch Grenzen der Fähigkeit zur Erhaltung eines biologischen Gleichgewichts. Sie sind dann erreicht, wenn Störungen von außen ein Maß erreichen, das nicht mehr kompensiert werden kann, wenn also ökologische Systeme irreversibel geschädigt oder ganz vernichtet werden. Das ist häufig dann der Fall, wenn der Mensch auf natürliche Systeme einwirkt (3.3.2.3).

Regeltechnischer Ansatz

In technischen Systemen ist der Begriff der **Regelung** seit langem geläufig. Dabei wird der tatsächliche Zustand des Systems ständig mit einem vorgegebenen Soll-Zustand verglichen, Abweichungen werden korrigiert (Prinzip der **Negativen Rückkopplung**).

Abb. 3.35A zeigt einen solchen *Regelkreis* in der Darstellungsweise, die in der Technik üblich ist (als *Blockdiagramm),* und zwar den einfachen Regelkreis eines Kühlschranks.

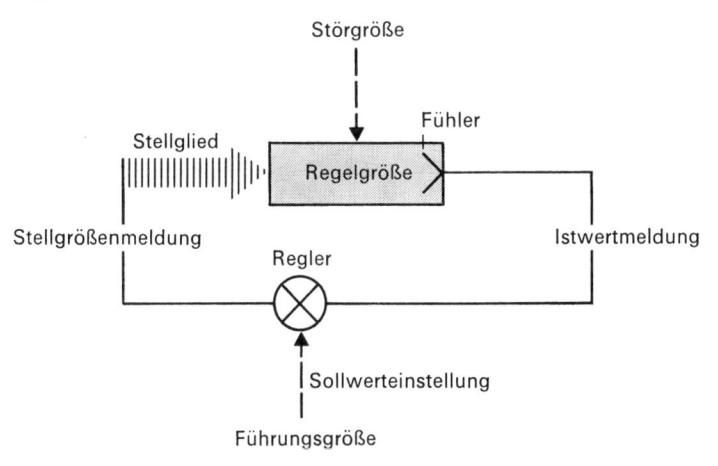

Abb. 3.35 A. **Regelkreis: Kühlschrank** (Erklärung im Text)

Der Zustand des Systems *(Regelgröße:* die Temperatur im Kühlschrank) wird von außen ständig beeinflußt *(Störgröße:* Wärme). Als Ergebnis entsteht eine tatsächliche Temperatur *(Istwert),* die von der gewünschten *(Sollwert)* mehr oder weniger stark abweicht.
Durch einen *Fühler* (das Thermometer) wird der Istwert ständig abgelesen und an einen *Regler* gemeldet (den Thermostaten). Hier wird der Istwert mit dem Sollwert verglichen, die Abweichung (als *Stellgröße)* an das *Stellglied* weitergemeldet (hier: an das Kühlaggregat, das die Temperatur im Kühlschrank in Richtung auf den Sollwert korrigiert). Das Ergebnis der Korrektur wird sogleich wieder rückgemeldet usw.
Wesentlich ist, daß der Sollwert verstellt werden kann (im Beispiel: am Drehknopf des Thermostaten). Verantwortlich für eine solche *Sollwertverstellung* ist eine *Führungsgröße* (hier: die Absicht des Kühlschrankbesitzers).

3.3 Gleichgewicht 177

Ohne Frage haben kybernetische Modelle in der Ökologie sehr zur Verdeutlichung der Vorgänge – vor allem im popularen Bereich (3.3.2.1) –, zur Klärung der Zusammenhänge und damit zur begrifflichen Ordnung beigetragen.

Über die *Ursachen* im einzelnen kann diese Darstellungsweise keine Auskunft geben. Es ist gebräuchlich, in solchen Fällen von *«Black-box-Verfahren»* zu sprechen, in denen wir nur die Faktoren kennen, die in ein System hinein- (input) oder aus ihm herauskommen (output), ohne daß wir über das Geschehen im System selbst (vergleichbar einer dunklen Kiste) etwas wissen. Ökologische Untersuchungen müssen sich meist auf derartige *Input/Output-Analysen* beschränken.

3.3.2.1 Gleichgewicht im homotypischen Kollektiv

Der Individuenbestand einer Population ändert sich fortwährend unter dem Einfluß von Zugängen (durch Geburten und Zuwanderungen) und Abgängen (durch Tod und Abwandern). Wir sahen, daß es *ein* Problem der Beschäftigung mit Populationen war, diesen Fluktuationen und der Frage ihres Zustandekommens nachzugehen. Vorstellungen darüber schlugen sich in den verschiedenen *Massenwechseltheorien* nieder (3.1.1.4).

Das andere wesentliche Problem war seit je, wie es dazu kommt, daß Populationen trotz dieses naturgemäßen Ungleichgewichts von Zu- und Abgängen in der Regel doch nur innerhalb bestimmter Grenzen ihres Individuenbestandes schwanken, also ein längerfristiges Gleichgewicht halten. Vorstellungen, wie es dazu kommt, sind in verschiedenen **Gleichgewichtstheorien** formuliert. Sie sind bis zur Stunde umstritten, sollen aber in ihren wesentlichen Zügen im folgenden dargestellt werden. Dabei wird von einer Zusammenfassung *(Schwerdtfeger* 1968) auf der Basis kybernetischer Modelle *(Wilbert* 1962 u. später) ausgegangen.

(1) Kybernetisches Modell der Dichteregulation

Dieses Modell beruht auf dem Prinzip der *Dichteabhängigkeit* (3.3.1.1): die Faktoren, die eine Population beeinflussen, werden strikt als *dichteabhängig* (z.B. Feinde) oder *dichteunabhängig* (z.B. Wetter) klassifiziert:

dichteabhängig sind eben solche **Einwirkungen,** die in ihrer Intensität durch eine Rückmeldung des Zustandes der Population – nämlich ihrer Dichte – in einem *Regelkreis* beeinflußt werden.

Die Unterscheidung dichteabhängiger und dichteunabhängiger Faktoren und die Auffassung, daß die Einhaltung einer oberen Dichtegrenze auf die Dauer *nur* durch dichteabhängige Reaktionen möglich ist, geht auf eine Reihe englischsprachiger Autoren – *Nicholson, Solomon, Milne* – zurück. Daß es auch gegenteilige Ansichten gibt, davon wird noch zu reden sein (Umwelttheorien; s. unten).

Die Übertragung populationsdynamischer Begriffe in das Blockdiagramm eines technischen Regelvorgangs (Abb. 3.35 A) ergibt folgendes Bild (Abb. 3.35 B):

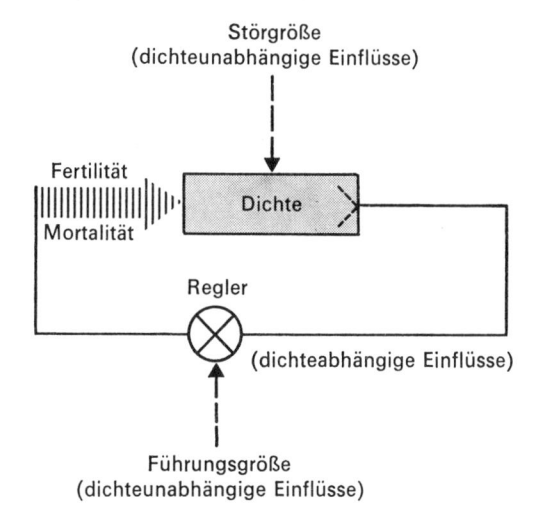

Abb. 3.35 B. **Regelkreis: Bevölkerungsdichte**

Regelgröße ist die Populationsdichte. Sie wird durch irgendwelche Einflüsse von außen verändert *(Störgröße)*. Ihr *Istwert* beeinflußt die Wirksamkeit dichteabhängiger Faktoren (z. B. Feinde) als *Regler*. Als *Stellglied* (über das der Regler auf die Dichte einwirkt) kann man Fertilität und Mortalität der Population ansehen. (Über Fertilität und Mortalität wirkt selbstverständlich auch jede Störgröße auf die Population ein.)

Mit einem solchen Regelkreis, in welchem dichteabhängig reagierende Feinde über die Mortalität die Population beeinflussen, kann man recht gut erklären, daß eine *obere* Dichtegrenze der Population eingehalten wird. Nun muß aber auch noch die *untere* Dichtegrenze berücksichtigt werden, deren Unterschreiten die Population in die Gefahr bringt auszusterben. Mechanismen, die bei niedriger Dichte wirksam werden, könnten besonders hohe Vermehrungsraten und/oder geringe oder fehlende Wirkung begrenzender Einflüsse sein.

3.3 Gleichgewicht

Dieser Annahme eines besonders hohen Vermehrungsdrucks einer Population bei niedriger Dichte entspricht das früher (3.1.1.3; Abb. 3.11) gezeigte Wachstumsbild natürlicher Populationen. Sie wachsen häufig im unteren Dichtebereich rein exponentiell und werden erst mit zunehmender Dichte – unterschiedlich stark und mehr oder weniger plötzlich – abgebremst.

Die zunächst sehr einfache Vorstellung von der regulatorischen Wirksamkeit dichteabhängiger Umwelteinflüsse wird kompliziert durch die Erkenntnis, daß es kaum Einflüsse gibt, die *vollkommen dichteabhängig* wirken.

Feinde oder Konkurrenten fremder Arten reagieren gewöhnlich nur unter bestimmten Umständen oder in bestimmten Dichtebereichen dichteabhängig: sie wirken *unvollkommen dichteabhängig*. Beispiele lernten wir unter 3.3.1.1 kennen.
Derjenige Mechanismus, der noch am ehesten *vollkommen* dichteabhängig wirkt, ist die innerartliche Konkurrenz. Nahrungsmangel etwa vermag eine Vermehrung rigoros und u.U. mit katastrophalen Folgen zu stoppen. Freilich ist dies eine «Notbremse», die erst bei sehr hoher Dichte wirksam wird (und bei entsprechend hohem Schaden: etwa Kahlfraß an den Nahrungspflanzen). Möglichkeiten eines echten Bremsmechanismus haben wir als «geordnete Konkurrenz» kennengelernt (3.3.1.2).
Neuerlich wurde allerdings ein Beispiel eines offenbar vollständig dichteabhängigen und dabei sehr frühzeitig wirksamen Mechanismus bekannt: Ein Kleinschmetterling, der Graue Lärchenwickler, beeinflußt durch die Intensität seines Fraßes (an der Lärche) die Nahrungsqualität. Diese nimmt mit der Stärke des Fraßes, also dichteabhängig, ab und vermag so, über Fertilität und Mortalität, die Dichte des Wicklers zu regulieren *(Benz* 1975).

Welchen Platz nehmen nun die unvollkommen dichteabhängigen Faktoren und die ganz und gar dichteunabhängigen Einflüsse im Blockdiagramm ein?

Dichteunabhängige Einflüsse, Einflüsse also, die rein zufällig auf die Population einwirken (wie z.B. das Wetter), spielen als *Störgröße* eine Rolle, außerdem aber auch als *Führungsgröße* (für die Sollwert-Einstellung).

Das Wetter beeinflußt nicht nur die Population selbst – positiv oder negativ, jedenfalls als Störgröße –, sondern auch die als Regler wirkenden Feinde und Konkurrenten, diese allerdings in u.U. ganz anderer Weise.

Unvollkommen dichteabhängige Einflüsse haben Doppelrollen: im dichteabhängigen Bereich wirken sie als Regler, außerhalb als Störgröße bzw. Führungsgröße.

Vögel z.B. haben, wie wir sahen (Abb. 3.33), einen Dichtebereich ihrer Beute, in dem sie ihre Wirksamkeit der Beutemenge anpassen. In diesem

Bereich wirken sie als Regler. Bei sehr niedriger oder zu hoher Beutedichte wenden sie sich anderer Nahrung zu, treffen dabei auch zufällig auf die Hauptbeute (als Störgröße) oder auf räuberische oder parasitische Insekten, die als Regler wirken können (also als Führungsgröße).

Zusammenfassend kann man sagen: wir haben hier einen sehr **instabilen Regelkreis** vor uns.
Nicht nur die *Störgröße* wechselt fortwährend und macht damit ständige Regulation notwendig,
auch die *Führungsgröße* ändert sich ständig, d.h. der Sollwert wird dauernd verstellt.
Die Folge sind zumeist mehr oder weniger *unregelmäßige* Fluktuationen. Sie sind um so unregelmäßiger, je stärker der Einfluß nichtdichteabhängiger Faktoren auf die Population ist. Nur relativ wenige Populationen zeigen so regelmäßige Fluktuationen, daß man daraus auf ein Überwiegen dichteabhängiger Einflüsse schließen darf.

Folgerungen aus dem kybernetischen Modell

Sieht man von den Zufallseinflüssen der Störgröße auf die Population einmal ab, so sind jedenfalls zwei verschiedene Vorgänge sorgfältig zu trennen:

– die Einhaltung bestimmter Grenzen, in denen sich die Fluktuationen abspielen: die **Limitation,**

sie kommt durch Regelvorgänge **(Regulation)** mit Hilfe von dichteabhängigen Einflüssen zustande und wird meist durch Zufallseinflüsse noch kompliziert, und

– die Einstellung des Niveaus, auf dem sich die Fluktuationen abspielen, zugleich das Festlegen des Schwankungsbereiches (der Amplitude): die **Determination,**

sie kommt durch Sollwerteinstellung zustande, also durch nicht-dichteabhängige Einflüsse. Sie kann festgelegt oder variabel sein. Im letzten Falle kommt es zu Änderungen des Dichteniveaus etwa bei Umweltänderungen **(Folgeregelung**: s. Abb. 3.12).

Massenvermehrungen

sind meist Folgen von Sollwertverstellungen.

Beispiel: Eichenwickler, Witterungseinfluß auf den Knospenaustrieb der Eiche, mehr oder minder große Inkoinzidenz.

Massenvermehrungen werden beendet

– überhaupt nicht: dann kommt es zum Einsatz der letzten «Not-

bremse», der innerartlichen Konkurrenz, mit allen ihren u. U. katastrophalen Folgen (s. 3.3.1.2);
- nach mehr oder weniger kurzer Zeit durch Regulation; oder
- durch ein Einstellen eines neuen Gleichgewichts auf einem höheren Niveau (ggf. mit Dauerschaden).

Bekämpfungsmaßnahmen

mit Hilfe unspezifischer, breitenwirksamer Mittel wirken demnach stets als Störfaktor, ggf. sogar als Führungsgröße (wenn sie nämlich Regler beeinflussen: z. B. Insektizideinfluß auf Parasiten oder Raubinsekten), niemals jedoch als Regler.

Als Führungsgröße bestimmt der Einsatz chemischer Mittel das Dichteniveau zudem meist in unerwünschter Weise, indem er nämlich Regler außer Kraft setzt (s. Volterra-Modell, 3.3.1.1).

Biologische Bekämpfungsmaßnahmen andererseits versuchen gezielt die Regler zu verstärken oder zusätzliche Regler einzubauen.

Herkömmliche Maßnahmen zur Förderung vorhandener Regler sind z. B. das Schaffen von Nistplätzen für Vögel oder das Ansiedeln und Schützen von Ameisenkolonien. Freilich handelt es sich dabei stets um potentielle Regler, deren Wirksamkeitsbereich vielfach nicht genau bekannt ist. Import von Raub- oder Parasitinsekten bedeutet Einführung zusätzlicher Regler.

Bei alledem wird nur versucht, die obere Grenze der Schädlingsdichte zu stabilisieren, die Fluktuationen zu «dämpfen». Das kann erfolgreich sein, wenn etwa die Schädlingsdichte die wirtschaftliche Schadensschwelle nicht allzu hoch überschreitet, wenn es nur zu gelegentlichen Gradationen kommt, oder wenn der Schädling wenigstens zeitweise einem System funktionierender Regler unterliegt.
Zumeist haben wir es allerdings mit Schädlingen zu tun, die derartige Voraussetzungen nicht erfüllen.

Viele Schädlinge unserer Kulturpflanzen sind – im Überfluß des Nahrungsangebotes – Dauerschädlinge, deren Dichte gewöhnlich weit über der Grenze des gerade noch zu akzeptierenden Schadens liegt.

In diesen Fällen ist mit einer Manipulation des Reglers selbst wenig geholfen. Es kommt vielmehr darauf an, das gesamte Fluktuationsniveau u. U. drastisch zu senken. Nach unserem Modell kann das nur mit Hilfe von Sollwertverstellungen geschehen.

Maßnahmen, die im Sinne einer Sollwertverstellung wirken, wären etwa eine Beeinflussung der Konkurrenz-Situation des Schädlings – bei Pflanzenfressern also: Anbau ungünstiger Nahrung (z. B. resistenter Sorten),

Nahrungswechsel (Fruchtfolge), Wahl des Erntetermins usw. – oder eine Veränderung der Umwelt allgemein – etwa durch Bodenbehandlung (Düngung), Beregnung, Beschattung, Förderung weniger gefährdeter Pflanzen (standortgerechter Anbau) usw.

Moderne Schädlingsbekämpfung ist mehr und mehr das Bemühen, *alle Möglichkeiten* der Beeinflussung des Schädlings zu nutzen *(integrierte Bekämpfung, pest management)*. Dazu trägt eine Klärung der Zusammenhänge, wie sie mit dem kybernetischen Modell der Dichteregulierung und Determination gegeben ist, bei. Im speziellen Fall – des einzelnen Schädlings – fehlen freilich noch häufig genug die notwendigen Informationen.

(2) Gleichgewichtstheorien

Die vorgestellte **Regulationstheorie** ist wohl die umfassendste der vorliegenden Gleichgewichtstheorien.
Es sollen hier noch zwei andere genannt werden, die die Regulationstheorie in wesentlichen Punkten ergänzen und damit zum Gesamtbild des popularen Gleichgewichts beitragen.

Umwelttheorien

Umwelttheorien verschiedener – ebenfalls englischsprachiger – Autoren leiten das populare Gleichgewicht allein daraus ab, daß eine Population in eine mehr oder weniger *vielfältige Umwelt* eingebettet ist. Diese *Heterogenität* der Umwelt ermöglicht es der Population, sich in viele Teilpopulationen mit entsprechenden Nischenbereichen aufzuspalten. Die Teilpopulationen sollen nach dem Prinzip der *Verteilung des Risikos* in der Lage sein, schädliche Einflüsse auf die Gesamtpopulation zu dämpfen: betroffen werden immer nur Teile der Bevölkerung, während andere Teile Reservoire bilden, aus denen sich die Gesamtbevölkerung erneuert.

Modelle zeigen, daß eine Population längere Zeit im Gleichgewicht gehalten werden kann, auch wenn nur Zufallsfaktoren einwirken, also ohne Regulationsmechanismen, d.h. dichteabhängige Einflüsse. Allerdings muß die Zahl dieser Zufallsfaktoren offenbar sehr groß sein *(Reddingius 1970)*.
Die Lehrmeinung besagt jedoch, daß eine langfristige Einhaltung von Dichtegrenzen nur durch Regulationsmechanismen möglich ist. Freilich scheint es Situationen zu geben, in denen zufällige Einflüsse auf die Population absolut im Vordergrund stehen: Vertreter der Umwelttheorien stammen aus Australien *(Andrewartha, Birch)*, wo starke Witterungsschwankungen die Abundanzdynamik offenbar sehr deutlich zu beeinflussen vermögen.

Konstitutionstheorien

Unter dieser Überschrift sollen Feststellungen von Autoren zusammengefaßt werden, die die Population nicht als Einheit (oder bestenfalls aus Teilpopulationen zusammengesetzt) betrachten, sondern die *qualitativen Unterschiede innerhalb* der Population betonen.
Zweifellos liegt es an unserem Mangel an genaueren Kenntnissen, daß in der Ökologie noch vielfach die Population als einheitliche Gruppe von Individuen angesehen wird, obwohl wir grundsätzlich um die genetische Vielfalt innerhalb der Population wissen.
Die Konstitutionstheorien nun bringen diese Unterschiede innerhalb der Population und ggf. ihre Änderungen mit den Fluktuationen und der Dichteregulation in Verbindung.

So kennt man Beispiele von Populationen verschiedener Tierarten, die nachweislich in den verschiedenen Phasen ihres Massenwechsels unterschiedlich zusammengesetzt sind:
Unter den Insekten kennt man seit langem derartige Unterschiede beim amerikanischen Ringelspinner, bei dem man in Phasen der Dichtezunahme (Progradation) einen «aktiven» Raupentyp und beim Dichterückgang (Retrogradation) einen «trägen» Raupentyp sicher trennen kann *(Wellington* 1960).
In einem anderen Fall, beim Grauen Lärchenwickler, haben Schweizer Forscher ebenfalls zwei Raupentypen unterscheiden können: in der Progradation einen dunklen Typ, der empfindlich auf Streß reagiert (Gedränge, aber auch Nahrungsmangel oder Insektizid-Einfluß), und einen hellen Typ in der Retrogradation, der wenig empfindlich ist *(Baltensweiler* 1970 u. a.).
Entsprechendes kennt man beispielsweise auch von gewissen Mäusen, bei denen sich die Individuen einer Population mit hoher Dichte deutlich von denen bei niedriger Dichte unterscheiden, und zwar im Hinblick auf Fortpflanzungsfähigkeit, Wachstum, Überlebensrate u. a. *(Chitty* 1960 ff., *Krebs* 1970).

Ob derartige Mechanismen dichteabhängiger Veränderungen der Konstitution einer Bevölkerung allein ausreichen, Fluktuationen und ihre Dämpfung zu erklären, ist noch umstritten.
Sicherlich müssen aber bei der Dichteregulation von Populationen solche *Regulationsmechanismen innerhalb der Bevölkerung* berücksichtigt werden.

3.3.2.2 Gleichgewicht in einfachen Antagonisten-Systemen

Isolierte Modellsysteme zweier Partner, die als Konkurrenten oder als Feinde miteinander in Beziehung treten, zeigen nicht selten, daß einer der beiden oder gar beide Partner unterdrückt werden.

Konkurrenz führt – auch in natürlichen Populationen bei Nischengleichheit – leicht zur Unterdrückung oder völligen Verdrängung des Unterlegenen. Opponenz kann zur Ausrottung der Beute und nachfolgendem Zusammenbruch auch der Feindart führen.

Hier geht es also vor allem darum zu zeigen, unter welchen Bedingungen eine «Koexistenz» zweier feindlicher Arten möglich ist. Damit werden die oben (3.3.1.1 und 3.3.1.2) bereits gemachten Aussagen ergänzt.

(1) **Kybernetische Modelle**

Zunächst soll in Abb. 3.36 das kybernetische Modell eines Systems aus einer Feind- und einer Beuteart vorgestellt werden. Bereits diese relativ einfache Erweiterung des Ausgangsmodells bringt eine Fülle von Komplikationen mit sich.

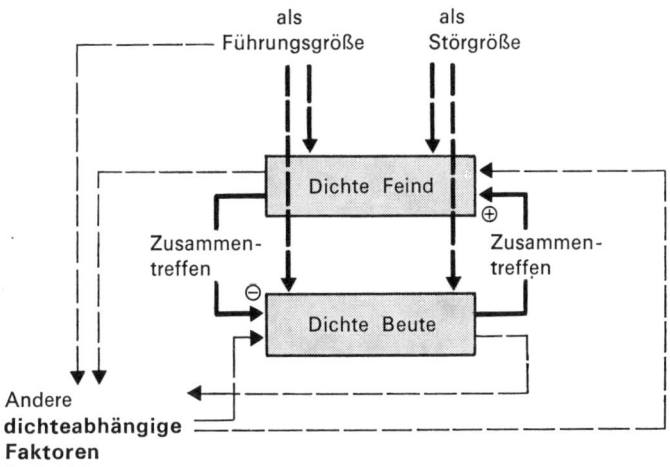

Abb. 3.36. **Feind-Beute-Beziehung** als kybernetisches Modell

Jede der beiden Arten beeinflußt den Partner dichteabhängig, wenn auch mit anderem Vorzeichen: von hoher Beutedichte wird der Feind positiv, von hoher Feinddichte die Beute negativ betroffen.
In beiden Fällen wirken außerdem noch andere dichteabhängige Faktoren ein, z. B. die innerartliche Konkurrenz beider Partner.

3.3 Gleichgewicht 185

Schließlich sind beide Partner in die Umwelt eingebettet, besetzen aber verschiedene Nischen, d. h. sind gegenüber ein- und demselben Umwelteinfluß *verschieden* anfällig: die dichteunabhängigen Faktoren können also sowohl als Störgrößen als auch als Führungsgrößen auf die beiden Arten durchaus unterschiedlich einwirken.

Zusätzliche Regelkreise und unterschiedliche Wirkungen gleicher Umwelteinflüsse lassen sich zwar im Modell noch unterbringen (z. B. *Wilbert* 1970). Der Vorteil dieser Darstellungsweise, die Übersichtlichkeit, geht aber sehr schnell verloren.

(2) **Koexistenz**

Ein Feind-Beute-Verhältnis der skizzierten Art, in dem eine einzelne Beuteart von einem *spezialisierten Feind* angegriffen wird, führt nicht selten zu Fluktuationen mit immer stärkeren Schwingungen (Abb. 3.37), die einen Zusammenbruch des gesamten Systems zur Folge haben können.

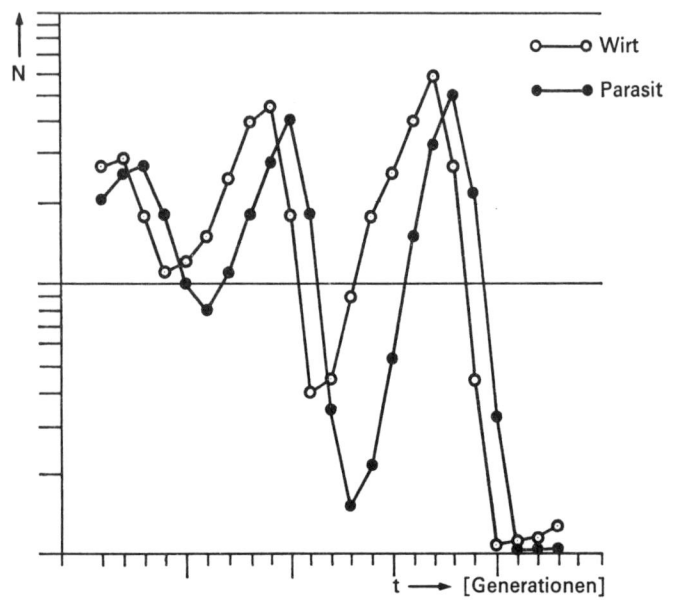

Abb. 3.37. **Wirt-Parasit-Modell**

Nicht-spezialisierte Feinde vermeiden solche Katastrophen durch «Umschalten» auf andere Beute (funktionelle Reaktion, 3.3.1.1).

Das gleiche gilt für Konkurrenten, bei denen die Gefahr der Katastrophe für den einen oder anderen Partner um so größer ist, je spezialisierter sie sind, d. h. je enger sie auf das Requisit angewiesen sind, um das die Konkurrenz geht.

Ein Nahrungsspezialist gerät leichter in die Gefahr, unter Nahrungskonkurrenz zu leiden, als ein Allesfresser.

Diese Fähigkeit zum Ausweichen ist eine der Möglichkeiten der *Koexistenz* zweier feindlicher Arten. Dazu gehören auch, das wurde oben schon im Zusammenhang dargestellt (3.3.1.1), andere, die Wirksamkeit des Feindes begrenzende oder die Verteidigungsfähigkeit der Beute stärkende Mechanismen.

Beispiele: abnehmende Wirksamkeit von Parasiten bei hoher Dichte durch gegenseitige Störung, Übersättigungseffekt bei Räubern, Änderung der Konstitution der Beute usw.

Auch bei interspezifischer Konkurrenz können innerartliche Mechanismen (geordnete Konkurrenz, 3.3.1.2) die schlimmsten Folgen verhindern und damit zur Koexistenz beitragen.
Wesentlicher für das Erreichen eines Gleichgewichts zwischen den beiden feindlichen Arten ist allerdings das Vorhandensein einer möglichst *vielfältigen (heterogenen) Umwelt*. Je ungleichmäßiger die Umwelt ist, um so eher finden die bedrohten Populationen – die Beute bzw. der unterlegene Konkurrent – *Zufluchtsräume*, d. h. Plätze, an denen sie für eine mehr oder weniger lange Zeit vor dem Zugriff des Feindes sicher sind. Die Gesamtpopulation kann sich in solchen kleinen Teilpopulationen immer wieder erholen, so daß eine Mindestgröße auf Dauer garantiert ist.

Beispiele für die Wirksamkeit heterogener Umwelt bei der Stabilisierung von Konkurrenten-Systemen haben wir bei der Diskussion des Konkurrenz-Ausschluß-Prinzips und seiner Grenzen kennengelernt (2.2.3.2). Entsprechende Beispiele von Feind-Beute-Systemen lassen sich aus natürlichen Freiland-Systemen wie auch aus Modellversuchen beibringen: In einem Laborversuch, in dem Milben und Raubmilben an Orangen gehalten wurden, konnte *Huffaker* (1958) zeigen, daß das Feind-Beute-System sehr instabil ist, wenn die Umwelt gleichförmig ist, d. h. wenn alle Beute-Individuen für den Feind leicht zugänglich sind. In diesem Falle kam es zu den typischen, immer stärkeren Schwankungen mit endlicher gegenseitiger Ausrottung beider Partner. Das System wurde stabilisiert, sobald durch ungleichmäßige Verteilung der Orangen, durch Aufbauen von Barrieren usw. die gleichmäßige Ausbreitung des Feindes behindert und Rückzugsräume für die Beute geschaffen wurden, aus denen heraus sie ihre Population immer neu aufbauen konnte.

Ein entsprechendes Freiland-Experiment entwickelte sich in Australien im Anschluß an eine biologische Bekämpfung der Opuntien. Diese Pflanzen waren eingeschleppt worden und hatten mit der Zeit riesige Flächen Weideland unbrauchbar gemacht. Durch den Import eines speziellen Kleinschmetterlings konnte man sie weitgehend vernichten. Überlebende Opuntien-Bestände bilden isolierte Reservoire, zu denen der Pflanzenfresser erst nach einiger Zeit vordringt. So hat sich ein Gleichgewicht zwischen beiden Arten eingestellt, das beiden Arten nebeneinander eine Lebenschance bietet.

Was in diesen Beispielen geschieht, können wir auch als den stabilisierenden Einfluß von teilweiser *(partieller) Inkoinzidenz* (2.4.2) auf ein Antagonisten-System beschreiben.

Die Koexistenz einer Beuteart mit einem spezialisierten Feind ist Ergebnis und Gegenstand einer fortgesetzten *Evolution*. Von der Beute geht ein *Selektionsdruck* auf den Feind, vom Feind umgekehrt auf die Beute aus (wechselseitige Anpassung, 2.1.3.4). Er führt auf seiten des Feindes zu immer größerer Effektivität, auf seiten der Beute zu fortwährendem Ausweichen.

Voraussetzung der beiderseits ständig wirksamen Selektion ist die Erhaltung der notwendigen *genetischen Vielfalt* auf beiden Seiten. Einengung dieser Mannigfaltigkeit (z. B. durch Züchtung) kann das Ende der Koexistenz bedeuten. Die Gefahr des Kartoffelkrebses schien vor etwa zehn Jahren durch Resistenzzüchtungen der Kartoffel gebannt. Seither sind mindestens neun neue Rassen des Erregers bekanntgeworden, gegen die es z. Z. keine Resistenz gibt.

3.3.2.3 Gleichgewicht im multispezifischen System

Isolierte Feind-Beute- oder Konkurrenten-Systeme sind unter natürlichen Bedingungen kaum zu beobachten. Sie sind stets eingebettet in die Gesamtheit der Umwelt mit ihrer *Vielfalt* anderer biotischer Einflüsse:

— einem Feind stehen mehrere Beutearten zur Verfügung;
— eine Beuteart wird von mehreren Feinden verfolgt;
— Feinde machen sich untereinander Konkurrenz;
— Konkurrenten werden durch Feinde beeinflußt.

Alle diese Beziehungen bilden miteinander und gleichzeitig die Gesamtheit des aus vielen Arten bestehenden *(multispezifischen)* ökologischen Systems.

Diese **Vielfalt** oder **Diversität** spielt bei der Beurteilung des **Gleichgewichts** oder der **Stabilität** eines ökologischen Systems eine wesentliche Rolle. Eine vielzitierte Aussage lautet, daß die Stabilität eines

Ökosystems durch seine Diversität bestimmt wird. Wir werden später prüfen, wie weit diese Aussage zutrifft.

Den Zusammenhang zwischen der Diversität, ausgedrückt durch den *Verknüpfungsgrad* der Bestandteile des Systems, und der *Organisationshöhe* des Systems haben wir bereits kennengelernt (3.2.4). Auch auf ihn wird noch zurückzukommen sein.

Zunächst ist zu klären, was in einem multispezifischen System unter Gleichgewicht zu verstehen ist.

(1) **Gleichgewicht, Stabilität**

Der lebendige Teil eines Ökosystems, die Organismen-Gemeinschaft, besteht aus einer mehr oder weniger großen Zahl von Populationen. Das Gleichgewicht des ganzen Systems schließt also die Gleichgewichte der Bestandteile, der Populationen, ein.

Was wir hier unter einem **Gleichgewicht** oder unter **Stabilität** verstehen wollen, wurde eingangs (3.3.2) bereits formuliert:

– das Aufrechterhalten eines bestimmten Zustandes über eine bestimmte Zeit hin und
– die Fähigkeit, diesen Zustand nach Störung wiederherzustellen.

Gewisse **Schwankungen** gehören zum Bild dieses Gleichgewichts:

– Fluktuationen auf dem Niveau der Populationen und
– Verschiebungen im Anteil der Einzelpopulationen an der Gesamtheit und damit in der Bedeutung für die Gemeinschaft.

Ein *stabiles* Organismen-System hätte demnach folgende Eigenschaften:

– alle ökologischen Nischen sind durch eine entsprechende Population besetzt,
– keine dieser Nischen wird frei, d.h. keine der Populationen (der beteiligten Arten) stirbt aus,
– keine der beteiligten Populationen hat so starke oder lang andauernde Fluktuationen, daß sie damit andere Nischen zerstört oder andere Populationen verdrängt.

Ein solches System wäre allerdings **starr**: es bliebe – eine unveränderte Umwelt vorausgesetzt – selbst *unverändert;* eine Entwicklung wäre nicht möglich. Tatsächlich ist aber die Fähigkeit zur Weiterentwicklung, wie wir sahen, nicht nur dem Einzelorganismus, sondern auch Organismen-Gemeinschaften eigen. Es muß also auch Systeme geben, die sich – vor allem in Situationen einer sich ändernden Umwelt – **verändern** können.

Hier würde Stabilität bedeuten:

- Erhaltung des Ganzen durch *Anpassung* an die jeweilige Situation,
- nicht starres, sondern *plastisches* Reagieren,
- Austausch von Teilen, Ersatz von Bestandteilen, d. h. von Arten, durch andere,
- Verschiebung der Anteile und Bedeutung der Arten im Gesamtsystem,
- Knüpfung neuer Beziehungen zwischen den Bestandteilen (z. B. alternativer Wege im Nahrungsnetz) usw.

Diese beiden *extremen Möglichkeiten stabiler Systeme,*

- das **starre (persistente)** und
- das **anpassungsfähige (plastische) System,**

sind durch Zwischenlösungen miteinander verbunden *(Margalef* 1969). Den beiden Extremtypen entspricht die auch vielfach verwendete Einteilung in **unreife** *(entwicklungsfähige)* und **reife** *(starre)* Systeme *(Margalef* 1963, *Watt* 1970).

(2) **Produktionsökologisches Gleichgewicht**

Die Unterscheidung unreifer und reifer ökologischer Systeme führt uns zunächst auf produktionsökologische Überlegungen (3.2.3) zurück.

In einem im Gleichgewicht befindlichen ökologischen System wird alles, was in der Zeiteinheit an Biomasse produziert wird, auch wieder verbraucht:

die *Gesamtproduktivität* P ist also gleich dem *Gesamtverbrauch* (der Gesamt-Respiration) R:

$$\frac{P}{R} = 1$$

Das gilt für ein *reifes* System, also den Endzustand einer Entwicklung (Sukzession) mit einem ausgewogenen Verhältnis von Produzenten und Konsumenten.

Das gilt in dieser Form auch nur für ein geschlossenes System. Bei einem *offenen* System – und alle natürlichen Ökosysteme sind, wie wir sahen, mehr oder weniger offen – muß die **Z**ufuhr und die **A**usfuhr von Produktion (Input/Output) ebenfalls berücksichtigt werden:

$$\frac{P + Z}{R + A} = 1$$

Beispiele und Konsequenzen: s. 3.3.3 (Ungleichgewicht).

Änderung des P/R-Verhältnisses im Verlaufe einer Sukzession

Im Anfangsstadium einer Sukzession, also in einem extrem *unreifen* System, ist das P/R-Verhältnis ungleich 1.
Sowohl im Modellversuch (z.B. einer Algenkultur, s. *Odum* 1967) als auch bei der Freilandbeobachtung (etwa einer Neubesiedlung einer Fläche) kann man ganz grob immer wieder die folgenden Schritte unterscheiden:

(1) Am Anfang stehen *Produzenten* einiger weniger Arten (oder nur einer einzigen Art: Pionierart[en]).
Sie werden noch nicht durch Feinde oder Konkurrenten gebremst und erzielen hohe Produktionsüberschüsse bei geringem eigenen Verbrauch:

$$\frac{P}{R} > 1$$

Die Energiewege im System sind extrem kurz, der Energiedurchlauf ist schnell.

(2) Zunehmend kommen andere Arten hinzu, vor allem *Konsumenten,* die von dem Produktionsüberschuß leben. Nahrungsketten bilden sich, der Energiedurchlauf wird verlängert (verlangsamt).

(3) Weitere Produzenten kommen hinzu, mit ihnen *Konkurrenz,* in ihrer Folge andere Reihen von Konsumenten.
Die Nahrungsketten verzweigen sich, parallele Energiewege bilden sich aus, der Energiestau wird immer größer.

(4) Endstation ist eine *Vielfalt* von beteiligten Organismenarten, unter denen die Konsumenten überwiegen, eine starke Aufspaltung des Energieflusses, ein Ausgleich von Produktion und Verbrauch.

Das Gesagte gilt zunächst nur für eine *autotrophe* Sukzession (3.1.2.2). Eine heterotrophe Sukzession beginnt mit einem Überschuß vorhandenen organischen Materials, der von Konsumentengruppen verbraucht wird: hier ist zunächst P/R < 1, jedenfalls aber auch $\neq 1$.

Änderung der Umschlagrate P/B

Mit der geschilderten Entwicklung eines ökologischen Systems zur Reife geht eine Zunahme der *Biomasse* im System einher. Entsprechend verschiebt sich das Verhältnis von Produktivität P zu Biomasse B, das wir oben als Umschlagrate (3.2.3) kennenlernten:

(1) Die hohe Anfangsproduktivität wird von verhältnismäßig wenig vorhandener Biomasse erzeugt: die Umschlagrate P/B ist sehr groß.

(2), (3) Mit den hinzukommenden Konsumenten nimmt die Biomasse stark zu: das Verhältnis P/B wird kleiner.

(4) Im Endzustand ist die Umschlagrate sehr klein: von einer gegebenen Primärproduktion wird eine sehr große Menge Biomasse ständig unterhalten.

Entsprechend verändert sich das *umgekehrte* Verhältnis B/P: es wird mit zunehmender Reife des Systems immer größer, d.h. die gestaute Energie (B) nimmt im Vergleich zur durchlaufenden Energie (P) zu. Wir lernten oben (3.2.4) dieses B/P-Verhältnis als ein Maß für die Ordnung bzw. Organisationshöhe des Systems kennen: auch sie nimmt mit der Reife des Systems zu.

Zusammenfassung

In Abb. 3.38 sind alle Aussagen über Veränderungen im Ökosystem mit *zunehmender Reife* zusammengefaßt:

Unreife Systeme	Reife Systeme
⟶ Entwicklung (Sukzession)	
Anpassungsfähig an eine in Veränderung begriffene Umwelt (plastisch)	*Unveränderlich* in etwa gleichbleibender Umwelt (starr)
Wenige *Arten:* Überschuß an Produzenten	Viele *Arten:* Gleichgewicht Produzenten/Konsumenten
P/R > 1	P/R = 1
Hohe *Produktivität* bei wenig vorhandener Biomasse	Viel vorhandene Biomasse
P/B groß	P/B klein
Entsprechend: *Organisationshöhe* (Komplexizität) klein	*Organisationshöhe* (Komplexizität) groß
B/P klein	B/P groß
Schneller *Energiedurchlauf:* relativ einfache und kurze Nahrungsketten	Gebremster *Energiedurchlauf:* Nahrungsnetze
Entropie groß Negentropie klein	Entropie klein Negentropie groß

Abb. 3.38

Zunehmende Reife bedeutet

- mehr Biomasse
- auf höheren trophischen Niveaus,
- längere Nahrungsketten.

Also:

- gebremster Energiedurchlauf, gleichbedeutend mit
- geringerer Entropie oder
- zunehmender Negentropie, d. h. Ordnung.

Die Energie wird verwendet

- zum Aufbau von Biomasse,
- zur Speicherung von Information,
- zur Vernetzung, d. h. zum Aufbau komplizierter Anpassungs- und Regelmechanismen.

(3) Mannigfaltigkeit, Diversität

Auffallend ist die *Zunahme* der beteiligten Organismen (Populationen, Arten) im Verlaufe der Entwicklung – der Reifung – eines ökologischen Systems: die Mannigfaltigkeit der Organismen (die **Arten-Diversität**) nimmt mit der Reife des ökologischen Systems zu.

Zunehmende *Stabilität* – im Sinne von Persistenz oder Starre – ist demnach verbunden mit zunehmender *Diversität*.

Ist deshalb auch die umgekehrte Aussage zulässig: «Diversität erzeugt Stabilität?» Diese allgemeine Aussage findet sich in verschiedener Formulierung häufig in der ökologischen Literatur.

Das sog. *dritte biozönotische Grundprinzip*, das von H. Franz 1952 als Ergänzung der auch als Thienemannsche Regeln bekanntgewordenen beiden ersten Grundprinzipien (s. unten) formuliert wurde, enthält diese Aussage: «Je kontinuierlicher sich die Milieubedingungen an einem Standort entwickelt haben, je länger er gleichartige Umweltbedingungen aufgewiesen hat, um so *artenreicher* ist seine Lebensgemeinschaft, um so *ausgeglichener* und um so *stabiler* ist sie.»

Vor allem in jüngster Zeit wurde die allgemeine Gültigkeit dieser Aussage kritisch überprüft *(Van Emden/Williams* 1974, *Van Emden* 1974). Dabei stellte sich heraus, daß die Zusammenhänge zwischen der Arten-Mannigfaltigkeit und der Stabilität eines ökologischen Systems so einfach *nicht* zu formulieren sind.

Was ist Diversität?

Diversität war hier zunächst **Arten-Diversität**, also Mannigfaltigkeit der Arten-Zusammensetzung einer Lebensgemeinschaft.

Sie läßt sich beispielsweise als Zahl der Arten je 1000 Individuen angeben: derartige einfache Indizes sind jedoch abhängig von der Stichprobengröße.

Dieser Tatsache wird im Begriff des **Minimalareals** (s. 4.2.2.2) Rechnung getragen: beginnt man, die Individuen einer Gemeinschaft auf ihre Artzugehörigkeit zu untersuchen, so erhält man zunächst viele verschiedene Arten. Untersucht man weitere Individuen, d. h. vergrößert man langsam das Untersuchungsareal, so nimmt die Artenzahl immer langsamer zu, bis – bei Erreichen einer bestimmten («minimalen») Arealgröße – alle

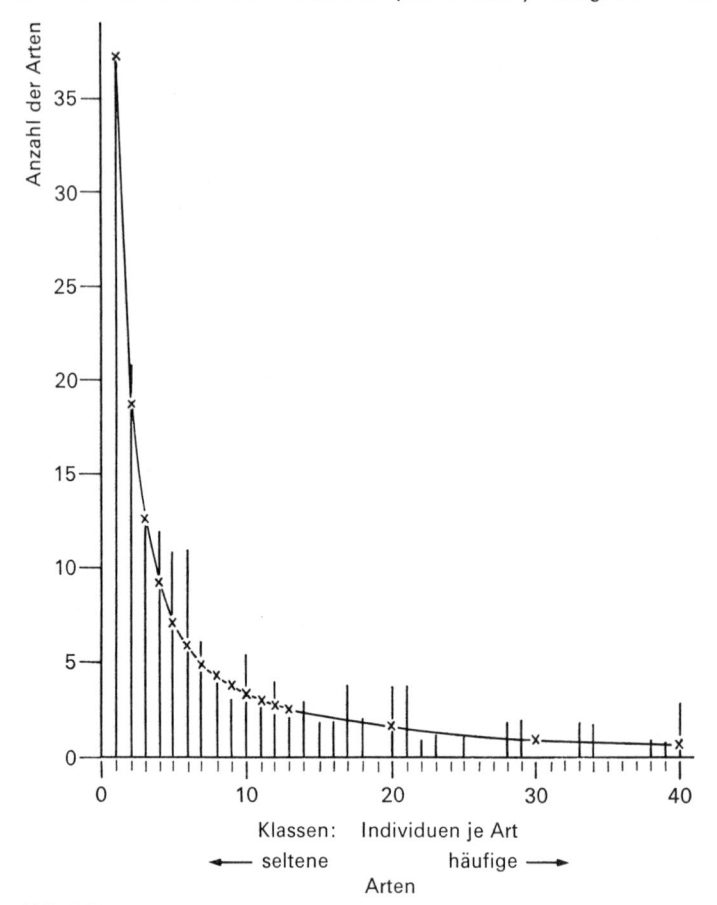

Abb. 3.39. **Häufigkeitsverteilung** von Schmetterlingsarten
Nach Williams (1964)

vorhandenen Arten bekannt sind, also nur noch die Individuenzahlen steigen können.

Versuche, den *Zusammenhang zwischen Artenzahl und Individuenzahl* mathematisch zu fassen, sind mehrfach gemacht worden. Die Verteilungskurven, die dabei entstehen, stimmen im Prinzip überein.

Abb. 3.39 zeigt eine solche Häufigkeitsverteilung von Schmetterlingsfängen *(Williams* 1964): gefangen wurden insgesamt 6814 Individuen aus 197 Arten. Sie verteilen sich so, daß einige wenige Arten mit hohen Individuenzahlen vertreten sind (die häufigste Art mit 1799 Individuen), während ein sehr hoher Anteil von Arten nur mit zwei (22 Arten) oder einem (37 Arten) Individuum vorkommt.

Je nach beteiligten Arten, nach den Umweltgegebenheiten und den daraus resultierenden Populationsdichten lassen sich derartige Kurven mathematisch allerdings unterschiedlich beschreiben.

Williams etwa beschrieb seine Häufigkeitskurve (Abb. 3.39) als logarithmische Verteilung, bei der die Zahl der Arten proportional dem Logarithmus der Individuenzahl zunimmt. Der Proportionalitätsfaktor – der Arten-**Diversitäts-Index** – läßt sich aus Tabellen ablesen. – Andere Autoren kommen zu anderen mathematischen Verteilungen.

Von Kritikern derartiger Diversitäts-Maße wird eingewendet, daß mit den reinen Zahlenangaben der vorkommenden Arten und ihrer relativen Häufigkeiten noch nichts über ihre tatsächlichen Beziehungen untereinander gesagt ist. Erst die *Verknüpfung* in Nahrungsbeziehungen macht aus einer Versammlung von Arten ein ökologisches System. Dabei können, wie wir sahen, Systeme mit *gleichen* Artenzahlen sehr unterschiedliche Gefüge bilden.

Fünf Arten können beispielsweise linear in einer Nahrungskette verknüpft sein (Abb. 3.40 A), also fünf trophischen Niveaus angehören – oder im anderen Extrem nur zwei trophischen Niveaus zugeordnet sein (B). Dazwischen gibt es alle Übergangsmöglichkeiten, etwa die lineare Anordnung mit mehrfachen (maximal 11: C) Verknüpfungen oder die Kombination (D) von (A), (B) und (C).

Diese Verknüpfungsmöglichkeiten in einem Diversitätsmaß auszudrücken, wurde – wie wir ebenfalls bereits sahen (3.2.4) – mit Hilfe der sog. Shannon-Wiener-Formel der Informationstheorie versucht.

Aus den dort angegebenen Rechenbeispielen war ersichtlich, daß der höchste Diversitäts-Wert nach dieser Formel erreicht wird, wenn alle vorkommenden Arten gleichstark vertreten sind.

Eine ganz andere Möglichkeit, Diversität zu beschreiben, gründet sich auf die *Voraussetzung,* unter der viele Arten nebeneinander existieren

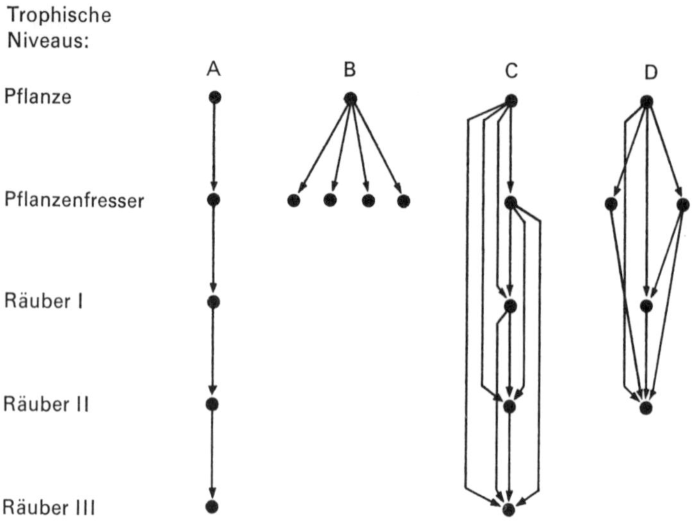

Trophische Niveaus:

    A   B   C   D

Pflanze

Pflanzenfresser

Räuber I

Räuber II

Räuber III

Abb. 3.40. **Verknüpfung in Nahrungsbeziehungen:** Verknüpfungsmöglichkeiten von fünf Organismenarten

können: auf die *Mannigfaltigkeit der Umweltbedingungen (Heterogenität der Umwelt)*.
Diese **Diversität der Raumstruktur** ist gleichbedeutend mit Nischen-Vielfalt.

Der Zusammenhang zwischen *Nischen-Vielfalt und Artenzahl* bzw. zwischen Arten- und Individuenzahl in nischenreicher und nischenarmer Umwelt ist Gegenstand der von *Thienemann* (1920) formulierten beiden sog. **biozönotischen Grundprinzipien:**

(1) «Je variabler die Lebensbedingungen einer Lebensstätte sind, um so größer ist die Artenzahl der zugehörigen Lebensgemeinschaft.»

(2) «Je mehr sich die Lebensbedingungen einer Lebensstätte vom Normalen und für die meisten Organismen Optimalen entfernen, um so *artenärmer* wird die Lebensgemeinschaft, um so charakteristischer wird sie, in um so größerem *Individuenreichtum* treten die einzelnen Arten auf.»

Zur Diversität der Umweltbedingungen zählt an sich auch die **klimatische Mannigfaltigkeit,** der mehr oder weniger große Schwankungsbereich der Witterungsverhältnisse im zeitlichen Ablauf. Wenn wir diese klimatische Diversität hier dennoch gesondert nennen, dann geschieht dies wegen ihres andersartigen Einflusses auf die Stabilität (s. unten).

Diversität und Stabilität

Führt *Diversität* zur *Stabilität* – im Sinne von Persistenz (s. oben) – von Ökosystemen?

Arten-Diversität wirkt stabilisierend, wenn auch nicht in jedem Falle und unumstritten:

Feind-Beute-Beziehungen, also Beziehungen zwischen verschiedenen trophischen Niveaus, installieren neue Regelkreise und erhöhen damit im allgemeinen die Stabilität.

Bei Blattläusen z.B. wird aber durch die Einwirkung von Feinden das Gleichgewicht eher gestört *(Way* 1970). Freilich spielt in Blattlausbevölkerungen das Element des Abwanderns für die Regulation die wohl bestimmende Rolle.

Konkurrenz-Beziehungen, also Beziehungen auf dem gleichen trophischen Niveau, können regulatorisch wirksam werden, wenn auch u. U. mit Verspätung und jedenfalls auf dieses Niveau beschränkt. Mechanismen, die die Koexistenz von Konkurrenten fördern, wirken stabilisierend. Dazu gehört z. B. die Einwirkung von Feinden, die die Diversität auf dem nächsttieferen trophischen Niveau erhöht.

Andererseits kann Konkurrenz von Räubern oder Parasiten auf der nächsttieferen Ebene stabilitätsmindernd wirken, weil die Reaktionsfähigkeit der Feinde eben durch die Konkurrenz untereinander eingeschränkt wird.

Überlegungen, ob und ggf. in welcher Weise durch die Erhöhung der Arten-Diversität die Stabilität eines Systems erhöht werden kann, sind u.U. von *praktischer Bedeutung,* beispielsweise bei der Frage der Beeinflussung von Schädlingssystemen von Kulturpflanzen.

Nach der formalen Anwendung der Shannon-Wiener-Formel ergibt die Förderung vorhandener, aber seltener Arten den gleichen Zuwachs an Diversität wie die Neueinbringung von Arten (Rechenbeispiel: 3.2.4). Aus produktionsökologischen Überlegungen wird allerdings vom Biomasse-Zuwachs bei vorhandenen Arten mehr Stabilität erwartet als vom Neuimport von Arten *(Leigh* 1965).

Der Streit, ob ein Import von neuen Arten – also von Nützlingen zum Zwecke der biologischen Schädlingsbekämpfung – besser mit Einzelarten oder mit ganzen Artgruppen (Parasiten-Sets z. B.) geschieht, wird heute so beantwortet:

In einfachen Systemen (unreifen Systemen) ist die Einfuhr von Kollektiven (Artgruppen) sicherlich förderlich für die Stabilität, weil mehrere Regelkreise aufgebaut werden.

In Systemen, die schon eine gewisse Diversität haben (in reifen Systemen), sollte der sorgfältig geplanten Einfuhr einzelner Arten der Vorzug gegeben werden, die möglichst auf freie «Planstellen» stoßen und damit der Konkurrenz entgehen sollen.

Strukturelle (räumliche) Diversität ist stabilitätsfördernd. Wie weit eine heterogene Umwelt über die Möglichkeit, Teilnischen für Teilpopulationen zu bieten, *allein* schon regulatorisch wirksam werden kann (im Sinne einer «Risiko-Streuung», s. 3.3.2.1), ist umstritten. *Monokulturen* von Kulturpflanzen reduzieren die strukturelle Diversität, also den Nischenreichtum, erheblich (s. unten: 3.3.3).
Die **klimatische Diversität** ist negativ mit der Stabilität korreliert. Wir sahen oben, daß die Ausbildung empfindlicher Regelmechanismen (in reifen Systemen) mehr oder weniger gleichbleibende Umweltbedingungen voraussetzt. Entsprechend müssen sich dort, wo die klimatischen Einflüsse sehr abwechslungsreich sind, die Organismensysteme fortwährend diesen Änderungen anpassen, bleiben also plastisch, d.h. unreif.

Konsequenzen

Zusammenfassend läßt sich das Gesagte in Abb. 3.41 – als Ergänzung zu Abb. 3.38 – darstellen:

Unreife Systeme ⟶	Reife Systeme
Geringe *Arten-Diversität*	Hohe *Arten-Diversität*
Wenig *spezialisierte* Arten	Hoher Anteil an *Spezialisten*
Populationen stark *fluktuierend*	*Fluktuation* durch Vielzahl von Regelmechanismen (Antagonisten) gedämpft
	Gefahr der *Überspezialisation* Störanfälligkeit gegenüber Änderung der (abiotischen) Umwelt

Abb. 3.41

Unreife Systeme sind durch eine geringe Arten-Diversität und durch entsprechend einfache Beziehungen zwischen den beteiligten Organismen bzw. Organismengruppen gekennzeichnet. Diese Organismen sind wenig spezialisiert, daher anpassungsfähig gegenüber Änderungen im Bereich der abiotischen Umwelt und wenig empfindlich. Allerdings reagieren die Populationen u.U. mit kräftigen Fluktuationen.
Reife Systeme mit ihrer meist hohen Arten-Diversität zeichnen sich durch die komplizierten Beziehungen sowohl zwischen den verschiedenen trophischen Niveaus als auch innerhalb des gleichen trophischen Niveaus aus. Mit der engen Anpassung nimmt der Grad der Speziali-

sation zu: so entstehen die empfindlichen Regelmechanismen. Allerdings wächst mit der Spezialisation auch die Gefahr, daß Störungen von außen – z.B. im abiotischen Bereich – nicht mehr ausgeglichen werden können. In solchen Fällen ist leicht das ganze System bedroht, weil sich eine Störung in Form von Schockwellen durch das System ausbreitet und möglicherweise an ganz entfernten Stellen Reaktionen hervorruft, die stärker sind als die Störung selbst (s. unten: Ungleichgewicht).

Zwischen diesen beiden Extremen gibt es vielerlei Übergänge. Nimmt man hinzu, daß diese Entwicklung von unreifen zu reifen Systemen unter den verschiedenen äußeren Bedingungen stattfinden kann, also sowohl unter *verschiedener klimatischer Diversität* als auch bei *verschiedener struktureller Diversität,* also in Arealen mit unterschiedlichem Nischenreichtum (Abb. 3.42), dann muß man zu der Einsicht kommen, daß es eine einfache *Verknüpfung von Arten-Diversität und Stabilität nicht* gibt. Vielmehr gibt es Reihen von Systemen unterschiedlicher (zunehmender) Reife auf verschiedenen Niveaus von Diversität, Organisationshöhe und Produktivität.

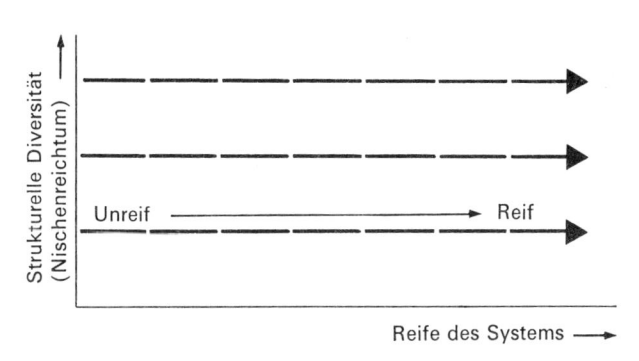

Abb. 3.42. **Entwicklung unreifer zu reifen Systemen** auf verschiedenen Ebenen räumlicher Diversität

Margalef (1969) hat versucht, diese Zusammenhänge in einem Schema darzustellen (Abb. 3.43). Verschiedene typische Ökosysteme sind hier nach ihrer Reife (und Diversität) einerseits und ihrer Produktivität (und Organisationshöhe) andererseits geordnet. Die Stabilität der Systeme nimmt demnach in jeder Reihe von links nach rechts zu, außerdem aber auch zwischen den verschiedenen Reihen von oben nach unten.

Es gibt also sowohl Systeme mit gleicher Diversität, aber unterschiedlicher Stabilität (z.B. bestimmte Gewässer/Wald), als auch z.B. wenig

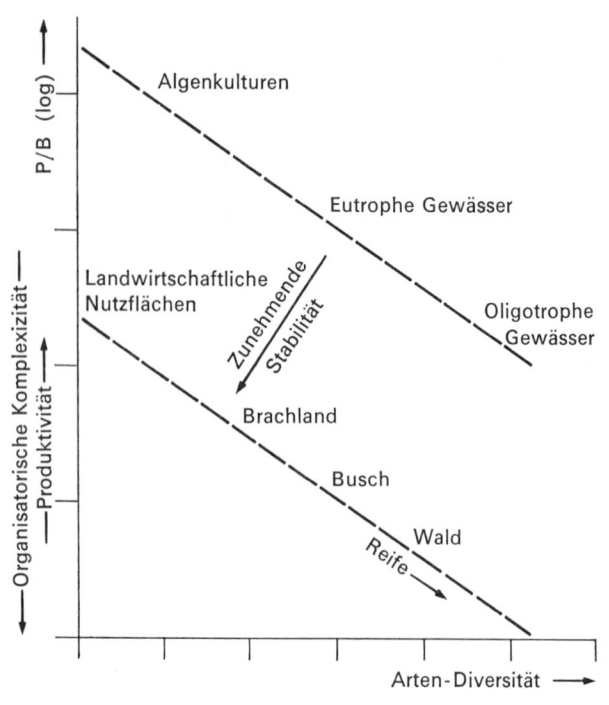

Abb. 3.43. **Zusammenhang** zwischen Produktivität bzw. Organisationsmaß, Diversität und Stabilität in verschiedenen typischen Ökosystemen Nach *Margalef* (1969)

diverse Systeme mit dennoch hoher Stabilität (Neusiedler See mit seinem Schilfgürtel, *Burian* 1973).
Dennoch wird man – und das ist für praktische Zwecke vielfach hilfreich – verallgemeinernd sagen können, daß die Erhöhung der Arten-Diversität oder der räumlichen Diversität (z.B. durch bestimmte Förderungsmaßnahmen) in der Regel stabilisierend wirkt.

3.3.3 Ungleichgewicht

Die letzten Überlegungen zum Thema Gleichgewicht sollen den *menschlich beeinflußten ökologischen Systemen* gelten, von denen wir häufig sagen müssen, sie seien im Ungleichgewicht.

Zugleich kehren wir damit zu unserem Ausgangsmodell «Mensch und Umweltkrise» zurück.

Zwang zur Produktion

Aus Abb. 3.43 war abzulesen, daß hochproduktive Systeme notwendig weniger stabil sind. Das gilt vor allem für landwirtschaftliche Kulturen, von denen wir sagen können, daß es sich um Pflanzengesellschaften handelt, die *künstlich* im Zustand der *Unreife* gehalten werden.

Die Produktivität, also auch das P/B-Verhältnis, sollen möglichst hoch sein. Damit müssen die Eigenschaften unreifer Systeme in Kauf genommen werden:
stark fluktuierende Populationen wenig spezialisierter Konsumenten, die nur schwer regulatorisch zu beeinflussen sind.
Möglichkeiten der Einflußnahme seitens des Menschen liegen vor allem in der Erhaltung oder Erhöhung struktureller Diversität (z. B. durch gemischten Pflanzenanbau an Stelle von Monokulturen) und in der Stärkung der Widerstandsfähigkeit der Kulturen (z. B. durch Resistenzzüchtung).

Die zuweilen geäußerte Forderung, zu stabilen natürlichen Systemen zurückzukehren, ist gleichbedeutend mit Verzicht auf Produktion und daher irreal.

Produktionsbiologisches Ungleichgewicht

Das produktionsbiologische Gleichgewicht in einem ökologischen System beschrieben wir dadurch, daß sich Produktivität und Verbrauch die Waage halten, daß also alle produzierte Biomasse im System auch wieder abgebaut wird.

Wir hatten allerdings auch die Möglichkeit von Zufuhr und Ausfuhr berücksichtigt und das Gleichgewicht formuliert:

$$P + Z = R + A \qquad (3.3.2.3)$$

Aus einem vom Menschen genutzten System wird ein möglichst hoher Anteil der Produktion als *Ernte* ausgeführt.
Entsprechend muß die *Zufuhr* von Material – z. B. von Dünger, Futtermitteln usw. – hoch sein.
Mit einer solchen Steigerung des *Energiedurchlaufs* durch das System ist sogleich ein *Entsorgungsproblem* verbunden: es fallen nicht genutzte Rückstände an, die beseitigt werden müssen, also nicht in einen natürlichen Kreislauf zurückkehren. Anders gesagt: Zufuhr und Ausfuhr im System sind vielfach räumlich und zeitlich weit getrennt. Die Folge ist, daß die natürlichen Kreisprozesse mehr und mehr in nichtzyklische, lineare Abläufe übergehen (Abb. 3.44).

Die Gründe dafür sind nicht-ökologisch. Intensive Produktion wird in einem spezialisierten Betrieb erzeugt: bei intensiver Tierhaltung ist es

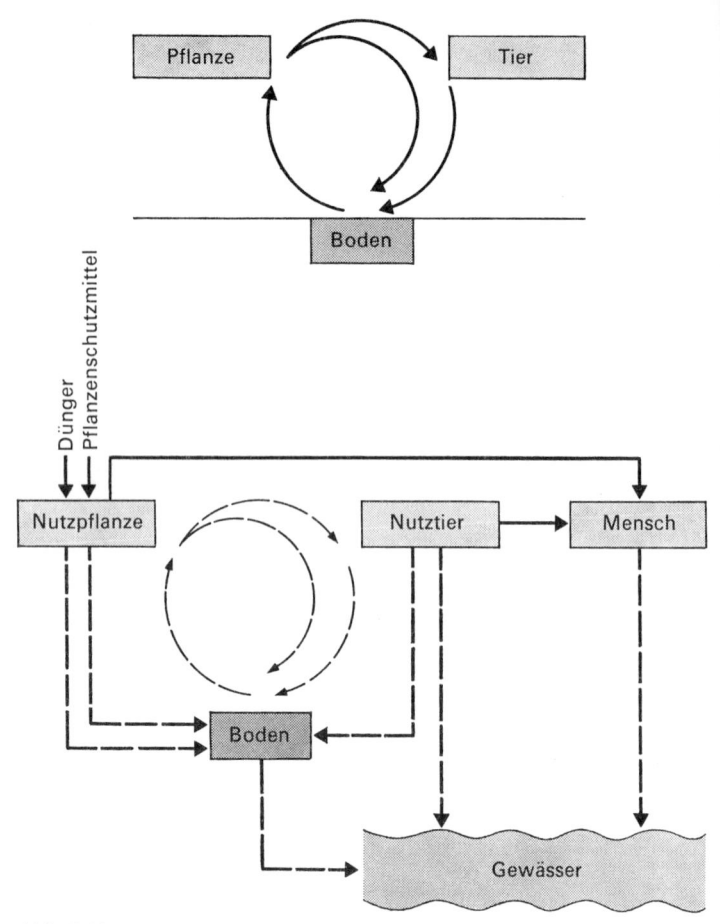

Abb. 3.44. **Umwandlung natürlicher Kreisprozesse** in lineare Prozesse

beispielsweise äußerst schwierig, die anfallenden Kotmengen in Form von natürlichem Dünger in den Kreisprozeß zurückzuführen. Ähnliches gilt für Ernterückstände (z. B. Stroh). Außerdem fallen durch die Technik der Produktionssteigerung weitere Rückstände an (z. B. durch Schädlingsbekämpfung). Alles zusammen belastet dann andere ökologische Systeme (s. unten).

Das Stichwort, unter dem nach Abhilfe gesucht wird, lautet «**recycling**» – Wiederherstellen der Kreisläufe. In der Praxis ist das sehr schwierig, weil die Schadensursachen, und damit auch die Möglichkeiten zur

Besserung, außerhalb des ökologischen Bereiches – zumeist im Wirtschaftlichen – liegen.
Freilich gibt es auch andere Nutzungsmöglichkeiten natürlicher Systeme durch den Menschen, die ökologisch weniger problematisch sind. Wenn bei langfristiger Nutzung ausdauernder Pflanzenkulturen (z. B. in der Forstwirtschaft) oder tierischer Bevölkerungen (z. B. durch Fischfang oder Jagd) immer nur ein Teil der Biomasse als Ernte herausgezogen wird, kann es auch bei minimaler Zufuhr bleiben. Die Kreisläufe werden wenig gestört. Eine solche ständige Nutzung setzt allerdings genaue Kenntnisse des Systems voraus und auch eine freiwillige Beschränkung der Nutzungsintensität.

Übernutzung infolge mangelnder Kenntnisse oder wider besseres Wissen hat z. B. zur Ausrottung vieler Arten von Walen und zur Bedrohung aller übrigen und dazu vieler Fischarten geführt.

Output-Belastung

Rückstände der genannten Art aus hoch produzierenden und genutzten Systemen geraten in andere natürliche Ökosysteme. Diese werden mit einem erhöhten Energiedurchlauf belastet, auf den sie nach der Konstruktion ihrer Lebensgemeinschaften, vor allem im Konsumenten-, aber auch im Destruentenbereich, nicht eingerichtet sind.

Betroffen sind in erster Linie Gewässer-Systeme: vom Grundwasser über die verschiedenen Oberflächengewässer bis zum Meer.

Ein solches Gewässer, das auf der Stufe einer relativ geringen Produktivität im Gleichgewicht war, wird durch Nährstoffzufuhr zur Produktivitätssteigerung gebracht. Dieser Vorgang – die **Eutrophierung** des Gewässers – läßt sich mit folgenden Schritten beschreiben:

– Bevölkerungsexplosion der Produzenten (Algen) als Folge des erhöhten Angebots an Nährstoffen;
– Ansammlung von Algenmassen, die von den vorhandenen Konsumenten nicht abgebaut werden können;
– hoher Sauerstoffverbrauch durch die Atmung dieser Algenmassen;
– durch Sauerstoffmangel absterbende Produzenten und Konsumenten: Bildung von Faulschlamm (anaerober Abbau);
– Veränderung der gesamten Lebewelt, endlich Absterben des Gewässers.

Einige Konsequenzen wurden bereits früher in Abb. 1.7 dargestellt.
Die Schädigung ist irreversibel, d. h. das Gewässersystem kann sich aus eigener Kraft nicht wieder erholen. (Musterbeispiel eines durch Eutrophierung vernichteten Gewässers ist der Erie-See, der trotz seiner Größe von 25 000 km^2 durch die Einleitung von jährlich etwa 160 Milliarden Liter ungeklärter Abwässer mit täglich rund 50 t Phosphaten belastet wird.)

Zu den unmittelbaren Auswirkungen einer solchen Katastrophe, die – wie Abb. 1.7 darstellt – an vielen Stellen auch den Menschen betreffen, kommt langfristig vor allem das *Brauchwasser-Problem,* also der akute Wassermangel, sowie das Problem der Auswaschung von Phosphaten, die zu irreversiblen Phosphat-Verlusten führt (3.2.2, Abb. 3.24 C).

Vernichtung von Diversität

Durch Katastrophen der genannten Art, aber auch durch langsame, fast unmerkliche Einwirkung als Folge menschlicher Maßnahmen kommt es – besonders deutlich im Bereiche von Gewässern, Mooren usw. – zu unwiederbringlichen *Verlusten organismischer Mannigfaltigkeit.*
Der Aufbau von organismischer Organisation dauert sehr lange.

Während sich – vergleichsweise – menschliche Kulturen in Jahrhunderten entwickeln, kann man für die Bildung von Arten und einfacheren Lebensgemeinschaften 10^6 Jahre, von höheren systematischen Kategorien oder von Biozönosen sogar 10^7 bis 10^8 Jahre rechnen *(Riedl* 1973).

Die *Zerstörung* solcher Systeme geht viel rascher. Man muß dazu nicht allein an die ständig wachsende Zahl der unter menschlichem Einfluß ausgerotteten Pflanzen- und Tierarten denken. Wesentlicher noch ist, in welchem Maße die Verbreitung vieler Arten eingeschränkt wird.

In den Niederlanden z.B. gingen die *Fundorte* seltener Pflanzen in der Zeit von 1900 bis 1970 um 80% zurück.

Derartige Schrumpfungen des *Verbreitungsareals* sind Ausdruck der fortwährenden Überführung natürlicher Biotope in genutztes Land. Besonders betroffen sind davon die sog. Feuchtbiotope.

Artenverluste von Pflanzen im Raume Berlin betrugen in den letzten hundert Jahren:

– bei Pflanzen von Uferrändern 44%
– bei Wasserpflanzen 27%
– bei Pflanzen von Mooren 16% *(Sukopp* 1971)

Zu bedenken sind aber auch die Gefahren, die durch laufenden Verlust an *genetischer Diversität* drohen.

Dazu gehört die Einengung der genetischen Diversität durch Züchtung (in Richtung auf Ertrag, Resistenz u.a.). Dazu gehört aber auch die Vernichtung von Unkräutern (z.B. von Wildformen der Kartoffel, *Riedl* 1973).

Menschliche Bevölkerungsentwicklung

Alle diese Probleme, die zum Ungleichgewicht und letztlich zur Zerstörung natürlicher ökologischer Systeme führen, nehmen ihren Ausgang von der rapiden Bevölkerungszunahme der Menschheit.

Die Menschheit befindet sich in einem Zustand rein exponentiellen Wachstums. Ein Übergang in eine logistische Wachstumskurve ist noch nicht abzusehen. In welcher Form sich dieser Übergang vollziehen wird, ist ebenfalls völlig ungewiß.

Die in tierischen Populationen wirksamen *Begrenzungsfaktoren* – Feinde (Krankheiten), Konkurrenz und Interferenz – wurden durch technische und medizinische Fortschritte weitgehend außer Kraft gesetzt.

Eine Beendigung des exponentiellen Wachstums kann an sich nur von einer Dichteregulation, die über eine Einschränkung der *Fertilität* läuft, erwartet werden. Skeptiker meinen allerdings, daß allein schon der *Verzögerungsfaktor* (von mehr als zehn Jahren, nach denen eine Änderung der Fertilität erst wirksam würde) die Menschheit an den Rand der Übervölkerungskatastrophe treiben wird *(Watt* 1970).

Schließlich ist nicht nur die zunehmende Dichte, sondern auch der Lebensstandard der menschlichen Bevölkerung, ökologisch gesagt: der hohe Energiedurchlauf ein Problem *(Riedl* 1973). Erst wenn beides – Geburtenkontrolle und Energiekontrolle – verwirklicht ist, hat die Menschheit eine Überlebenschance.

4 ZUR METHODIK ÖKOLOGISCHER FREILANDARBEIT

Anhangsweise sollen hier einige mehr technische Bemerkungen über die ökologische Freilandarbeit, ihre Schwierigkeiten und Methoden gemacht werden. Der Schwerpunkt liegt dabei in dem Bereich, der den Biologen – gleich welcher speziellen Arbeitsrichtung – in erster Linie interessiert: bei der Gewinnung von Daten über *Organismenkollektive im Freiland*.

Es wurde bereits gesagt, daß sich die ökologische Laborarbeit der Methoden und Techniken der Physiologie bedient. Sie sind in der einschlägigen Fachliteratur ausführlich und sachkundig dargestellt.

Untersuchungen im Labor gehen von dem Prinzip aus, daß möglichst alle Einflüsse – die zu untersuchenden ausgenommen – ausgeschaltet, d. h. alle Faktoren bis auf einen konstant gehalten werden. Technisch ist dies vielfach schwierig. Es setzt außerdem voraus, daß alle Einflüsse tatsächlich bekannt und manipulierbar sind.

Auch die Untersuchungsmethoden der abiotischen Umwelteinflüsse führen in andere Fachbereiche und können hier nur gestreift werden.

4.1 Literatur

Allgemein ist zur *ökologischen Literatur* zu sagen, daß **Lehrbücher** der stürmischen Wissensentwicklung nur schwer zu folgen vermögen und daher selten sind.

Ausnahmen sind etwa:

E.P. Odum, Fundamentals of Ecology (3. Auflage, 1971), und *F. Schwerdtfeger,* Ökologie der Tiere (3 Bände: 1963, 1968, 1975).

An ihre Stelle treten zunehmend kurzgefaßte **Einführungen** in Teilgebiete, häufig als Paperback-Ausgaben und darum preiswert.

Deutschsprachig sind (in Auswahl) zu nennen:

für die allgemeine Ökologie: *Odum* (1967), *Osche* (1973),
für die Pflanzenökologie: *Larcher* (1973), *Winkler* (1973),
für die Tierökologie: *Geiler* (1971),
für die Populationsbiologie: *Mac Arthur/Connell* (1970), *Wilson/Bossert* (1973),
für die Meeresökologie: *Tait* (1971),
für die Süßwasserökologie: *Schwoerbel* (1971) u. a.

Der neueste Kenntnisstand ist zusammenfassenden Übersichten zu entnehmen, die **periodisch** erscheinen und weniger mit analytischen Arbeiten als mit Versuchen zur Synthese beschäftigt sind.

Zu nennen sind etwa die jährlich erscheinenden «Advances in Ecological Research» oder auch das «Annual Review of Entomology». u. a.

Zum anderen stellen die **Arbeitstagungen und Symposien** von Spezialisten und ihre gedruckten Berichte ein wesentliches Arbeitsinstrument dar.

Beispiele:

Diversity and Stability, Brookhaven 1969,
Schutz unseres Lebensraumes, Zürich 1970,
Dynamics of Populations, Arnhem 1970.

Im Rahmen einer Einführung in die Ökologie kommt es wesentlich darauf an, geeignete **Modellversuche** – im Freiland wie im Labor – zur Demonstration bestimmter Sachverhalte zu finden. Die Literatur bietet hier Ansätze vor allem im englisch-sprachigen Bereich.

Die breitesten Ansprüche einer Einführung in die Ökologie erfüllt m. E. die «Introduction to Experimental Ecology» von *Lewis/Taylor* (1967). Sie ist speziell am Freiland-Versuch orientiert und versucht, die hierfür notwendigen Voraussetzungen zu schaffen, indem sie sowohl eine kurze Einführung in die mathematisch-statistische Analyse (mit zugehörigen Tabellen) als auch einen illustrierten Bestimmungsschlüssel der wichtigsten Gruppen terrestrischer wirbelloser Tiere enthält.

Eine Reihe von Laborversuchen mit leicht handhabbaren Tierarten – einschließlich Angaben zur Materialbeschaffung, zur Versuchsanlage und -auswertung – sind bei *Andrewartha* (1961) beschrieben.

Echte Arbeitsbücher mit Einführungen, technischen Hinweisen und Arbeitsbögen sind etwa die Bücher von *Darnell* (1971) und *Sutton/Harmon* (1973).

Die hier gegebenen Vorschläge und Modelle sind nicht immer oder nicht in allen Einzelheiten auf hiesige Verhältnisse zu übertragen. In der deutschen Literatur finden sich Arbeitsanleitungen noch am ehesten in der Hydrobiologie.

Hydrobiologie: *Schwoerbel* (1966), *Schubert* (1972), *Schmidt* (1974);

komplette Arbeitsanweisung mit Arbeits- und Testbögen: *Ehlers und Mitarbeiter* (1973).

Allgemeine Ökologie:
Dylla/Krätzner (1972), *Knodel/Kull* (1974) u. a.

Schwierigkeiten für den Lernenden ergeben sich aus der unterschiedlichen **Terminologie,** die in den verschiedenen Veröffentlichungen verwendet wird. In einem Wissenschaftsgebiet, das von derart vielen Disziplinen berührt und beeinflußt wird, überschneiden sich die verschiedenen Fachsprachen und führen leicht zu begrifflicher Verwirrung. Vollends unübersichtlich wird die Situation, wenn verschiedensprachiges Schrifttum – vor allem deutsches und englisches – verglichen wird.

Im deutsch-sprachigen Bereich hat *Schwerdtfeger* (1962, 1968, 1975) den Versuch gemacht, dieser Verwirrung zu steuern. Auf seine Definitionen wurde auch im vorliegenden Buch im Zweifelsfalle Bezug genommen.

Anschauungsmaterial

Wesentliche Hilfen für die Lehre bestehen im Bereitstellen von Anschauungsmaterial. Zum vorliegenden Text wird eine Serie von *Overhead-Transparenten* entwickelt, mit deren Hilfe kompliziertere Zusammenhänge verdeutlicht werden sollen. Zusammenstellungen verfügbarer *Filme und Diaserien* sind gelegentlich – wenn auch m.W. nicht allgemein zugänglich – publiziert worden (z.B. im Lehrplanentwurf Rheinland-Pfalz für die Studienstufe: Unterrichtshilfe).

4.2 Untersuchungsmethoden

4.2.1 Abiotische Außenbedingungen

Messungen abiotischer Umwelteinflüsse sind vor allem im Freiland nicht immer leicht. Entsprechende Techniken sind der Spezialliteratur zu entnehmen.

Eine allgemein verständliche Darstellung der Problematik findet sich z.B. bei *Chauvin* (1967).

Weiterführende Literatur z.B.:
klimatologisch: *Geiger* (1961),
botanisch: *Steubing* (1965),
bodenbiologisch: *Palissa* (1964), *Brauns* (1968),
hydrobiologisch: *Schwoerbel* (1966), *Schubert* (1972).

4.2.2 Untersuchung von Organismenkollektiven

Die Arbeitsschritte freilandökologischer Untersuchungen lassen sich grob einteilen in drei Abschnitte:

(1) Die *Materialgewinnung:* im abiotischen Bereich: das Beschaffen von Meßdaten der verschiedensten Art (s. 4.2.1); im biotischen Be-

reich: das Aufsammeln von Organismen mit Hilfe verschiedener Sammeltechniken (4.2.2.1).

(2) Die *Materialbearbeitung:* das Bestimmen, Messen, Zählen der Organismen (4.2.2.2).

(3) Die *Materialauswertung:* das Auswerten des Datenmaterials z. B. mit statistischen Methoden (4.2.2.3).

Von diesen Arbeitsschritten sind (1) und (3) verhältnismäßig wenig problematisch. In der Praxis liegen die Schwierigkeiten vor allem bei Schritt (2). Sie sind mit den Stichworten «Materialumfang» und «Formenkenntnis» zu beschreiben (s. unten).

Interessenten werden auch hier an die weiterführende Spezialliteratur über Quantitative Ökologie verwiesen, z. B. *Balogh* (1958), *Greig-Smith* (1964), *Southwood* (1966), *Poole* (1974).

4.2.2.1 Materialgewinnung

Die geringsten Schwierigkeiten bei der Gewinnung von Daten über Organismenkollektive hat in der Regel der Botaniker. Die *Pflanzensoziologie* kennt die komplette Momentaufnahme im Freiland: sie ist bei ortsfesten Objekten einer gewissen Größe leicht möglich. Freilich stellt sich die Frage der Formenkenntnis dem Botaniker bereits hier im Freiland (s. 4.2.2.2).

Pflanzensoziologische Methoden sind u.a. beschrieben bei *Ellenberg* (1956), *Braun-Blanquet* (1964), *Knapp* (1971).

Der Zoologe muß in der Regel versuchen, seiner beweglichen Objekte mit Hilfe spezieller *Sammeltechniken* habhaft zu werden. Das gilt auch für Boden- und Hydrobiologen wegen der geringen Größe ihrer Objekte. In allen diesen Fällen werden im Freiland *Stichproben* entnommen (4.2.2.2), die dann im Labor genauer untersucht werden müssen. Zu berücksichtigen ist, daß es sich bei derartigen Stichproben um Momentaufnahmen von Kollektiven handelt, die sich in ständiger Veränderung befinden.

Wasserbewohnende Organismen werden mit Netzen verschiedener Größe und Dichte (nach Größe der zu fangenden Organismen: von Fischen bis zum Plankton), mit Bodengreifern, Dredgen usw. erbeutet. Zur Untersuchung von Kleinorganismen bedient man sich auch vielfach bestimmter Schöpfgeräte, etwa der *Wasserschöpfer,* die in bestimmter Wassertiefe eine genormte Menge Wasser mitsamt den Organismen aufnehmen, oder Absaugvorrichtungen, die mit Pumpen arbeiten. In diesen letzten Fällen läßt sich zugleich mit der Organismengesellschaft auch eine Reihe von Daten der Außenbedingungen – Wassertemperatur, Sauerstoffgehalt usw. – erfassen, die hier mit dem Vorkommen der Organismen direkt zu korrelieren sind. – Zur weiteren Bearbeitung sind ebenfalls spezielle Geräte notwendig (z. B. Zentrifuge, Zählkammern, umgekehrtes Mikroskop). Genauere Hinweise sind z. B. bei *Schwoerbel* (1966) und *Schubert* (1972) zu finden.

Bodenbewohnende Organismen werden zusammen mit Bodenproben so eingesammelt, wie es in der Bodenkunde üblich ist. Spezielle Probleme ergeben sich erst beim Aufschluß dieser Bodenproben und bei der quantitativen Entnahme der Organismen. Das okulare Aussuchen unter dem Mikroskop ist äußerst zeitaufwendig und mit Fehlern behaftet. Das herkömmliche Verfahren, die Verwendung des sog. *Berlese-* oder *Tullgren-Trichters*, versucht, die Organismen aus einer Bodenprobe durch Wärme und Trockenheit auszutreiben. Dieses sehr einfache und darum weitverbreitete Verfahren ist für quantitative Aussagen unbrauchbar, wie sich bei Kontrollen – Rückfang markierter Organismen – herausstellte. Am zuverlässigsten, wenngleich nicht am einfachsten, scheint das *Flotationsverfahren* zu sein, bei dem zunächst die Bodenstruktur der Probe zerbrochen wird (z. B. durch Kälte oder durch Natriumcitrat bzw. Natriumpyrophosphat) und anschließend die Organismen in Benzol-Wasser-Gemischen u. ä. ausgeschwemmt werden.

Tiere der **Bodenoberfläche** werden entweder aus der Bodenstreu ausgelesen (wie aus dem Boden selbst) oder mit Fallen gefangen (s. unten).

Die **Kraut- und Strauchschicht** kann mühselig abgesucht werden. In der Regel verwendet man zum Fang von Kleintieren Netze (Streifnetze, Ketscher). Derartige Fänge sind allerdings schwer zu quantifizieren. Relativ vergleichbar sind genormte Ketscherfänge mit bestimmten Schlagzahlen. Auch das Freifangen von Flächen ergibt relativ brauchbare Werte (s. unten). Die Verwendung von rückentragbaren «Staubsaugern» ist nicht immer erfolgreich. Absolut zuverlässige Werte ergeben sich an sich nur, wenn die gesamte Vegetation einer bestimmten Fläche abgegrenzt und quantitativ auf ihre Bewohner abgesucht werden kann.

Im **Kronenraum** von Bäumen wird das Erbeuten von Kleintieren wieder zum technischen Problem. Eine Möglichkeit, die nicht stets zu realisieren ist, besteht im Klettern und in der Probeentnahme ggf. mit einer Baumschere. Mit den anderen möglichen Verfahren erreicht man nie einen zuverlässigen und quantitativen Fang. Es sind dies: das Fällen des Baumes auf eine Unterlage und anschließendes Absuchen; das Schütteln oder Klopfen; das *«Knock-down-Verfahren»*, bei dem mit chemischen Mitteln (Insektiziden) Kleintiere zu Boden gebracht werden.

Substratbewohner, also Bewohner von Holz, Rinde, Blättern bzw. Nadeln, Leichen, Exkrementen usw., müssen mit jeweils speziellen Ausleseverfahren erbeutet werden.

Fallen dienen dem mehr oder weniger automatischen Fang bestimmter Organismen. Zu unterscheiden sind dabei die reinen Aktivitätsfallen, die allein zufällig vorbeikommende Tiere fangen, und die Fallen mit Lockwirkung. Die Fangwirkung der Aktivitätsfallen ist abhängig von der Aktivität der zu fangenden Tiere und damit u. U. von Temperatur, Witterung usw. Verschiedene Arten werden also nicht unbedingt ihrer Individuendichte nach, sondern ihrer jeweiligen Aktivität im Fangbereich und -zeitraum entsprechend erbeutet. Das ist bei der Auswertung zu berücksichtigen.

Beispiele für reine *Aktivitätsfallen* sind etwa die Leimtafeln oder Leimringe an Bäumen oder die Fangbecher (sog. *Barber-Fallen),* mit denen Kleintiere der Bodenoberfläche, vor allem Laufkäfer, erbeutet werden. Sie können mit Formalin oder Äthylenglykol zum Abtöten und Fixieren der gefangenen Tiere beschickt werden und lassen sich mit besonderen Einrichtungen sogar zum Fang in bestimmten Zeitabschnitten oder unter extremen Außenbedingungen (z. B. im Wattenmeer) verwenden. – Werden die Fangbecher mit Ködern ausgestattet (z. B. Fleisch, Käse), so geht von ihnen eine gezielte Lockwirkung aus. Das kann im übrigen auch bei unbeköderten Fallen geschehen, wenn sich Tiere gefangen haben und dort längere Zeit tot oder lebendig verbleiben. Beköderte Fallen werden bekanntermaßen auch z. B. zum Fang von Mäusen verwendet.

Die *Lockwirkungen,* die man ausnutzen kann, sind sehr vielfältig. Hier können nur einige, sehr bekannte Beispiele aus dem Insektenreich genannt werden:

– Licht (Leuchtfang z. B. von Schmetterlingen),
– arttypische Geräusche (z. B. Stechmücken),
– Farben (Gelbschalen zum Fang z. B. von Blattläusen),
– Formen (Kuh-Attrappen zum Fang von Bremsen),
– chemische Lockstoffe, die von der Wirtspflanze (z. B. Fangbäume zum Fang von Borkenkäfern), vom Wirtstier (z. B. Cantharidin) oder vom Artgenossen (Pheromone, z. B. des Schwammspinners) ausgehen.

In allen diesen Fällen tritt das Problem der Reizkonkurrenz auf: die künstlich angebotenen Reize müssen mit dem Angebot natürlicher Reize, also etwa dem natürlichen Nahrungsangebot, den natürlichen Blüten, den freilebenden Artgenossen konkurrieren. Fangverfahren dieser Art sollten also möglichst durch andere Verfahren überprüft bzw. durch Rückfang markierter Tiere kontrolliert werden.

4.2.2.2 Materialbearbeitung

Schwierigkeiten bei der Bearbeitung des Materials ergeben sich

(1) aus dem **Materialumfang:** mit recht einfachen Sammelmethoden – z. B. mit Becherfallen – lassen sich in kurzer Zeit Tausende von Individuen fangen, deren weitere Bearbeitung ein Vielfaches der Zeit der Materialgewinnung beansprucht;

(2) von der **Formenkenntnis** her: bei jeder ökologischen Freilandarbeit ist es notwendig, die beteiligten Pflanzen und Tiere mehr oder weniger genau zu determinieren; dem Botaniker stellt sich dieses Problem bereits im Freiland, der Zoologe kann sich mehr Zeit lassen, steht allerdings der wesentlich größeren Formenmannigfaltigkeit gegenüber.

Zu begegnen ist diesen Schwierigkeiten

(1) durch die Auswahl geeigneter Objekte: durch *Vorversuche* sollte in jedem Fall festgestellt werden, wie umfangreich das Material wird, ob es überhaupt und in angemessener Zeit bearbeitet werden kann; Zahl und Umfang der Stichproben richten sich nach diesen Vorversuchen;

(2) durch die Verwendung bestimmter, bekannter Organismen im Laborversuch und durch die Vorbereitung entsprechender *Unterlagen* für die Freilandarbeit: bei den hier angesprochenen Modellversuchen genügt meist eine recht grobe Formenunterscheidung; in diesem Falle helfen Typentafeln, die man der Literatur entnehmen kann (z. B. terrestrische Invertebraten bei *Lewis/Taylor* [1966], Plankton bei *Ehlers u.a.* [1973]) oder die man sich für den jeweiligen Zweck selbst zusammenstellt.

Bei genaueren Untersuchungen ist jedenfalls die Hilfe von Spezialisten notwendig.

Einer vollständigen Determination der Kleintiere sind allerdings ohnehin Grenzen gesetzt:
Bestimmte Tiergruppen sind auch in der Fachliteratur kaum erfaßt, demnach nur von seltenen Fachleuten zu bearbeiten (vom Laien praktisch überhaupt nicht); dazu gehören z. B. parasitische Hymenopteren oder Kleinzikaden.
Bestimmungsliteratur erfaßt in der Regel nur die ausgewachsenen Stadien; Jugendstadien – von Pflanzen: Keimlinge, von Tieren: Larven – sind meist nur mangelhaft anzusprechen, allenfalls dem Spezialisten bekannt.
Schließlich ist aber auch unsere Kenntnis der Autökologie der einzelnen Art häufig so lückenhaft, daß der Mangel einer exakten Determination nicht voll ins Gewicht fällt (wenn z. B. bei vielen Wanzen nur unzureichend bekannt ist, in welchem Maße und unter welchen Umständen sie sich phytophag oder zoophag ernähren).

Stichproben

Vor allem kleine Organismen, die in großen Mengen vorkommen (etwa Planktonorganismen oder Blattläuse), sind quantitativ nur in Stichproben zu erfassen. Die Untersuchungen müssen sich auf Ausschnitte – kleine Raum- oder Flächeneinheiten – beschränken, die so gewonnenen Daten werden hochgerechnet, d.h. aus den Stichproben wird auf die Gesamtheit – auf größerer Fläche oder im gesamten Raum – geschlossen.
An eine Stichprobe müssen biologische und mathematisch-statistische *Ansprüche* gestellt werden:

- Die Stichprobe muß für die von ihr zu vertretende Gesamtheit **repräsentativ** sein, d.h. sie muß alle Objekte qualitativ und in ihren tatsächlichen Häufigkeitsverhältnissen zueinander quantitativ erfassen.
- Die Stichprobe muß der Gesamtheit **zufällig** entnommen sein.
- Mehrere Stichproben müssen voneinander **unabhängig** sein.

Einzelheiten sind wiederum der Spezialliteratur zu entnehmen, z. B. *Southwood* (1966), *Lewis/Taylor* (1966), *Parkinson* (1971), *Poole* (1974) u. a.

Die Größe und Zahl von Stichproben hängt wesentlich von der Art der *Verteilung der Objekte* im Raum ab.

Räumliche Verteilung von Organismen

Die *Verteilung (Dispersion)* der Individuen einer Bevölkerung oder der Glieder einer Gemeinschaft im Raum beschreibt den Zustand ihrer räumlichen Anordnung in einem begrenzten Areal.

Damit nicht zu verwechseln ist die großräumige *Verbreitung* (Distribution; 2.4.1.2) oder der Vorgang der *Ausbreitung* (das Dispergieren), also die räumliche Veränderung.

Im Idealfall sind alle Individuen in einem Raum oder auf einer Fläche **gleichmäßig** verteilt (Abb. 4.1, A). Tatsächlich kommt eine solche *regelmäßige Verteilung* unter natürlichen Bedingungen nur ausnahmsweise vor: die Individuen müssen dann bestimmte Distanzen zueinander einhalten (z.B. sind bei koloniebrütenden Möwen oder Seeschwalben derartige Distanzen verhaltensmäßig festgelegt), der Raum muß homogen und die Besetzung des Raumes optimal sein.

Die natürliche Verteilung ist in der Regel **ungleichmäßig**. Der statistisch einfachere Fall ist der einer *zufälligen Verteilung* (Abb. 4.1, B). Er setzt voraus, daß zwischen den Individuen keinerlei Wechselbeziehungen bestehen und die Umwelt homogen ist. Auch dieser Fall kommt nur selten vor, z.B. bei substratbewohnenden Arten (z.B. Kornkäfern), wenn die einzelnen Individuen genügend Raum haben, also in einem großen Areal bei geringer Dichte.

Der unter natürlichen Verhältnissen bei weitem vorherrschende Fall ist der einer *nicht-zufälligen unregelmäßigen Verteilung* (Abb. 4.1, C). Sie kommt immer dann zustande, wenn Wechselbeziehungen der Individuen untereinander oder zwischen ihnen und der Umwelt eine mehr oder weniger deutliche Klumpung an bestimmten Stellen im Areal verursachen. Solche Anhäufungen von Individuen können durch

$N = 200$
verteilt auf 100 Quadrate

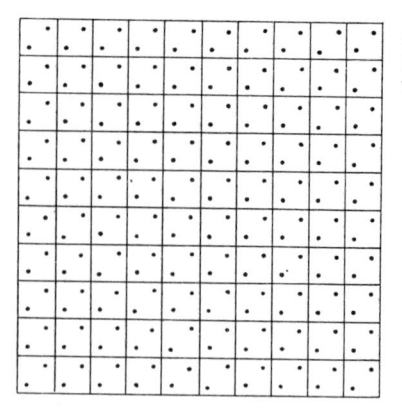

(A) *regelmäßig*
Mittel $\bar{x} = 2$
Varianz fehlt

(B) *zufällig*
Mittel $\bar{x} = 2$
Varianz $s^2 = \bar{x}$

(C) *geklumpt*
Mittel $\bar{x} = 2$
Varianz $s^2 > \bar{x}$

Abb. 4.1. **Verteilungs-Typen**
Aus *Lewis/Taylor* (1967)

die Heterogenität des Habitats zustandekommen, durch aktives Zusammenballen (etwa durch Herdenbildung), durch unterschiedlichen Einfluß von Feinden usw. Eine Beschreibung einer solchen Verteilung muß einerseits die Zahl und Verteilung der Zusammenballungen, andererseits die Zahl der Individuen in diesen Zusammenballungen enthalten.

Die Konsequenzen für die mathematisch-statistische Behandlung können hier nur angedeutet werden. Die *statistischen Verfahren* beruhen stets auf bestimmten *Voraussetzungen:* die gebräuchliche Statistik z.B. auf einer zufälligen Verteilung der Objekte. Im Falle einer natürlichen aggregativen Verteilung sind diese Voraussetzungen häufig nicht gegeben, bekannte statistische Verfahren sind also unter Umständen nicht zu verwenden. Weitere Möglichkeiten der Statistik, z.B. die Beschreibung der natürlichen Verteilung mit Hilfe spezieller theoretischer Verteilungen (etwa der Negativen Binomialverteilung), die Anwendung von Daten-Transformationen oder von sog. verteilungsfreien Verfahren sind für den Nicht-Fachmann nicht ganz leicht zu handhaben.

Zahl und Umfang von Stichproben

Die *Zahl* notwendiger *Stichproben* wächst in dem Maße, in dem die Unregelmäßigkeit der Verteilung zunimmt. Sie ist außerdem abhängig von dem gewünschten Grad der Genauigkeit einer Aussage. In der Praxis wird allerdings immer ein Kompromiß zwischen erwünschter Genauigkeit und notwendigem – oder möglichem – Aufwand (an Technik, Personal, Zeit, Geld) zu suchen sein.

Für die Bestimmung der notwendigen *Größe einer Stichprobe* kennt die Vegetationskunde den Begriff des *Minimalareals.* Das Prinzip läßt sich auch auf geeignete zoologische Objekte und auf relative Bezugsgrößen (z.B. Fallenzahlen) übertragen. Die Stichprobe muß so groß sein, daß sie mindestens ein Individuum der Bevölkerung bzw. ein Individuum jeder im Gesamtareal vorkommenden Art enthält.

Die Stichprobengröße ist leicht zu ermitteln, wenn es sich um Individuen nur einer einzigen Art handelt, z.B. von Korn- oder Mehlkäfern in ihrem Nahrungssubstrat. Sind mehrere Arten beteiligt, wird zunächst eine kleine Raum- oder Flächeneinheit untersucht. Diese Einheit wird vergrößert: die Zahl der in ihr enthaltenen Arten nimmt zu, zunächst deutlich, dann immer langsamer. Bei einer bestimmten Größe der Stichprobe ist keine weitere Zunahme zu erreichen: alle vorhandenen Arten sind in der Stichprobe vertreten. Für in einer Fläche verteilte Objekte, z.B. Pflanzen, ist diese Größe das Minimalareal (Abb. 4.2). – Bei einer großen Zahl vertretener Arten wird man dieses Minimalareal erst bei sehr großen Stichproben erreichen. In solchen Fällen, z.B. bei der Untersuchung von Insektengemeinschaften, wird man die Stichprobe kleiner wählen, auch wenn man damit das

Artenspektrum nicht hundertprozentig erreicht, und dem Grundsatz folgen, daß mehrere kleine Stichproben mehr Information enthalten als eine große.

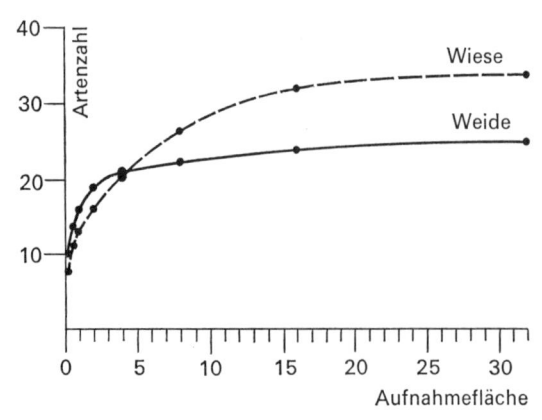

Abb. 4.2. Arten-Arealkurven
Aus *Ellenberg* (1956)

Stichproben-Programm

In *Vorversuchen* ist die annähernde Zahl und Verteilung der Objekte zu ermitteln. Daraus läßt sich Stichprobengröße und – unter Berücksichtigung des Aufwandes – Stichprobenzahl festlegen. Die Entnahme der Stichproben sollte einem vorher aufgestellten *Programm* folgen.

Das Programm soll die zufällige und unabhängige Stichproben-Entnahme vorsehen. Das kann etwa dadurch geschehen, daß die Fläche mit einem Koordinatennetz unterteilt wird, in welchem die tatsächlich gezogenen Proben durch Los oder mit Hilfe von Zufallszahlen-Tabellen bestimmt werden. Regelmäßige Stichproben-Entnahmen, also ein systematisches Sammeln in regelmäßigen Abständen, an jedem fünften Baum einer Kultur u.a., können biologische Aussagen zulassen, erfüllen aber nicht die Voraussetzungen einer statistischen Auswertung.
Die Stichproben sollten möglichst homogen sein und aus einer homogenen Gesamtheit stammen. In der Regel sind allerdings natürliche Habitate nicht homogen. Sie können in homogene Abschnitte unterteilt werden, aus denen dann jeweils sog. stratifizierte Stichproben entnommen werden. Das bedeutet freilich einen Zuwachs an Genauigkeit und an Aufwand.
Schließlich lassen sich Stichproben nachträglich aufteilen oder vermischen, wenn dies die Untersuchungstechnik erfordert.

Eine Optimierung der Stichproben-Entnahme in dem Sinne, daß die Probe-Entnahme sogleich abgebrochen wird, sobald eine Aussage mit einer gewünschten Genauigkeit gemacht werden kann, ist mit dem Verfahren der *Sequenz-Analyse* (sequential sampling) gegeben.

Auch hier müssen Verteilungstyp und gewünschte Aussage-Genauigkeit bekannt sein, dazu die Grenzwerte der erwarteten Aussage, beispielsweise: schwere Schäden sind zu erwarten bei > 200 Tieren je m², keine Schäden sind zu erwarten bei < 50 Tieren je m².
Einzelheiten und Anwendung sind der speziellen Literatur zu entnehmen, z. B. *Cavalli-Sforza* (1969) oder *Poole* (1974).

4.2.2.3 Materialauswertung: Quantitative Aussagen

(1) Homotypische Kollektive

Die wesentlichste quantitative Aussage über eine Bevölkerung ist die Angabe ihrer **Dichte**. Unter der Bevölkerungsdichte oder **Abundanz** einer Art verstehen wir die Zahl ihrer Individuen in einem bestimmten Raum, d. h. in der Regel je Flächeneinheit.

Bei Substrat-, Boden- oder Wasserbewohnern wird die Zahl der Individuen auf die Raumeinheit bezogen, bei Organismen der Bodenoberfläche auf die Flächeneinheit. Der Kronenraum von Bäumen wird meist auf den Boden projiziert, die Dichte seiner Bewohner also auch je Flächeneinheit angegeben.
Die Wahl der Bezugsgröße richtet sich nach der Größe der Individuen. Eine menschliche Bevölkerungsdichte wird man je km² angeben, die Wilddichte eines Waldes je ha oder je 100 ha, die Dichte von Kleintieren oder Pflanzen einer Wiese je m².
Vor allem in der Botanik sind auch allgemein formulierte Dichteangaben gebräuchlich, z. B. «spärlich», «zahlreich», «massenhaft», oder Schätzgrößen mit willkürlich gewählten Dichteklassen (z. B. in der Vegetationskunde: +, 1, 2, 3, 4, 5; s. z. B. *Knapp* [1971]).

Die **Bestimmung der Bevölkerungsdichte** ist um so weniger schwierig, je weniger beweglich die Organismen sind. Pflanzen und ortsfeste oder wenig bewegliche Tiere sind leicht zu zählen. Bei hoch beweglichen Tieren sind spezielle Techniken erforderlich.

Ein häufig angewendetes Verfahren ist die sog. **Rückfangtechnik**: eine Anzahl von Tieren wird gefangen, markiert und wieder freigelassen. Bei künftigen Fängen kann man dann aus dem jeweiligen Anteil markierter Tiere auf die Gesamtbevölkerung schließen, z. B. nach dem sog. **Lincoln-Index**:

$$P = \frac{M \cdot N}{R}$$

Dabei ist:

P die Gesamtbevölkerung
M die markierten, freigelassenen Individuen
N der Gesamtrückfang
R der Rückfang markierter Individuen

Voraussetzung ist, daß die markierten Tiere sich nicht von den unmarkierten absondern, daß sie also auch keine Einbußen an Lebensfähigkeit, Aktivität usw. erleiden, d. h. daß sie sowohl bei den Fängen zur Markierung als auch bei den späteren Rückfängen einen repräsentativen Teil der Bevölkerung darstellen.

Zur Markierung dienen z. B. Farbmarken (Insekten, Säugetiere), Klebe- oder Heftmarken (Bienen, Schmetterlinge, Ohren von Säugetieren), Fußringe (Vögel), Zehen- oder Tarsenamputationen (Mäuse, Laufkäfer) u. a. Mit entsprechend eingerichteten Rückfängen kann man sogar Bevölkerungsänderungen berücksichtigen, die zwischen Markierung und Wiederfang durch Tod oder Abwandern von Individuen eintreten. Dabei handelt es sich um Fangreihen, d. h. um mehrere Markierungsfänge und einen Rückfang oder um einen Markierungsfang und eine Reihe von Rückfängen. Anwendung und Auswertung sind z. B. als «Positivverfahren» oder «Negativverfahren» nach *Jackson* in der Literatur beschrieben und dort nachzulesen (z. B. *Andrewartha* 1961, *Southwood* 1966).

Indirekte Dichtebestimmungen von Tieren lassen sich in der Praxis anhand des Fraßgrades oder der Kotproduktion machen (Schätzen des Belaubungsverlustes, Auffangen des Kotes von Schmetterlingsraupen auf Leimtafeln usw.). In jedem Fall sind dazu Umrechnungsfaktoren notwendig.

Als **relative Dichte** wird eine Dichteangabe bezeichnet, die wesentlich vom Meß- oder Fangverfahren mitbestimmt wird. Sie kann zum *Vergleich* mit Daten dienen, die unter gleichen Bedingungen zustande gekommen sind, muß aber mit der tatsächlichen Dichte der Bevölkerung nicht übereinstimmen.

Eine relative Dichteangabe ist die *Aktivitäts-Dichte:* Das Fangergebnis von Fallen, Leimflächen usw. ist in erster Linie von der Aktivität der zu fangenden Individuen abhängig und damit von den Bedingungen, die die Aktivität beeinflussen.

Relativ ist eine Dichteangabe immer, wenn man die Individuen nicht auf die Raum- oder Flächeneinheit bezieht, sondern auf eine Fangeinheit (z. B. auf die Fallenzahl).

Relativ sind auch Dichteangaben, die sich auf eine veränderliche Raumeinheit beziehen. In einem Fluß mit wechselnder Wasserführung wird beispielsweise eine Bevölkerung von Wasserflöhen bei niedrigem Wasserstand eine höhere Dichte (je m^3 Wasser) haben als bei hohem

Wasserstand. Zur besseren Unterscheidung wird eine solche relative Dichte zuweilen auch als **Populationsintensität** bezeichnet.

Außer durch ihre Dichte wird eine Bevölkerung durch *andere Größen* beschrieben, etwa durch ihre Verteilung im Raum, ihre Geschlechterverteilung, ihren Altersaufbau, Gesundheitszustand usw. Die Beschaffung dieser Informationen anhand von Stichproben bringt zwar im einzelnen manche Schwierigkeit mit sich (z. B. die Bestimmung des Geschlechts bei Tieren mit nur schwachen äußeren Geschlechtsmerkmalen), ist jedoch kein prinzipielles Problem.

Von den *produktionsökologischen Daten* und ihrer Beschaffung war oben (3.2.3) bereits die Rede.

(2) Heterotypische Kollektive

In den aus verschiedenen Arten zusammengesetzten Gemeinschaften verteilen sich die Individuenzahlen in unterschiedlicher Weise auf die beteiligten Arten. Demzufolge spielen Zahlenverhältnisse, also *relative Zahlenangaben*, bei der Beschreibung von Gemeinschaften eine große Rolle.

Eine absolute Angabe ist die **Artdichte**. Sie entspricht der Bevölkerungsdichte im homotypischen Kollektiv und bezeichnet die Zahl der Arten je Raum- oder Flächeneinheit. Zu ihrer Ermittlung ist eine bestimmte Mindestgröße des Raumes oder der Fläche notwendig (Minimalareal: 4.2.2.2).

Die relative Häufigkeit von Organismen wird auch als **Dominanz** bezeichnet.

Sinnvollerweise bestimmt man relative Häufigkeiten immer nur innerhalb einer höheren systematischen Kategorie: Man kann also etwa die Laufkäfer-Arten eines Areals nach ihrer relativen Häufigkeit ordnen oder die Dominanzen der verschiedenen Insektenordnungen (Käfer, Wanzen, Schmetterlinge, Heuschrecken usw.) einer Wiese bestimmen. Nicht vergleichbar sind dagegen etwa die Häufigkeiten von Käfern einerseits und Mäusen andererseits in einem Areal.

Dominanzen werden in Prozent der Gesamt-Individuenzahl angegeben, zuweilen auch in besonders definierten Klassen (z. B. relative Häufigkeit < 1 %; 1 bis 5 %; 5 bis 10 %; 10 bis 20 % usw.).

In der Pflanzensoziologie entspricht der Dominanz etwa der **Deckungsgrad**, der allerdings (nach der kombinierten Skala von *Braun-Blanquet)* mit der geschätzten Individuenzahl – oder auch Biomasse – der einzelnen Arten zusammengenommen und als **Artmächtigkeit** (in definierten Klassen) angegeben wird.

Die räumliche Verteilung der Arten einer Gemeinschaft und zugleich ihre Biotopbindung wird durch eine andere relative Zahlenangabe – die **Stetigkeit** oder **Konstanz** – beschrieben.

Die Stetigkeit gibt an, in wievielen – zufällig genommenen – Stichproben innerhalb eines Areals eine Art vorkommt. Der Anteil wird in der Regel in % der Gesamtzahl der Stichproben ausgedrückt. Arten mit hoher Stetigkeit kommen praktisch überall im Areal vor. Unter ihnen sind die für das Untersuchungsgebiet charakteristischen Arten (Leitformen).
Arten mit sehr geringer Stetigkeit andererseits sind diejenigen, die nur zufällig angetroffen werden. Am interessantesten sind die Arten mit einer mittleren Stetigkeit, die also in einem Teil der Stichproben vorkommen, in anderen nicht. Sie können dazu dienen, das Untersuchungsareal zu unterteilen und die Teile zu charakterisieren (**Differential-** oder **Trennarten** der Pflanzensoziologie).

In ähnlicher Weise wie die Konstanz werden in der Literatur zuweilen andere Verhältniszahlen zum Vergleich verschiedener Untersuchungsareale gebraucht *(Präsenz, Frequenz; Tischler* 1949*)*.

Gemeinschafts-Koeffizienten

Ein weiterer Schritt hin zur quantitativen Beschreibung von heterotypischen Kollektiven ist die Errechnung von sog. **Gemeinschafts-Koeffizienten**. Es sind dies Maßzahlen, mit denen die Ähnlichkeit zweier Gemeinschaften (zweier Stichproben, zweier Untersuchungsflächen usw.) ausgedrückt werden kann. Verglichen wird die beiderseitige Artenzusammensetzung, und zwar werden die gesamten Artenspektren oder nur Teile davon, z.B. allein die dominanten Arten, berücksichtigt.

Der älteste dieser Gemeinschafts-Koeffizienten ist der sog. **Jaccard-Index** (Index der Artidentität):

$$Ja = \frac{j}{a+b} \%$$

a: Zahl der Arten in Fläche A
b: Zahl der Arten in Fläche B
j: Zahl der in A und B gemeinsam vorkommenden Arten

Der Jaccard-Index nennt also den Prozentsatz der in zwei Flächen (Stichproben, Beständen) gemeinsam vorkommenden Arten, bezogen auf die Gesamtzahl der Arten.
Ein hoher Jaccard-Index von Stichproben aus dem gleichen Bestand (aus der gleichen Gemeinschaft) deutet auf eine große Gleichmäßigkeit (Homogenität) der Zusammensetzung hin. In verschiedenen Beständen (Gemeinschaften) ist er ein Ausdruck großer Ähnlichkeit der Artenspektren.
Der Jaccard-Index wurde vielfach abgeändert und bekam dann einen

anderen Namen. In der englischsprachigen Literatur findet sich häufig die
Bezeichnung Ähnlichkeits-Index oder Ähnlichkeits-Quotient *(index of
similarity).*
In diesen Koeffizienten ist zunächst nicht berücksichtigt, mit welchen
Individuenzahlen die einzelnen Arten in den Stichproben auftreten.
Nimmt man die unterschiedlichen Individuenzahlen mit in die Rechnung
auf, so kommt man zu einem Index der Dominanten-Identität (wenn nur
die dominanten Arten gezählt werden) oder zu entsprechenden Maß-
zahlen.
Bei alledem ist daran zu denken, daß die Arten ständig wechselnde
Individuenzahlen haben, daß sich also auch das Zahlenverhältnis der
Arten zueinander fortwährend ändert. Statistisch ist diese Veränderlichkeit nicht auszudrücken: es gibt keine Signifikanz-Tests für die Gemeinschafts-Koeffizienten.

Die Gemeinschafts-Koeffizienten können also allein nicht zu einer
Beschreibung von Organismen-Gemeinschaften ausreichen. Sie sind
lediglich Hilfsmittel, mit denen diese komplexen Gebilde aufgegliedert
und überschaubar gemacht werden können.
Rechnerisch kann dies geschehen, indem beispielsweise in einer Vielzahl von Stichproben paarweise die Artidentitäten festgestellt werden.
Nach ihrer abgestuften Ähnlichkeit untereinander lassen sich dann
alle Stichproben ordnen.

Beispiel (Abb. 4.3, 4.4):
Auf insgesamt 11 Probeflächen (A bis L) wurden die Artenspektren einer
bestimmten Insektengruppe ermittelt.
Alle Probeflächen wurden paarweise miteinander verglichen, von jedem
Paar wurde der Jaccard-Index festgestellt. Die insgesamt 55 Gemeinschafts-Koeffizienten sind in einem Gitterdiagramm (Abb. 4.3, oben)
vereinigt.
Die Index-Werte lassen sich – mit willkürlichen Grenzen – in Klassen
zusammenfassen: in der links-unteren Hälfte des Gitterdiagramms sind
solche Klassen durch unterschiedliche Schraffur dargestellt.
Damit kann man bereits ein Ähnlichkeitsnetz konstruieren (Abb. 4.3,
unten), das alle Stichproben umfaßt. Es zeigt, daß die Probeflächen J
und K – untereinander ähnlich – in ihrem Artenspektrum deutlich von
dem Komplex der anderen Flächen abheben, ausgenommen die Fläche L,
die offenbar eine Sonderstellung einnimmt.
Objektiver ist eine rechnerische Annäherung, die bei *Southwood* (1966)
als «*Cluster-Analyse*» beschrieben wird (cluster = Büschel: Form der
Verzweigung).
Grundlage der Analyse sind die 55 Gemeinschafts-Koeffizienten des paar-
weisen Vergleichs (Abb. 4.3). Das weitere Verfahren beruht darauf, daß –
beginnend bei den Stichprobenpaaren mit den höchsten Index-Werten –
Stichproben fortlaufend vereinigt werden, indem aus ihren Koeffizienten
die arithmetischen Mittel gebildet werden.

Probeflächen

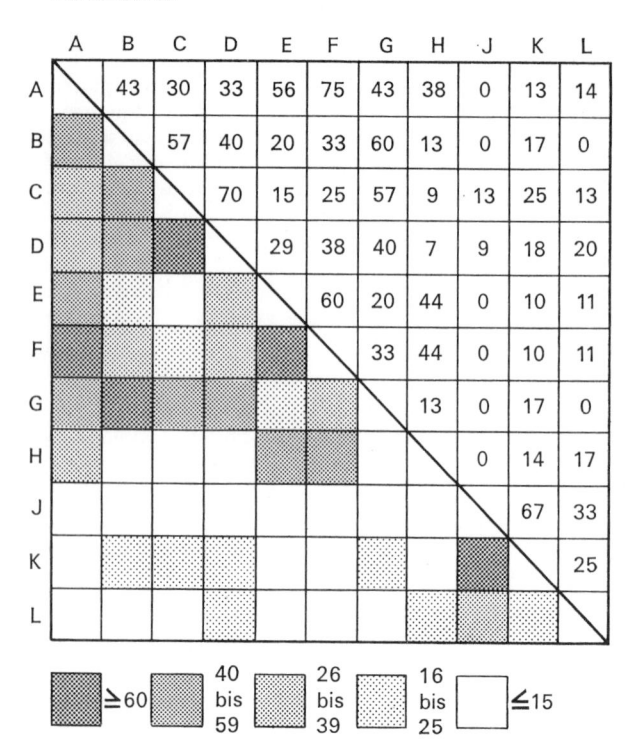

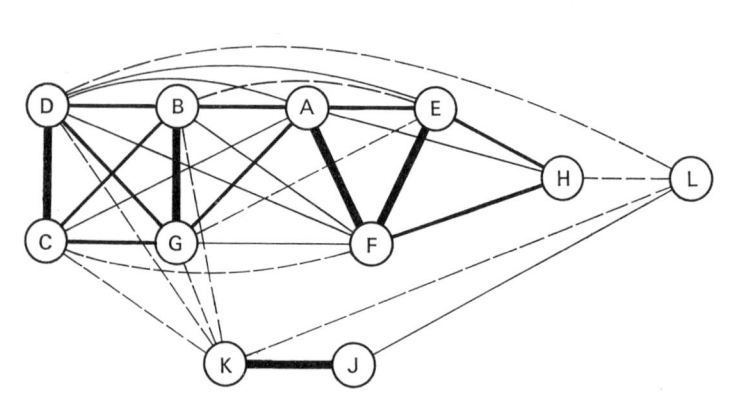

	A	B	C	D	E	F	G	H	J	K	L
A		43	30	33	56	75	43	38	0	13	14
B			57	40	20	33	60	13	0	17	0
C				70	15	25	57	9	13	25	13
D					29	38	40	7	9	18	20
E						60	20	44	0	10	11
F							33	44	0	10	11
G								13	0	17	0
H									0	14	17
J										67	33
K											25

≥60 | 40 bis 59 | 26 bis 39 | 16 bis 25 | ≤15

Abb. 4.3. **Gemeinschaftskoeffizienten** (Jaccard-Index) im Gitterdiagramm (oben), Konstruktion eines Ähnlichkeitsnetzes (unten)

(A)

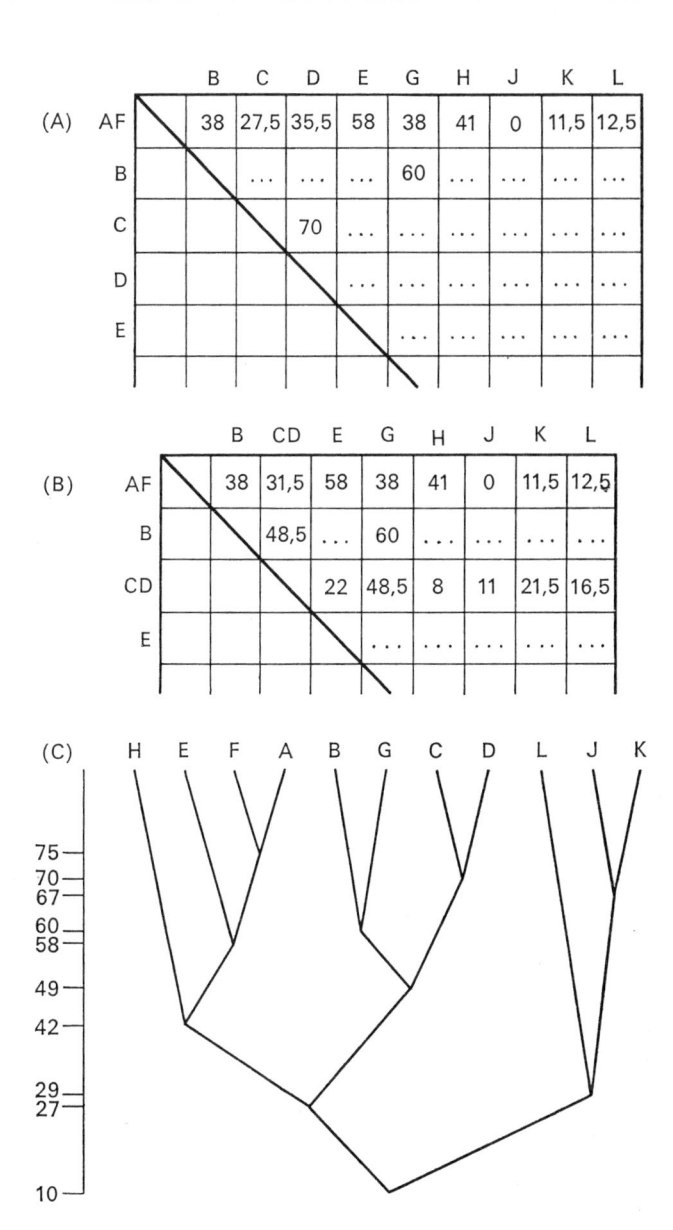

	B	C	D	E	G	H	J	K	L
AF	38	27,5	35,5	58	38	41	0	11,5	12,5
B		...	...	...	60	...	...	...	...
C			70	...	...	...	...	...	...
D				...	...	...	...	...	...
E					...	...	...	...	...

(B)

	B	CD	E	G	H	J	K	L
AF	38	31,5	58	38	41	0	11,5	12,5
B		48,5	...	60	...	...	...	...
CD			22	48,5	8	11	21,5	16,5
E				...	...	...	...	...

(C)

Abb. 4.4. **Cluster-Analyse** (Erklärung im Text)

Abb. 4.4 stellt die ersten Schritte des Vorgehens und das Endergebnis dar:

(1) Der höchste Index-Wert ist (AF) = 75.
(2) Zwischen (AF) einerseits und allen anderen Flächen werden neue Indexwerte gebildet, z. B.

$$(AF) : B = \frac{(AB) + (FB)}{2} = \frac{43 + 33}{2} = 38 \text{ usw.}$$

Das Ergebnis ist eine neue Zeile (Abb. 4.4: A).
(3) Der nächst-höchste Wert ist (CD) = 70.
(4) Neue Mittelwerte werden für (CD) und alle übrigen Flächen errechnet (Abb. 4.4: B).
(5) Neue Zeile mit (BG) = 60 usw.
(6) Vereinigung von (AF) und E bei (AFE) = 58.

Zu beachten ist:

$$(AFE) : H = \frac{(AH) + (FH) + (EH)}{3} = \frac{2(AFH) + (EH)}{3}$$

Das Ergebnis zeigt ein Büschel-Diagramm (Abb. 4.4: C), in welchem das Maß der Ähnlichkeit der Artenspektren auf den Probeflächen an der Höhe ihrer gemeinsamen Index-Werte abzulesen ist.

Die lineare Anordnung der Flächen richtet sich übrigens nach dem unmittelbaren Vergleich: z. B. wird E an die Gruppe (AF) auf der Seite von F angefügt, weil die Ähnlichkeit (EF) = 60 größer ist als (AE) = 56.

Die Aussage dieses Diagramms entspricht durchaus dem, was aus dem Ähnlichkeitsnetz der Abb. 4.3 abgelesen werden konnte. Die Abstufungen der Ähnlichkeiten sind hier allerdings feiner und präziser.

Im vorliegenden Beispiel lassen sich deutlich drei Gruppen von Probeflächen unterscheiden. Derartige Gruppen sind anhand ihrer standörtlichen Bedingungen genauer zu identifizieren (die Flächengruppe H − A vereinigte z. B. die trocken-warmen Standorte) und durch ihre Artenspektren bzw. einzelne Kenn- oder Trennarten zu beschreiben.

Arten-Korrelation

Die beschriebenen Gemeinschafts-Koeffizienten dienen dem Vergleich ganzer Artenspektren in verschiedenen Stichproben.

Andere Koeffizienten ermöglichen Aussagen, in welchem Maße zwei oder mehr verschiedene Arten gemeinsam vorkommen, also miteinander korreliert sind:

Der sog. **Agrell-Index** (die Arten-Koordinationszahl) bezeichnet lediglich den prozentualen Anteil der Stichproben, in denen die betreffenden Arten gemeinsam vorkommen.
Eine gebräuchliche Abwandlung ist der sog. **Affinitäts**-Index:

$$I_{AB} = \frac{2J}{nA + nB}$$

nA: Häufigkeit des Auftretens der Art A (in der Gesamtheit der Stichproben)
nB: Häufigkeit des Auftretens der Art B
J: Häufigkeit gemeinsamen Auftretens von A und B

Signifikante Affinitäten

Arten

	A	B	C	D	E	F	G	H	J	K	L	M	N	P	Q	
A		+	+	+	+	+	+	+	+	+	+	+	−	−	+	12
B	+		+	+	+	−	+	+	+	−	+	−	−	−	+	9
C	+	+		+	+	+	−	+	+	+	+	−	−	−	−	9
D	+	+	+		+	−	+	+	+	+	−	+	−	−	−	9
E	+	+	+	+		−	−	−	+	−	+	−	+	−	+	8
F	+	−	+	−	−		+	+	−	+	−	−	+	+	−	7
G	+	+	−	+	−	+		−	−	−	−	+.	+	+	−	7
H	+	+	+	+	−	+	−		−	−	−	−	−	+	−	6
J	+	+	+	+	+	−	−	−		−	−	−	−	−	−	5
K	+	−	+	+	−	+	−	−	−		−	−	−	+	−	5
L	+	+	+	−	+	−	−	−	−	−		−	−	−	−	4
M	+	−	−	+	−	−	+	−	−	−	−		+	−	−	4
N	−	−	−	−	+	+	+	−	−	−	+	−		−	−	4
P	−	−	−	−	−	+	+	+	−	+	−	−	−		−	4
Q	+	+	−	−	+	−	−	−	−	−	−	−	−	−		3

Ähnlichkeitsdiagramm der Arten A–Q

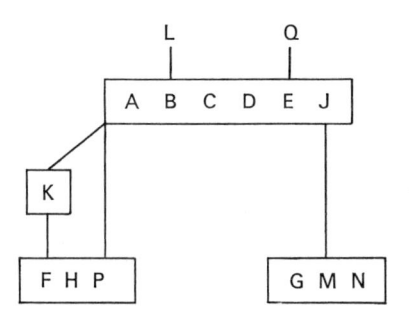

```
              L           Q
              |           |
         ┌─────────────────────┐
         │  A  B  C  D  E  J   │
         └─────────────────────┘
            │
         ┌─────┐
         │  K  │
         └─────┘
            │
      ┌─────────┐          ┌─────────┐
      │ F H P   │          │ G M N   │
      └─────────┘          └─────────┘
```

Abb. 4.5. Ständige Artenkombinationen:
Gitterdiagramm der Affinitäten von 15 Arten untereinander
und daraus abgeleitete Artenkombination
Aus *Southwood* (1966)

Diese Koeffizienten, z. B. der Affinitäts-Index, lassen sich statistisch testen (Vergleich der Häufigkeit tatsächlichen gemeinsamen Vorkommens mit einer theoretisch erwarteten Häufigkeit: Einzelheiten z. B. bei *Greig-Smith* [1964] oder *Southwood* [1966]).

Kehren solche gesicherten Korrelationen verschiedener Arten immer wieder – als mehr oder weniger **ständige Artenkombinationen** –, so ist das ein Zeichen für echte Beziehungen zwischen diesen Arten, die über ein bloßes Nebeneinander-Leben hinausgehen.

Das formale Vorgehen ist in Abb. 4.5 angedeutet: es führt auch hier wieder über ein Gitterdiagramm, in welchem 15 Arten (A bis Q) paarweise miteinander verglichen werden.
Ähnlich wie oben für den Vergleich von Artenspektren dargestellt führt eine Berechnung abgestufter Ähnlichkeiten – aufgrund der signifikanten Affinitäten – zu einem Diagramm (Abb. 4.5, unten), in welchem die wiederkehrenden Artenkombinationen und die relativen Beziehungen zwischen verschiedenen Gruppen von Arten dargestellt sind (rechnerische Ableitung bei *Southwood* [1966].)

Welcher Art die Beziehungen zwischen den Arten innerhalb dieser Gruppen sind, bleibt freilich offen. Ein hohes Maß an Vergesellschaftung kann bedeuten, daß die betreffenden Arten echt voneinander abhängig sind (z. B. durch Nahrungsbeziehungen). Es kann aber auch so sein, daß sie eine – zumindest in Teilen – übereinstimmende Nische besetzen.

Literatur

1. Grundlegende und weiterführende Literatur (Bücher)

Andrewartha 1961, Introduction to the study of animal populations, Methuen, London
Balogh 1958, Lebensgemeinschaften der Landtiere, Akademie-Verlag, Berlin
Braun-Blanquet 1964, Pflanzensoziologie, 3. Auflage, Wien
Brauns 1968, Praktische Bodenbiologie, Fischer, Stuttgart
Cavalli-Sforza 1969, Biometrie, Fischer, Stuttgart
Chauvin 1967, Die Welt der Insekten, Kindler, München
Coenen/Fehrenbach/Fritsch/Goetzmann/Piotrowski/Schladitz, Alternativen zur Umweltmisere, Hauser, München
Darnell 1971, Organism and environment, Freeman, San Francisco
Dylla/Krätzner 1972, Das biologische Gleichgewicht, Quelle & Meyer
Ehlers/Kuhlmann/Noll/Noll 1973, Umweltgefährdung und Umweltschutz, Schroedel, Hannover
Ehrlich/Ehrlich 1972, Bevölkerungswachstum und Umweltkrise, Fischer, Stuttgart

Ehrlich/Ehrlich/Holdren 1975, Humanökologie, Springer
Ellenberg 1974, Zeigerwerte der Gefäßpflanzen Mitteleuropas, Scripta geobotanica, Band 9, Göttingen
Engelhardt 1973, Umweltschutz, München
Falkenhan 1973, Handbuch der praktischen und experimentellen Schulbiologie, S. 275–371
Geiler 1971, Ökologie der Land- und Süßwassertiere, WTB
Geiger 1961, Das Klima der bodennahen Luftschicht, Braunschweig
Greig-Smith 1964, Quantitative plant ecology, London
Hesse/Doflein 1914, Tierbau und Tierleben, Band 2, Teubner, Berlin
Knapp 1971, Einführung in die Pflanzensoziologie, 3. Auflage, Stuttgart
Knodel/Kull 1974, Ökologie und Umweltschutz, Metzler, Stuttgart
Lambert 1967, The teaching of ecology, Blackwell, Oxford
Larcher 1973, Ökologie der Pflanzen, UTB, Ulmer
Lewis/Taylor 1967, Introduction to experimental ecology, Academic Press
Mac Arthur/Connell 1970, Biologie der Populationen, BLV
Mac Arthur/Wilson 1967, Biogeographie der Inseln, Goldmann
Mayr 1967, Artbegriff und Evolution, Parey
Meadows/Meadows/Zahn/Milling 1972, Die Grenzen des Wachstums, Rowohlt
Oberdorfer 1970, Pflanzensoziologische Exkursionsflora, 3. Auflage, Ulmer, Stuttgart
Odum 1967, Ökologie, BLV, München
– 1971, Fundamentals of ecology, 3. edition, Saunders, Philadelphia
Osche 1973, Ökologie, Herder visuell, Freiburg
Palissa 1964, Bodenzoologie, Akademie-Verlag, Berlin
Parkinson/Gray/Williams 1971, Methods for studying the ecology of soil micro-organisms, IBP Handbook 19, Blackwell, Oxford
Patten 1971, Systems analysis and simulation in ecology (I), Academic Press
Poole 1974, An introduction to quantitative ecology, McGraw-Hill
Remane/Storch/Welsch 1972, Kurzes Lehrbuch der Zoologie, Fischer, Stuttgart
Schmidt 1974, Ökosystem See, Quelle & Meyer
Schubert 1972, Praxis der Süßwasserbiologie, Volk und Wissen, Berlin
Schwerdtfeger 1963, 1968, 1975, Ökologie der Tiere, Band I: Autökologie, Band II: Demökologie, Band III: Synökologie, Parey
Schwoerbel 1966, Methoden der Hydrobiologie, Franckh, Stuttgart
– 1971, Einführung in die Limnologie, UTB, Fischer, Stuttgart
Southwood 1966, Ecological methods, Methuen, London
Steubing 1965, Pflanzenökologisches Praktikum, Parey
Sutton/Harmon 1973, Ecology: Selected concepts, Wiley, New York
Tait 1971, Meeresökologie, Thieme, Stuttgart
Tischler 1949, Grundzüge der terrestrischen Tierökologie, Braunschweig
– 1955, Synökologie der Landtiere, Fischer, Stuttgart
– 1965, Agrarökologie, Fischer, Jena
Varley/Gradwell/Hassell 1973, Insect population ecology, Blackwell, Oxford
Watt 1966, Systems analysis in ecology, Academic Press

Wilson/Bossert 1973, Einführung in die Populationsbiologie, Springer
Winkler 1973, Einführung in die Pflanzenökologie, UTB, Fischer, Stuttgart

2. Symposien

- Diversity and stability, Brookhaven Symposium on Biology 1969
- Dynamics of numbers in populations, Arnhem 1970
- Schutz unseres Lebensraumes, ETH Zürich 1970, München 1971

3. Einzelzitate

Altenkirch 1966, Z. ang. Zool. *53*, 403–415
Bakker 1963, Z. ang. Ent. *53*, 187–208
Baltensweiler 1970, Dynamics of numbers in populations, Arnhem, 208–219
Benz 1974, Z. ang. Ent. *76*, 196–228
Birch 1970, Dynamics of numbers in populations, Arnhem, 109–128
Burian 1973, in: *Ellenberg,* Ökosystemforschung, Springer
Chitty 1960, Can. J. Zool. *38,* 99–113
Dobshansky/Pavlovsky 1957, nach: *Mayr,* Artbegriff und Evolution, 1967
Ellenberg 1956, in: *Walter,* Einführung in die Phytologie, Ulmer, Stuttgart
- 1968, Umschau, 481–485
- 1971, Integrated Experimental Ecology, Springer
- 1973, Ökosystemforschung, Springer

Elton 1927, Animal Ecology, London
Enzensberger 1973, Kursbuch *33,* 1–42
Franz, H. 1952, Schr. Ver. Verbr. naturwiss. Kenntnisse Wien *93,* 27–45
Franz, J. M. 1961, in: *Sorauer,* Handbuch der Pflanzenkrankheiten, VI. 3, Parey
Friederichs 1930, Grundfragen und Gesetzmäßigkeiten der land- und forstwirtschaftlichen Zoologie, insbesondere der Entomologie, Berlin
- 1943, Acta biotheor. *7,* 147–162
- 1950, Stud. gen. *3,* 70–74
- 1957, Stud. gen. *10,* 112–144

Gause 1934, The struggle for existence, Baltimore
Günther 1950 a, b, Moderne Biologie (Nachtsheim-Festschrift), Berlin, 55–93, 94–130
Haeckel 1866, Generelle Morphologie, Band II, Berlin
- 1870, Jenaische Z. Med. Naturwiss. *8*
- 1879, Natürliche Schöpfungsgeschichte, Berlin
- 1924, Gemeinverständliche Werke, 4. Band, Die Lebenswunder, Kröner, Leipzig

Hesse 1924, Tiergeographie auf ökologischer Grundlage, Jena
Huffaker 1958, Hilgardia *27,* 343–383
Humboldt, A. v. 1807, Essay sur la Géographie des Plants, Paris
Krebs 1970, Dynamics of numbers in populations, Arnhem, 243–256
Kühnelt 1948, Wissensch. Weltbild *1,* 189–194
Leigh 1965, Proc. Nat. Acad. Sci. USA *53,* 777–782
Lotka 1925, Elements of physical biology, Baltimore
Ludwig 1950, nach: *Mayr,* Artbegriff und Evolution, 1967

Margalef 1963, Amer. Nat. *97*, 357–374
- 1969, Brookhaven Symposium on Biology *22*, 25–37
Moebius 1877, Die Auster und die Austernwirtschaft, Berlin
Morris 1959, Ecology *40*, 580–588
- 1963, Mem. Ent. Soc. Can. *31*
Mott 1966, in: *Watt*, Systems Analysis in Ecology
Nicholson 1933, J. anim. Ecol. *2*, 132–177
- 1954, Austr. J. Zool. *2*, 9–65
Odum 1957, Ecol. Monogr. *27*, 55–112
Ohnesorge 1963, Z. ang. Ent. *50*, 427–483
Peus 1954, Dtsch. Entomol. Z. N.F. *1*, 271–308
Reddingius/Den Boer 1970, Oecologia *5*, 240–284
Remane 1939, Kieler Blätter *2*, 43–61
- 1943, Biol. Gen. *17*
- 1971, Sozialleben der Tiere, 2. Auflage, Fischer, Stuttgart
Reynoldson/Bellamy 1970, Dynamics of numbers in populations, Arnhem 282–297
Riedl 1973, Naturwiss. Rdsch. *26*, 413–420
Sachs 1950, Zool. Jb. (Syst.) *79*, 209–272
Schwerdtfeger 1935, Z. ang. Ent. *28*, 254–303
Schröter 1896, 1902, Die Vegetation des Bodensees, Band I, II, Lindau
Southern 1954, Ibis *96*, 384–410
Sukopp 1966, Sber. Ges. Naturf. Freunde Berlin N.F. *6*, 126–136
- 1971, in: *Olschowy*, Belastete Landschaft – gefährdete Umwelt, Goldmann, 165–176
Thienemann 1920, Zschokke-Festschrift, Basel
- 1942, Biol. gen. *15*, 312–331
v. Uexküll 1921, Umwelt und Innenwelt der Tiere, Berlin
Uvarov 1921, Bull. Ent. Res. *12*, 135–163
Van Emden 1974, Z. ang. Ent. *77*, 242–251
Van Emden/Williams 1974, Ann. Rev. Ent. *19*, 455–475
Varley 1970, in: *Watson*, Animal populations in relation to their food resources, Oxford
Varley/Gradwell 1968, in: *Southwood*, Insect abundance, Symp. Roy. Ent. Soc. London
Volterra 1926, Mem. Accad. Lincei II, *6*, 31–112
- 1928, in: *Chapman*, Animal Ecology, New York/London
Waterhouse 1974, Sci. Amer. *230*, 100–109
Watt 1968, Ecology and Resource Management, New York
- 1970, Dynamics of numbers in populations, Arnhem, 568–580
Wellington 1960, Can. J. Zool. *38*, 289–314
Wilbert 1962, Z. Morph. Ök. Tiere *50*, 576–615
- 1970, Oecologia *5*, 347–373
Willerding 1971, MNU *24*, 6–7
Williams 1964, Patterns in the balance of nature, Academic Press
Woltereck 1932, Grundzüge einer allgemeinen Biologie, Stuttgart
Zwölfer 1970, Z. ang. Ent. *65*, 233–239

Stichwortverzeichnis

abhängige ökologische Systeme 130
Abundanz 120, 217
Abundanzdynamik 121
Adaptation 30
Affinitätsindex 224
Aggregationen 76
Agrell-Index 224
Aktivitätsdichte 218
Aktivitätsfallen 211
Allelopathie 84
Allensche Regel 39
Allesfresser 140
Allianz 80
Alterspyramiden 113 ff.
Altersstruktur, stabile 112
Analogie 38, 39
Annidation 69
Anpassung 24, 28, 30, 39, 54
Anpassungsformen 34
Anpassungspotential 31
Antagonismus 97, 98, 162
Arbeitsteilung 77
Arealgrenzen 89, 93
Art 24
Artdichte 219
Arten-Diversität 193, 197
Artenkombinationen, ständige 225, 226
Arten-Korrelation 224 ff.
Artidentität 220, 222
Artmächtigkeit 219
Aspekte, Aspektfolgen 132
Assoziation 43
Atmung 149, 153
Ausbreitung 89
Autökologie 12, 13

Barber-Fallen 211
Bergmannsche Regel 39
Berlese-Trichter 210
Beutebindung 168, 169
Beutewahl 169
Bevölkerung, menschliche 205
Bevölkerungsbilanz 109

Bevölkerungsdichte 5, 120, 217
biogeochemische Zyklen 142 ff.
biologische Systeme 10
Biomasse 142, 153
Biomasse-Pyramide 141, 142, 156
Biophage 82
Biotop 46, 87, 88
Biotopbindung 90, 91
Biotopschutz 93
Biozönose 44, 87, 88
biozönotisches Gleichgewicht 46, 176
biozönotische Grundprinzipien 193, 196
biozönotische Ordnung 96
Black-box-Verfahren 178
Brockengrößen-Anspruch 154
Brutfürsorge 77
Brutpflege 77
Brutto-Produktion 149, 153

Charakterarten 44, 91
Cleptoparasiten 172, 175
Cluster-Analyse 221, 223
Community 46
Crowding 85

Deckungsgrad 219
Demökologie 13, 14
Destruenten 128, 129
Determination 181
Detritus-Nahrungsketten 136, 138, 148, 149
Dichteabhängigkeit 120, 163 ff., 178
Dichteregulation 178
Differentialarten 220
Dispersion 213
Dispersionsdynamik 121
Disposition 170
Diversität 159, 188, 193 ff.
Diversitäts-Index 195
Diversitäts-Verluste 34, 204
Dominanz 219
dynamisches Gleichgewicht 100, 175

Einnischung 69
endliches Wachstum 116 ff.
Endosymbiose 81
Energiebilanz 153
Energiefluß 145 ff.
Energiefluß-Diagramm 148 ff.
Energiestau 147, 158
euryök 59
eurypotent 58
euryvalent 58
Entökie 80
Entropie 147, 158
Entstehung ökologischer Systeme 96, 131
Epiphyten 80
Episiten 83
Epizoen 80
Epökie 80
Eutrophierung 7, 17, 19, 74, 203
Evolution 24, 26, 188
Evolutionsfaktoren 27
exponentielles Wachstum 103

Fallen 210, 211
Feinde 82, 163 ff.
Feindwirkung 50, 51, 52, 82, 163 ff.
Fertilität 107
Fitness 31
Fließgleichgewicht 100, 175
Fluktuation 123
Fluktuationskurve 123, 124, 125
Fluktuationsniveau 124
Fluktuationstypen 123, 124, 125
Folgeregelung 181
Formation 44
Formenkenntnis 211, 212
fossile Brennstoffe 129, 143, 144, 147
Frequenz 220
Fruchtbarkeit 107
funktionelle Gruppen 127, 128, 129
funktionelle Reaktion 167

Gallen 84
Gause-Prinzip 66
Gemeinschaften 26
Gemeinschafts-Koeffizienten 220 ff.

genetische Reserven 34
Genpool 27
geordnete Konkurrenz 173, 174
Gleichgewicht 100, 161 ff., 175 ff.
Gleichgewichtstheorien 178 ff., 183, 184
Gradation 123
Gradationstypen 123, 124
Gründerpopulation 32
Gruppeneffekt 77

Habitat 89
Halbparasiten 84
Heterogenität der Umwelt 183, 187, 196
heterotypisches Kollektiv 11, 43
Homöostase, Homeostase 175
Homologie 39
homotypisches Kollektiv 11, 23
Humanökologie 16
Hyperparasiten 83, 84

Immunität 170
Index of similarity 221
Indikatorarten 91
individuelle Systeme 10, 96, 97
Individuum 23
Industriemelanismus 29, 30
Information 157 ff.
Inkoinzidenz 94, 95, 188
Inquilinen 80
integrierte Bekämpfung 183
Interferenz 82, 84, 85
Isolation 24, 30

Jaccard-Index 220, 222

Kalamität 123
Kasten 77, 78
Kennarten 44
Key-factor 126
Kleinarten 25
klimatische Diversität 196, 198
Klimax 132
Knock-down-Verfahren 210
Koevolution 42
Koexistenz 68, 174, 185, 186, 187

Stichwortverzeichnis 231

Kohlenstoff-Kreislauf 142, 143
Koinzidenz 94, 95
Kommensalismus 80
Kompartimente 127
Konditionieren 75, 85
Konglobationen 76
Konkurrenz 51, 52, 66, 69, 82, 84, 85, 90, 162, 172 ff., 187, 197
Konkurrenz-Ausschluß-Prinzip 66, 67, 68
Konstanz 219
Konstitution 170
Konstitutionstheorien 184
Konsumenten 128, 129
Konvergenz 38
K-Spezies 132
k-Wert-Analyse 127
Kybernetik, biologische 176

Latenz 123
Lebensformtypen 34, 36, 37
Lebensgemeinschaft 44
Lebensraum 65, 87
Lebensstätte 46, 87, 196
Leitformen 220
Life-table 109
Limitation 181
limitierende Wirkung von Umweltfaktoren 53
Lincoln-Index 217
Lockfallen 211
logistische Wachstumskurve 117

Mannigfaltigkeit 159 ff., 188, 193 ff.
Markierung 217, 218
Masseneffekt 85
Massenvermehrung 123, 181
Massenwechsel 123
Massenwechsel-Analyse 126
Massenwechselkurve 122, 123, 125
Massenwechseltheorien 125
Massenwechseltypen 123, 124, 125
Minimalareal 194, 215
Minimalumwelt 48, 62
Minimumfaktor 61
Minimumgesetz 61
mittlere Dichte 124

Modellversuche 207
Morphosen 34
Mortalität 108
Multiparasitismus 172
multiple Opponenz 170, 171
Mutualismus 81
Mykorrhiza 81

Nachahmungstrieb 77
Nahrungsketten 136, 137
Nahrungsnetze 139, 140
Nahrungsstufe 136
Natalität 107
Negentropie 147, 158
Netto-Produktion 149, 153
Netto-Reproduktionsrate 112
Nischenvielfalt 65, 196
Nullwachstum 106
numerische Reaktion 167

offene Systeme 86, 145, 175, 190
ökogeographische Regeln 39
Ökologie 9, 11, 12
ökologische Nische 62 ff.
ökologische Potenz 56, 57
ökologischer Wirkungsgrad 151
ökologisches System 9, 96 ff., 127 ff.
ökologische Toleranz 56
ökologische Umwelt 48
ökologische Valenz 56
ökologische Zone 89
Ökotypen 25
Opponenz 82, 162 ff.
Ordnung 147, 157, 158, 192
Organisationsgrad 158
Oszillation 109, 122
Oszillationsgleichung 109
Output-Belastung 203

Parasiten 83
Parasiten-Nahrungskette 136
Parasitoide 83
Parökie 79
Pathogene 83
Pest management 183
Pflanzensoziologie 43, 45
Phasen-Phänomen 78, 79

Phoresie 80
Phosphor-Kreislauf 145, 146
Photosynthese 148
physiologische Umwelt 48
Planstelle 63, 69, 70
politische Ökologie 17
Polymorphismus 77
Population 23, 26
Populationsbiologie 15, 26
Populationsdichte 120, 217
Populationsdynamik 121 ff.
Populationsgenetik 26
Populationsintensität 219
Prädatoren 83
Präsenz 220
Primärproduktion 150
Produktionsökologie 153 ff.
produktionsökologisches Gleichgewicht 190
produktionsökologisches Ungleichgewicht 201
Produktionswege 154, 156
Produzenten 127, 128
progressive Sukzession 134, 135
P/R-Verhältnis 191
Putzsymbiose 80

Rangordnung 174
Rasse 25
Räuber 83
Raubparasiten 83
räumliche Diversität 196, 198
Recycling 202
Reduzenten 128, 129
Regelkreis 3, 177 ff., 185
regressive Sukzession 134, 135
Regulation 120, 181
reife Ökosysteme 132, 190, 192, 198
relative Biotopbindung 91, 92
relative Dichte 218
relative Effektivität der Umweltfaktoren 61, 62
Reproduktionsrate 103
Resistenz 170
Revierverhalten 174
Risiko-Streuung 183
r-Spezies 132

Rückfangtechnik 217, 218
Rückkopplung 177

Sammeltechniken 209 ff.
Schädlingsbekämpfung 181
Schlüsselfaktor 126
Schmarotzer 83
Selbstregulation 176
Selektion 27, 28
Selektionsdruck 188
seltene Arten 93
Separation 27, 30
Sequenz-Analyse 217
Sexualindex 107
Shannon-Wiener-Formel 159, 160, 195, 197
Sollwert-Verstellung 177, 181
Sonnenenergie 145, 148, 151
soziale Attraktion 77
soziale Imitation 77
sozialer Streß 174
Sozialtrieb 77
Soziëtäten 76
Spezialisten 42, 59, 64, 168, 169, 186
Spezies 24
spezifische Wachstumsrate 104
Staaten 11, 77
Stabilität 31, 175, 189 ff.
Standort 87
starre ökologische Systeme 190
Steady state 175
Stellenäquivalenz 44
stenök 59
stenopotent 58
stenovalent 58
Sterblichkeit 108
Sterblichkeitsrate 106, 108
Stetigkeit 219
Stichproben 209, 212, 213
Stichproben-Programm 216
Stickstoff-Kreislauf 144, 145
Stoffkreislauf 142 ff.
Stratum 87
strukturelle Diversität 198
Subspezies 25
Sukzession 132 ff., 191
Superparasitismus 172

Stichwortverzeichnis 233

Symbiose 81
Synökie 80
Synökologie 13, 14
Synusien 46, 135

Temporalvariation 34
Terminologie, ökologische 207, 208
Territorialverhalten 174
Thienemannsche Regeln 196
Tiersoziologie 44
Trennarten 220
trophisches Niveau 136
Trophobiose 81

überindividuelle Systeme 10, 96, 97
Überlebenskurven 111
Überlebensrate 108
Übersättigung 169, 170
Ubiquisten 59
unbegrenztes Wachstum 101
Ungleichgewicht 121, 200 ff.
Unordnung 147
Unterart 25
unvollständige ökologische Systeme 129
Umgebung 47
Umschlagrate 154, 158, 191

Umwelt 47 ff.
Umweltfaktoren 48, 50, 53 ff.
Umweltkapazität 117, 118
Umweltverschmutzung 6, 75, 85, 203

Verbände 76
Verbreitung 89 ff.
Verbreitungsareal 89
Verdopplungszeit 105, 106
Vergesellschaftung 76 ff.
Verknüpfungsgrad 158 ff.
Verlust an Diversität 34, 204
Vermehrungsrate 106
Verteilung 213
Vikarianz 70
Volterra-Modell 166, 167

Wanderungen 173
Wasserschöpfer 209
Wechselbeziehungen 50
Wechselwirkungen 73 ff.
Weibchenanteil 107

Zahlenpyramiden 140, 141
Zoochorie 80
Züchtung 32
Zufallsverteilung 213, 214